中国共产党建党100周年优秀学术成果丛书

制度优势

中国特色对口支援模式研究

郑春勇 著

浙江工商大学出版社
ZHEJIANG GONGSHANG UNIVERSITY PRESS
·杭州·

图书在版编目(CIP)数据

制度优势：中国特色对口支援模式研究 / 郑春勇著.
—杭州：浙江工商大学出版社，2021.5
ISBN 978-7-5178-4363-4

Ⅰ．①制… Ⅱ．①郑… Ⅲ．①扶贫—经济援助—研究
—中国 Ⅳ．①F126

中国版本图书馆 CIP 数据核字(2021)第 032645 号

制度优势：中国特色对口支援模式研究
ZHIDU YOUSHI：ZHONGGUO TESE DUIKOU ZHIYUAN MOSHI YANJIU
郑春勇 著

责任编辑　王黎明
封面设计　沈　婷
责任校对　韩新严
责任印制　包建辉
出版发行　浙江工商大学出版社
　　　　　（杭州市教工路 198 号　邮政编码 310012）
　　　　　（E-mail：zjgsupress@163.com）
　　　　　（网址：http://www.zjgsupress.com）
　　　　　电话：0571 - 88904980，88831806（传真）
排　　版　杭州朝曦图文设计有限公司
印　　刷　杭州高腾印务有限公司
开　　本　710mm×1000mm　1/16
印　　张　16.25
字　　数　256 千
版 印 次　2021 年 5 月第 1 版　2021 年 5 月第 1 次印刷
书　　号　ISBN 978-7-5178-4363-4
定　　价　61.00 元

总　序

　　1921 年中国共产党的成立，是中国历史上开天辟地的一件大事。 2021年，中国共产党将迎来百年华诞。 100 年来，中国共产党走过了波澜壮阔的光辉历程，从一个只有 50 多人的小党发展成为拥有 9000 多万名党员的世界第一大党，领导中国人民完成新民主主义革命，实现了民族独立和人民解放；建立社会主义制度，完成了中国历史上最广泛、最深刻的社会变革；做出改革开放伟大决策，开创了建设中国特色社会主义道路，为实现中华民族的伟大复兴指明了方向。 历史和现实雄辩地证明，没有共产党就没有新中国，没有共产党就没有中国特色社会主义事业的胜利。 中国共产党不愧为伟大、光荣、正确的马克思主义政党，不愧为领导中国人民不断开创新事业的核心力量。 中国共产党 100 年的光辉历程，犹如一幅逶迤而又气势磅礴、雄浑而又绚丽多彩的画卷。

　　高山耸峙，风卷红旗过大关。 中国共产党的百年党史就是在一个个挫折中不断成熟、在一场场考验中不断成长的奋进诗篇，如今的中国共产党已经拥有了应对挑战的丰富经验和克服困难的强大能力。 面对百年未有之大变局，党的十八大以来，以习近平同志为核心的党中央统揽国内国际两个大局，统筹推进"五位一体"总体布局，协调推进"四个全面"战略布局，把中国特色社会主义不断推向前进。 在"两个一百年"奋斗目标的历史交汇点上，党的十九届五中全会统筹中华民族伟大复兴战略全局和世界百年未有之大变局，提出了到 2035 年基本实现社会主义现代化远景目标，中国共产党将带领全国人民开启全面建设社会主义现代化国家、实现中华民族伟大复兴中国梦的新征程。

全面总结、系统阐释党的光辉历程是理论界义不容辞的责任。 我校作为一所习近平同志在浙江任职期间亲自视察并寄予厚望的省重点建设高校，发挥在哲学社会科学领域的优势，宣传、阐释浙江乃至全国各地在党的领导下开展的伟大实践和探索，是我们的使命与担当。 为此，我们筹划了这次"中国共产党建党 100 周年优秀学术成果丛书"出版工作。 对于浙江工商大学来说，这套丛书在 2021 年出版发行具有双重意义。 首先，这套丛书是我们向建党 100 周年的献礼工程，其次，2021 年我们将迎来学校 110 周年校庆，因此，这套丛书的出版发行也是校庆系列活动中的标志性项目。

浙江工商大学 110 年的校史与中国共产党 100 年的党史是紧密交织在一起的。 我校的前身是创建于 1911 年的杭州中等商业学堂。 这是浙江省新式商业教育之先驱，也是当时全国最早创办的商业专门学校之一。 1921 年后，当中国共产党人为民族解放和人民幸福前赴后继、英勇奋斗时，学校在军阀混战、抗日战争和解放战争相继发生的旧中国，坚守实业救国初心，以传承实业教育为己任，筚路蓝缕、艰辛办学，学校数易其名、屡迁校址。 1949 年新中国成立、中国共产党成为执政党后，学校迅速完成了从旧高商向新高商的转变，进入历史新纪元，1963 年，学校由商业部直属，更名为杭州商业学校，列为全国重点学校。 党的十一届三中全会开启了改革开放历史新时期，社会急需大量商业管理人才，学校进入了一个崭新的发展时期，实现了一个又一个跨越：1980 年，国务院批准建立杭州商学院，学校升格为本科大学；1990 年获得硕士学位授予权；2003 年获得博士学位授予权；2004 年，教育部批准杭州商学院更名为浙江工商大学；2015 年，学校被确定为浙江省人民政府、商务部和教育部共建大学；2017 年学校被确定为浙江省重点建设高校。目前，学校正在按照 2020 年末召开的学校第三次党代会确定的战略目标，全力冲刺"双一流"，建设卓越大学，奋力标定在全国乃至世界高等教育中的新坐标。

回望学校 110 年办学历程，特别是新中国成立以来，我校始终坚持正确办学方向，与时代同呼吸，与祖国共命运。 在我校的办学历史中涌现了爱国民主先驱、新中国首任粮食部部长章乃器，著名经济学家、国家计委副主任骆耕漠等一大批杰出校友。可以说，浙江工商大学就是一所传承红色基因、怀揣实业兴国梦的高校。从这个角度来看，浙江工商大学 110 年校史就是中国共产党 100 年党史的缩影。

在百年党庆和 110 年校庆的交汇点上，浙江工商大学组织全校力量编写这套丛书，热情讴歌党的丰功伟绩，唱响校庆活动的红色旋律。丛书选题、编写工作从 2020 年初就开始酝酿，2020 年 5 月在全校范围征集"庆祝中国共产党建党 100 周年等重点选题和优秀研究成果"，经过专家评审、选题凝练，7 月确定丛书总体框架、各分册主题和内容，随后进入书稿撰写阶段。此后，编写组还多次召开集体研讨会，研究书稿撰写、统稿、出版工作。目前呈现在读者面前的是丛书的第一辑，随后各分册会陆续出版发行。

这套丛书涉及政治学、历史学、管理学、法学、经济学、统计学、语言学等学科，涵盖党的历史、现代化建设、党建业务、社会治理、经济发展、对外交流、数字经济等多个主题。各分册从不同视角展现了浙江儿女、全国人民在中国共产党的领导下投身革命救亡图存、改革开放发展经济、走在前列实现跨越的伟大实践与探索。我们希望这套丛书能够进一步激发社会各界的爱党爱国热情，进一步坚定广大读者的"四个自信"，进一步鼓舞全国人民在党的领导下建设社会主义现代化国家的冲天干劲。

这套丛书的编写、出版过程凝结了各分册作者、学校人文社会科处、浙江工商大学出版社相关同志的心血，在此致以问候！浙江省委宣传部、浙江省社科联、浙江省委党史研究室等部门相关领导和同志对丛书的整体定位、选题、编写工作给予了大量指导，一并表示衷心感谢！

陈柳裕

2020 年 10 月

C目录
ontents

1 对口支援的研究视域

对口支援是在中国的政治制度之下萌发并成长起来的一项具有中国特色的政策工具，在经历了理念萌芽、对口支援政策的正式提出以及后期的巩固提高这三个主要阶段之后，我国对口支援的帮扶领域、层次、内容和手段形式持续拓宽并趋于多元化，最终形成了多维立体、纵横交错的网状支援格局，① 架构起了覆盖广泛而规模宏大的对口支援行动框架。

中国共产党的对口支援思想最早可以追溯到建党初期的民族政策。中华人民共和国成立之后，中国共产党又领导全国人民开展了一系列互帮互助的实践。习近平总书记曾多次指出："对口支援，是我们国家特有的政治优势和制度优势……必须长期坚持下去。"在中国共产党建党 100 周年来临之际，系统梳理对口支援思想，全面盘点对口支援政策，深入剖析对口支援实践，探究实现"中国之治"的制度优势，是一项具有重要意义的工程。

回顾长期以来的实践历程，一方面，对口支援政策直接凸显出经济价值，对于落后地区或行业的进步、区域平衡发展以及资源节约与环境保护等方面皆产生了有益的推动作用；另一方面，这一项政策还具有政治意义，象征着中央人民政府的权威，反映着中央与地方的沟通以及地方政府之间的互动关

---

① 钟开斌：《对口支援：起源、形成及其演化》，《甘肃行政学院学报》2013 年第 4 期，第 14—24 页。

系，中央人民政府统筹下的对口支援有利于促进民族团结，维护国家稳定，实现共同繁荣；此外，对口支援政策还蕴含着博爱、仁德的人文精神，这种正直伟大的价值理念为对口支援实践提供了重要的精神支撑，凝聚了深厚的民族向心力。

1.1 对口支援的文献简述

对口支援的中英文文献较多，但其中的学术性研究成果相对来说并不算特别多。在此，我们分别从英文著述和中文著述两个方面进行梳理。

1.1.1 相关英文文献简述

由于对口支援政策植根于我国特有的政治制度之土壤，这一特性赋予了对口支援政策显著的中国特色，所以有关对口支援政策的研究大都立足于中国背景，国内学者构成了该研究领域的主力军。而在海外，以对口支援为主题的研究成果较为鲜见。并且，"对口支援"的对应英文释义尚未形成获得官方认定的统一表述，大多数情况下，可依据对口支援政策的核心含义而将其翻译为"pairing assistance" "counterpart aid" "counterpart support"等多种形式，这易导致相关文献的分散化，不便于集中搜索，因而难免有所遗漏。

虽然国外直接使用"对口支援"这一专门表述的研究成果甚少，但从具体内容来看，国际社会中也存在着与对口支援政策的内涵相一致的实践举措。国外政府也会对欠发达或落后地区实施援助，帮助与支持国内弱势地区的发展。譬如，意大利曾对其南部地区进行有针对性的援助以促进经济发展，[①]相关研究中虽没有使用等同于"对口支援"的专门术语，但在中央政府的统筹下帮扶落后地区的这一行动本质与对口支援的内涵是相契合的。放眼全球的

---

① Leopardi Robert，"Regional Development in Italy：Social Capital and the Mezzogiorno". *Oxford Review of Economic Policy*，1995，11(2)：165-179.

大环境,在国家之间亦存在着以助推合作与发展为目的的国际援助行动,其中包含着诸如马歇尔计划、中国援助非洲的对口援助模式等实例,不论是海外他国国内不同地区间的相互援助,还是国际上各国的对外援助,以上两种情形都体现了经济实力强者对相对弱势一方的帮扶,蕴含着共同发展、区域均衡的理念,都可用援助理论加以解释。① 以上情形与我国对口支援政策的区别体现在中央政府的权威、全局统筹能力、领导和影响力上,中国的政治制度决定了中央人民政府的地位与权力,密切了全国各地区之间的必要联系,以极其强大的凝聚力和向心力巩固国家这一整体,聚拢各方力量而将之分配于适宜之处,由此使得各项要素在合理配置下实现积极效用的最大化。 总体看来,我国仍然是开展对口支援研究的"主阵地",海外因缺乏直接实践经验而使得相关研究难以大规模展开。

尽管如此,仍有少量英文文献以中国国内的对口支援政策为主题展开了研究。 例如:Jiuping Xu 和 Yi Lu 通过考察汶川大地震灾后重建的政策安排,运用多案例比较分析的方法研究了灾后重建对口支援的五种模式;② Kaibin Zhong 和 Xiaoli Lu 肯定了汶川大地震后,对口支援受灾地区的政策对灾后恢复与重建工作起到了正向的推进作用;③ Guijuan Tang 在深度案例分析中发现在汶川灾后重建的过程中,支援方与受援方之间积累了信任、情谊与互益关系,这为对口支援关系向协作网络的转变奠定了基础,也成为有益于灾区恢复重建的长期发展的重要因素;④ Chen Tianxiang,Wang Ying 和 Hua Lei 则研究了新型冠状病毒肺炎疫情时期中国各省区市对口支援湖北的政策效

---

① David Ellenman,"Antonomy-Respecting Assistance: Toward an Alternative Theory of Development Assistance". *Review of Social Economy*,2004,62(2):149-168.

② Jiuping Xu,Yi Lu,"A Comparative Study on the National Counterpart Aid Model for Post-disaster Recovery and Reconstruction". *Disaster Prevention and Management*,2013,22(1):75-93.

③ Kaibin Zhong,Xiaoli Lu,"Exploring the Administrative Mechanism of China's Paired Assistance to Disaster Affected Areas programme". *Disasters*,2018,42(3):590-612.

④ Guijuan Tang,"Research on Transformation from 'Paired Assistance' to 'Collaborative Networks' in Post-disaster Recovery of 2008 Wenchuan Earthquake,China". *Natural Hazards*,2019(2):1-23.

果，认为在医疗卫生资源特别是医务人员严重短缺的情况下，对口支援是抗击新冠肺炎疫情的有效途径，值得其他国家学习和借鉴。[①] 随着中国学者对英文论文发表的重视日益加强，相信今后英文世界中的对口支援文献会越来越多。

1.1.2 相关中文文献简述

从现有的中文文献来看，我国关于对口支援的研究已经经历了四十多年的发展。 在此过程中，研究视角不断拓宽，研究内容日渐充实，且表现出显著的阶段性特征，尤其是在受到相关事件的影响时，会极大地激励并推动对口支援主题研究的兴盛。 通过分析 CNKI 上的对口支援相关文献的发表态势（见图 1-1），可发现在 2008 年汶川大地震之后，对口支援一度成为研究热点，国内学者纷纷投入对口支援领域的相关研究，这波热潮在几年之后又出现了回落。

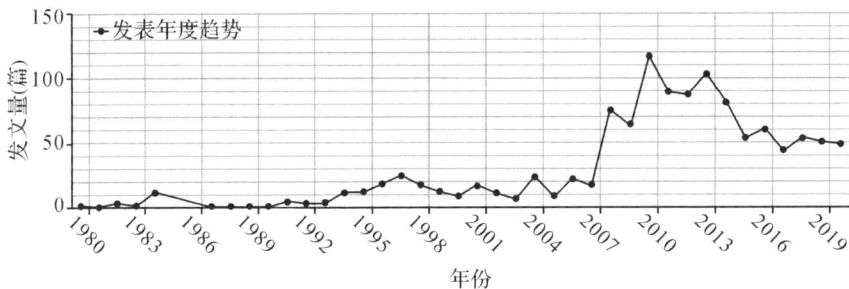

图 1-1 CNKI 对口支援相关文献总体发表态势

综观对口支援的相关研究，关于该项政策的概念界定与内涵剖析是这一研究领域下的一个重要主题，明确对口支援的定义也成为很多研究的出发点。 有的学者把对口支援定义为经济发达地区向不发达地区实施经济援助的一种政策性行为，[②]有的学者认为对口支援是以政治馈赠的方式实现的资源在

---

① Chen Tianxiang，Wang Ying，Hua Lei，"'Pairing assistance'：the effective way to solve the breakdown of health services system caused by COVID-19 pandemic"，*International Journal for Equity in Health*，2020，19（1）：1061-1062.

② 靳薇：《西藏援助与发展》，西藏人民出版社 2011 年版。

特定主体之间的横向流动，①国务院三峡建设委员会的相关文件中则把对口支援界定为国家宏观政策下不同区域、行业或部门之间以对应关系开展的援助与合作活动，其目的在于带动落后者，更好地发挥双方的优势。②

　　综合现有文献中关于"对口支援"的定义描述，可将其整合并梳理剖解为若干项要素，据此可以从推动政策落地的动力来源、相关主体、政策目标等层面厘清对口支援政策的真实含义。具体言之，对口支援活动主要涉及上级领导、支援方、受援方这三方主体，接受援助的客体一般是特定的地区或行业部门，受对口支援政策下"结对"原则的影响限制，支援主体和受援客体之间存在着较为稳定的对应关系，这一关系的确立一般由作为政策主导者的中央人民政府来指定。因此，来自上级政府的统一领导和部署即成为对口支援政策得以落实和延续的外部驱动力，中央人民政府的权威是对口支援政策得以落实的强大保障；同时，该项政策的形成还有着深刻的内部根源，此即在于支援主体和受援客体在经济实力或发展程度上存在的显著差距，正是这一落差的存在催生了对口支援政策，并使得缩小乃至消解区域或行业间发展水平的不合理的鸿沟成为实施对口支援的直接目标。一言以蔽之，对口支援政策期望以结对帮扶的形式开辟资源输送的通道，通过资源要素的横向流动实现跨边界的合作治理，凭借地区或行业间的协同带动作用的发挥，促进落后地区或行业的发展，最终实现支援方与受援方的双赢。近年来，对口支援政策的实践随着社会的发展与变迁而不断深化，对口支援的行动内容及其理念也顺势更新并趋于多元立体化，该项政策的推行实力与影响力都在持续膨胀。发展至今，我国已形成了规模宏大的对口支援体系，接受对口支援的区域从早期以西藏为代表的少数民族地区逐步扩展到更广阔的中西部欠发达地区；援助内容从单一的经济资源拓展为能够回应当前社会建设与公众生活需要的包括教育、医疗等多样元素的综合性资源；更为关键的是，支援方和受援方之间早已突破了资源的单向流动格局，转而构建起了互惠共赢的交流模式，赋予援

---

　　① 李瑞昌：《界定"中国特点的对口支援"：一种政治性馈赠解释》，《经济社会体制比较》2015 年第 4 期，第 200—210 页。

　　② 国务院三峡建设委员会移民开发局：《三峡工程移民工作手册》，中国三峡出版社2001 年版。

助方的行动以更强健的激励因子，增强了对口支援政策的稳定性和可持续性。简言之，对口支援政策的发展趋势表现为：政策行动规模逐渐覆盖全国，援助内容呈现多样化以及出现人才、技术、经验等"软件"要素的特征，帮扶带动的方式从"输血式"的直接补给转变为"造血式"的自我开发，①对口支援政策整体逐渐走向成熟。

明晰对口支援的内涵定义是展开具体研究的必要基础，而为了在复杂多样的对口支援政策中找准研究主线和推演路径，还需要将对口支援进行分类，将涉及多个领域的丰富的对口支援政策内容有序地划归到合理的类别目录之下，构建对口支援分类研究的基本框架，这亦是正式实施研究之前必不可少的一个步骤。根据对口支援的政策演化和实践表现，赵伦和蒋勇杰归纳出对口支援的三种主要政策模式，分别是针对边疆民族地区的常规性对口支援、因重大工程需要而实施的定向性对口支援以及对蒙受重大损失的受灾地区实施的救急性对口支援，与以上三种对口支援形式相对应的典型案例代表有对新疆和西藏的支援、三峡库区移民工程的对口支援、汶川重大地震的灾区恢复重建工作等。②此后，李曦辉在回顾我国对口支援的长期实践历程的基础上，将对口支援又划分为更为详细的五个类型，除了对特殊民族地区、重大工程实施地以及严重受灾地区进行全面性或补偿性或应急性的结对援助，还会为消除贫困、促进发展而对经济落后地区施行发展性援助，为保障个人基本权利、维护社会公平正义与和谐稳定，而在基本公共服务建设滞后地区开展专项性支援工作，快速提升当地基本公共服务的普及率和质量水平。③综合现有文献资料的主题来看，在上述分类的框架下，近年来，高校教育的对口支援、医疗领域的对口支援、与精准扶贫相结合的支援等研究主题纷纷涌现，其内容与引领当代社会发展的资源要素紧密相关，具体研究则立足于某

---

① 伍文中：《从对口支援到横向财政转移支付：文献综述及未来研究趋势》，《财经论丛》2012 年第 1 期，第 34—39 页。

② 赵伦、蒋勇杰：《地方政府对口支援模式分析——兼论中央政府统筹下的制度特征与制度优势》，《成都大学学报》（社会科学版）2009 年第 2 期，第 4—7 页。

③ 李曦辉：《对口支援的分类治理与核心目标》，《区域经济评论》2019 年第 2 期，第 45—54 页。

一特定的对口支援主题，并全流程、多方位地发掘这一运行机制的特征、政策绩效、现存问题和改进策略等内容，这在很大程度上是对传统研究的补充，以对口支援政策发展的最新动态为其注入活力和生机。

对口支援作为颇具中国特色的一项政策内容，在统筹布局和落地实施等环节都显示出了别具一格的作风，产生了具有重大意义和价值的政策效果，对口支援政策的多重意蕴和多层次要素的关联网络赋予了这一主题以深厚的可供研究潜力，所以吸引了我国不同学科背景的学者对此进行广泛多元的研究。 经济学理论下，陈志刚以哈罗德—多马的经济增长模型为基本框架，凭借援引新增长理论并就对口支援政策在江西省少数民族地区的实践经验进行分析，总结出对口支援能引导外部的人、财、物以及先进理念输入受援地，从而帮助民族地区走出"贫困恶性循环"陷阱的结论，肯定了对口支援对于拉动经济增长和促进小康建设的正向作用。[①] 财政学领域的研究者关注到对口支援的运作实质上是一种政府间横向财政转移支付，可通过完善相关法律制度并加以推行，从而达成缩小区域发展差距的目标。[②] 还有学者立足于社会学的结构洞理论，提出对口支援政策有助于整合社会资源，可以为受援方带去海量的信息与前所未有的机遇，以多方面的社会资本夯实受援地区的发展根基。[③] 此外，不乏聚焦对口支援在民族地区发展、民族关系维护等领域的作用的民族学研究，还有从法学角度剖析对口支援的制度建设、政策合理性以及法律规范的约束力问题，分解对口支援行动下的法律义务内容的大量研究成果。 因此，对口支援成为荟萃多个学科领域的理论与实践分析的一项研究主题。

---

① 陈志刚:《对口支援与散杂居民族地区小康建设——来自江西省少数民族地区对口支援的调研报告》,《中南民族大学学报》(人文社会科学版)2005年第3期,第124—128页。

② 路春城:《论我国横向财政转移支付法律制度的构建——基于汶川震后重建的一点思考》,《财政监督》2009年第1期,第65—67页。

③ 蔡文伯、吴英策:《基于社会资本视角的"对口支援"西部高校理论解读》,《兵团教育学院学报》2008年第4期,第1—4页。

1.2 对口支援的研究视角

　　初期的相关研究以逻辑与文献分析为主，随着对口支援政策在实际应用中的不断铺开，后续研究中案例性专项研究的数量在迅速增加，出现了基于援疆、援藏、支援三峡工程和汶川特大地震等代表性对口支援行动的大量研究成果。有研究者将现有的关于对口支援的文献主要归纳为两大类别：一类是实务界的工作总结，一类是理论界的学术著述。前者重在宣扬对口支援"做了什么"，后者重在探讨对口支援"应该怎么做"。[①] 为使研究更具体深入，研究视角的选择决定了一项研究的定位和关注焦点，限定了该项研究将要深剖挖掘的领域。综观既有的以对口支援为主题的研究文献与成果，可以发现，不同的研究切入点意味着学者们关于对口支援政策研究的不同落脚点，通过从不同的角度解读并剖析对口支援政策的实质、运作机制与社会影响，能够形塑更加多维立体的对口支援理论框架与实践图景。

1.2.1 基于府际关系视角的研究

　　对口支援政策的主要活动内容就在于支援方政府与受援方政府之间的交流互动，这一过程同时也受到中央人民政府的统筹和指导，这一特征启发学者着眼于对口支援的相关主体，进而将此视为一种富有中国特色的府际关系现象。[②] 而促使各级政府相互联结的主要因素，有学者挖掘到了任务导向这一因子，并将对口支援下的政府组织关系归结为任务型府际关系网络。[③] 在对口支援行动中，支援方、受援方和中央人民政府这三大主体之间的关系即

---

　　① 郑春勇：《对口支援中的"礼尚往来"现象及其风险研究》，《人文杂志》2018 年第 1 期，第 122—128 页。

　　② 朱光磊、张传彬：《系统性完善与培育府际伙伴关系——关于"对口支援"制度的初步研究》，《江苏行政学院学报》2011 年第 2 期，第 85—90 页。

　　③ 郑春勇：《论对口支援任务型府际关系网络及其治理》，《经济社会体制比较》2014 年第 2 期，第 230—239 页。

可抽象为府际关系，这一视角下的研究大都从中央人民政府的权威统筹和地方政府之间的互动合作这两个层面展开，其内在地包含中央与地方政府之间的纵向府际关系以及各级地方政府之间的横向府际关系。有学者指出，系列对口支援政策对横向府际关系具有拓展和强化作用，与此同时，亦能够影响并调节纵向府际关系，通过将国家的政治职能与社会职能部分地分派给中央部门、央企和下级政府，凭借各方的专业特长或下沉于基层的优势，有利于形成支援落后地区发展的合力，凭借中央人民政府在对口支援政策制定中的高度话语权，一条中央人民政府直接介入基层地方治理的合理可行的路径得以打通，由此有效弱化了传统体制之下中央管理地方的局限性。① 亦有学者运用专业分析工具，将对口支援边疆民族地区描述为一项体现中国特色的协作治理模式，并通过系统分析和层次分析的方法，分别构建中央人民政府、支援方政府和受援方政府这三大府际利益相关者的目标函数，剖析纵向与横向府际利益关系的矛盾冲突，并提出利益协调机制的优化路径。②

对口支援政策下的府际关系既会受到正式制度的约束，也难以逃脱追逐利益的理性思维与道德价值的感性情感的影响，深刻的行为动机会为对口支援政策的发展转变提供驱动力。地方政府作为中央人民政府代理人与地方公众代表者双重角色的扮演者，在实践中会因此具有双重追求，即地方政府会在完成上级分配的任务的同时寻求自身利益的回报，如此的利益需求将会激发合作意识，推动对口支援向对口合作的转变。③ 夏少琼提取出了政治、道德与市场这三大关键词，把对口支援解析为融合了情感道德支撑和市场利益导向的处于中央人民政府统筹之下的一种政治行为。该项研究表明，中央人民政府与地方政府之间的微妙关系，是克服支建方和受援方的分歧而维持对口援助关系的关键所在，正是在当前体制下统一的政策部署、分权化财政体

---

① 杨龙、李培：《府际关系视角下的对口支援系列政策》，《理论探讨》2018 年第 1 期，第 148—156 页。

② 丁忠毅：《对口支援边疆民族地区中的府际利益冲突与协调》，《民族研究》2015 年第 6 期，第 15—25 页。

③ 刘铁：《从对口支援到对口合作的演变论地方政府的行为逻辑——基于汶川地震灾后恢复重建对口支援的考察》，《农村经济》2010 年第 4 期，第 42—44 页。

制下日渐强化的地方政府独立性以及晋升锦标赛催化产生的横向竞争激励这几方面因素的共同作用，才得以保障和推动了对口支援政策的落实。[①] 这正如赵伦、蒋勇杰的观点：对口支援体现了社会主义制度下集中力量办大事的制度优越性。对口支援既是中国特色社会主义制度下团结一致的体现，也具有反向促进国家整体性建设的重要意义；对口支援既有利于快速应对危机处理或重大工程建设的需要，促进区域经济协调发展，也能增强中央人民政府的公信力和调控能力，这都可以从国家整体利益的理论中得到解释。[②]

简言之，府际关系视角下的研究关注作为总领者的中央人民政府以及作为支援方和受援方的地方政府之间的互动关系，并参考府际关系的经典理论对对口支援政策下的政府行为进行分析，准确把握驱动或影响支援行为的相关要素，以便扼住有效地推进对口支援政策的关键之处，使之推行过程更顺畅、成效更理想。

1.2.2 基于横向转移支付视角的研究

在一国之内，中央与地方以及各地方政府之间的财政水平往往存在高低落差，为解决过于极端的财政不平衡问题，财政转移支付成为一种可行的解决手段。综观大多数国家的财政实践，基本都存在着纵横交织的转移支付网络。其中，从中央向地方政府发力的纵向转移支付更为普遍，这在平衡纵向财政矛盾中发挥着主导作用；与此同时，部分国家通过推行横向财政转移支付制度作为对纵向模式的补充，能够产生缓解地方政府财政压力、平衡地方财力的理想效果，只是目前尚不存在仅建立横向转移支付而缺失纵向模式的国家。在国际社会中，德国在财政均衡理论指导下，构建起了相应的州之间以及州内市镇之间的横向转移支付关系，是成功实行横向转移支付的典型代表，国内外相关领域的学者因此时常借鉴德国经验以优化本国的横向转移支付制度。就我国的情况而言，一套具有中国特色的纵向转移支付制度自分税

---

① 夏少琼：《对口支援：政治、道德与市场的互动——以汶川地震灾后重建为中心》，《西南民族大学学报》（人文社会科学版）2013年第5期，第8—13页。

② 李庆滑：《我国省际对口支援的实践、理论与制度完善》，《中共浙江省委党校学报》2010年第5期，第55—58页。

制改革后逐步建立起来，虽然没有形成关于横向转移支付的规范制度，暂且缺乏制度层面的法定认可，但不少学者认为，我国的对口支援政策从本质上来说，可以算作横向财政转移支付的实践表现。

基于这一认识，越来越多的学者将横向转移支付纳入对口支援政策的一种性质界定，并从横向财政均衡的角度对此展开研究，所得到的研究成果大都具有宏大的视野，多讨论在我国建立横向转移支付制度的必要性、合理性及实现步骤等议题，有时也会选取具体案例进行实证量化分析，探究对口支援行动对横向转移支付的实际作用。经济学界的研究者非常关注对口支援政策作为横向财政转移支付的功能，该项政策所具有的保障受援地的财政支出能力，基本维持各地财政均衡水平的实力亦是有目共睹的，[①]更有学者将对口支援直呼为"一种中国式横向转移支付"[②]，认为对口支援政策既体现了中国特色，又兼具实现资源横向流动与平衡的功能。伍文中等在梳理述评对口支援和横向转移支付的相关研究成果的基础上，理性分析了在我国建立财政均衡机制的必要性和可行性，进而提出了对口支援改革和推进横向财政转移支付制度的思路和详细步骤。[③]杨明洪和刘建霞立足于省市对口援藏这一最为规范的对口支援实践案例，指出援助过程中存在着财政资金的直接转移和施行人才、技术、教育、就业等方面的帮扶时发生经济成本而形成的间接转移支付这两种模式，而财政资金横向转移支付的规模则呈现持续扩大的势头，这对于西藏与内地关系的强化具有积极意义，加速了国家一体化政治目标的实现。[④]谷成和蒋守建明确了实现公共服务均等化是横向转移支付的目标，但同时也指出在现行模式下，我国横向转移支付暴露出决策和监督机制缺位、运作效率不理想、对支援方的激励动力不足等问题，从而提出了完善相应体

---

① 花中东:《对口支援促进基本公共服务均等化效应分析——以四川地震灾区为例》，《西安财经学院学报》2010 年第 5 期，第 75—81 页。

② 石绍宾、樊丽明:《对口支援:一种中国式横向转移支付》，《财政研究》2020 年第 1 期，第 3—12 页。

③ 伍文中、张杨、刘晓萍:《从对口支援到横向财政转移支付:基于国家财政均衡体系的思考》，《财经论丛》2014 年第 1 期，第 36—41 页。

④ 杨明洪、刘建霞:《横向转移支付视角下省市对口援藏制度探析》，《财经科学》2018 年第 2 期，第 113—124 页。

制机制并推进转移支付立法的应对方案。[1]

事实上，对口支援是否等同于横向转移支付、是否应当在我国建立横向财政转移支付制度，这都是颇具争议而未能达成共识的纠结之处，在一片肯定对口支援有益于区域平衡发展的声音中，亦有学者提出了质疑。蔡璟孜通过计算标准差系数、基尼系数和泰尔指数对汶川地震灾前与灾后的数据进行分析，发现对口支援反而扩大了地区财力差距，对四川省的横向财政均衡产生了负面作用。[2] 王玮则指出，对口支援敞开了中央人民政府应承担的收入分配职能向地方政府错误转移的通道，体现了政府间财政职能划分的错位，他在研究中依据实施成本增长、制度安排与利益纠葛的复杂化等不利因素，发出了"对口支援不宜制度化为横向财政转移支付，不宜无限扩大规模或发展为常态化制度"的警示。[3]

总体说来，对口支援具有横向转移支付本质的这一观点已得到了研究者们的基本认同，但因为我国并未从立法层面确认横向财政转移支付的法定地位，对口支援、生态补偿等举措只能被算作准横向转移支付行为，制度规范的缺陷增强了对口支援横向转移支付功能实现的阻力，且这一做法的潜在风险和不确定性使其饱受争议，从而加重了横向转移支付制度化的犹疑与迷惑压力。本视角下大多数文献的最终构想皆围绕着放大对口支援政策的横向转移支付的利好影响，提出明晰事权财权、完善法律法规、建立评价监督体系等系列建议，期望构建起一套符合中国特色的科学合理的横向转移支付体系。

1.2.3 基于法治化视角的研究

有学者指出，地区间对口支援和经济技术协作已在实际上成为我国的一项法律制度内容，但仔细查看这一法律法规体系的内容、运行机制和实际效

---

[1] 谷成、蒋守建：《我国横向转移支付依据、目标与路径选择》，《地方财政研究》2017年第8期，第4—8页。

[2] 蔡璟孜：《横向财政均衡理论框架下我国省际间对口支援研究》，复旦大学2012年硕士学位论文。

[3] 王玮：《"对口支援"不宜制度化为横向财政转移支付》，《地方财政研究》2017年第8期，第20—26页。

果，不难发现政策实施过程中的随意性、非协调性等问题，这些不利因素将会导致最终效果无法达到理想水平。① 随着规则意识的不断强化，法律规范成为保障指令或政策任务保质保量落实的可靠支撑，为使对口支援政策在遵循其善意初衷的前提下实现长期有效的运行，首先要考虑从制度机制上对此加以完善，从对口支援理论与实践背景展开，分析对口支援法治化的必要性，进而为对口支援举措的完善和长效机制的建立提供法律建议，以此给予对口支援政策法律身份的认可。 王永才从宪法、法律和行政法规中印证了在民族地区实施对口支援的法理根基，表明建立完善法律体系是保障对口支援政策得以长期维持更优质实践成效的基础，并为对口支援民族地区的法治构建提出了可行的建议。② 刘铁以汶川地震灾后恢复重建为实例，考察揭示了对口支援的运行机制，指出参与对口支援行动的中央人民政府和地方政府之间生成了一种契约式协作关系，所承担的援建任务将演变为势必履践的法律义务，不知不觉中，私法精神与公法关系的交融成为对口支援政策的保障与延续动力。③ 赖虹宇和杨森关注到了我国灾害对口支援制度在法治化治理方面的缺陷，在重新审视这一过程的理论基础之后，提出了将对口支援制度整合进入灾害综合体制并明晰权责分配的设想，为优化灾害对口支援制度的法律治理提供了新的方案。④

1.2.4 基于公共政策视角的研究

对口支援作为一项政策，就其本身的性质与功能而言，有学者从区域经济协调发展的角度将之视为促进国内各区域之间共同发展的一种政策性投资

---

① 杨道波：《地区间对口支援和协作的法律制度问题与完善》，《理论探索》2005 年第 6 期，第 157—159 页。

② 王永才：《对口支援民族地区的法理基础与法治化探索》，《中央民族大学学报》（哲学社会科学版）2014 年第 5 期，第 25—30 页。

③ 刘铁：《对口支援的运行机制及其法制化》，法律出版社 2010 年版。

④ 赖虹宇、杨森：《论我国灾害对口支援制度的法律治理优化》，《中国行政管理》2020 年第 6 期，第 130—136 页。

行为，①亦有学者把对口支援当作边疆民族地区治理的基本方略，②结合特定的社会背景，还有学者通过对汶川大地震、新冠肺炎疫情等突发公共事件的分析，探讨对口支援政策在应急管理中的应用及其效果。③ 在瞄准对口支援社会政策属性的基础上，很多学者从政策研究的视角切入，分别从政策制定、政策执行、绩效评估、政策创新等环节进行了专题式研究。 也有学者认为，我国的对口支援政策在不同时期的社会背景和要求下，经历了逐步深入的多个发展阶段，逐渐扩大了政策的影响范围和程度。 对口支援政策的推行可以从我国的平衡发展目标中找到支撑点，该项政策在促进地区间交流、统筹资源横向流动方面的优势促使其成为服务于平衡发展战略的关键性政策工具。④

余翔以汶川地震灾后重建为案例，以政治经济学的综合研究方法从对口支援政策的产生和执行过程展开分析，构建起了政策期望、政策执行模式与政策结果之间的逻辑关联。⑤ 黄艳芳通过观察并反思对口支援政策的具体实践，发现替代式、选择式、象征式、照搬式政策执行偏差现象均存在于对口支援政策的执行过程中。 她分析认为，出现对口支援政策执行偏差的原因可能是政策本身的不确定性和浓厚政治色彩，也可能是因为政策所涉及的主体之间存在利益冲突，缺乏共识和认同感，还有可能是受到了外部环境的干扰，导致对口支援政策的执行过程陷入偏离正轨的风险。⑥ 而如何克服政策执行偏差，引导对口支援政策的长期有效落实，灵活分析不同支援主题下的政策特点很有必要。 李祥以政策要素与政策工具的二维框架分析了民族地区教育对口支援的相关政策样本，得出了该方面政策具有稳定性、延续性和系统性的

---

① 朱天舒、秦晓微：《国家支持与对口支援合作：我国区域平衡发展模式分析》，《中国行政管理》2012 年第 6 期，第 92—95 页。

② 吕朝辉：《边疆治理视野下的精准对口支援研究》，《云南民族大学学报》（哲学社会科学版）2016 年第 3 期，第 31—37 页。

③ 于永利：《灾后对口支援的模式与合作化转向》，《今日中国论坛》2013 年第 17 期，第 310—312 页。

④ 曾水英、范京京：《对口支援与当代中国的平衡发展》，《西南民族大学学报》（人文社会科学版）2019 年第 6 期，第 204—211 页。

⑤ 余翔：《发展型社会政策视野下的省际对口支援研究：基于汶川地震灾后重建案例》，浙江大学出版社 2014 年版。

⑥ 黄艳芳：《我国对口支援政策执行偏差研究》，上海交通大学 2012 年硕士学位论文。

特征，会在不同阶段显示出差异化的政策工具选择倾向，这暗示着需要综合运用权威工具、激励工具、能力建设工具和自愿性工具以有助于政策目标的达成。① 除了对口支援政策本身产生的效果，这一政策还能产生辐射作用，刺激地方的政策创新。 民族地区作为对口支援政策的一个主要目标对象，其本身就具有以促进经济发展为逻辑起点的政策创新倾向，这一过程中所关注的社会公平与公正的价值、团结和谐的民族关系以及以人为本的思想理念都可以在对口支援政策中找到相通之处。 因此可以得出对口支援能够促进民族地区政策创新的结论。②

对口支援政策的发展在接受众人的夸赞和追随的同时，也因其带来的负面效应而招致怀疑和忧虑。 面对对口支援政策的评价莫衷一是、众说纷纭的情况，为了得到更清晰肯定的答案，有一批学者专注于对口支援政策的运行结果，运用专业分析工具或定量手段，对这一政策的实施成效展开了客观的估算和评价，为准确评判这一政策提供了科学依据。 研究表明了对口支援政策对受援地经济发展的正面激励作用，却也指出了该政策在缩小发展差距方面的作用有限。 例如，刘金山和徐明选用双重差分法评析了 19 省市对口支援给新疆带去的影响。 该项研究表明，对口支援政策有效地推动了新疆地区的经济发展；但令人意外的是，最初设想的对口支援政策有助于缩小地区差距的功能未能够实现，甚至还裹挟着拉大差距的风险，因而需对此进行再思考以获得充分激发对口支援政策红利的有益启发。③ 而后，两位学者仍以新疆地区的 19 省市对口支援政策的自然实验为背景，采用双重差分法、三重差分法和多重中介效应法对 2006—2015 年的地级面板数据进行分析，发现省际对口支援可实现促进受援地区经济增长和控制城乡收入差距的双重效果。④

---

① 李祥：《民族地区教育对口支援政策七十年回顾与展望——基于政策要素与政策工具的二维分析》，《西南民族大学学报》（人文社会科学版）2020 年第 2 期，第 72—80 页。

② 赵刚：《科学发展观与我国少数民族政策的创新取向》，《延边大学学报》（社会科学版）2014 年第 2 期，第 99—104 页。

③ 刘金山、徐明：《对口支援政策有效吗？——来自 19 省市对口援疆自然实验的证据》，《世界经济文汇》2017 年第 4 期，第 43—61 页。

④ 徐明、刘金山：《省际对口支援如何影响受援地区经济绩效——兼论经济增长与城乡收入趋同的多重中介效应》，《经济科学》2018 年第 4 期，第 75—88 页。

赵晖和谭书先集合了 1996—2017 年的省际面板数据,采用双向固定效应模型评估了对口支援政策的实际效应,分析结果肯定了对口支援政策对于改善受援省经济水平的积极意义,却也阐发了仅依靠单一的对口支援政策无法消弭区域发展差距的启示,唯有提升受援省自身的治理能力以及中央人民政府的统筹能力,才能培养出实现区域均衡发展的实力与底气。[①] 除了将经济发展作为判断对口支援政策成效的重要层面,张斌和赵国春还把注意力转向了对口支援政策的生态环境效应,两位学者基于新疆受援地区的数据测算和模型检验,构建了生态环境评价指标体系。 分析结果显示,对口支援政策有利于改善新疆地区生态环境,但受援地的生态环境修复能力仍旧较弱,且对口支援政策带来的经济发展反而加重了生态改善的压力。[②]

基于此,人们开始逐渐意识到对口支援政策的风险性,全面剖析政策缺陷并提出改进设想成为一种较为常见的研究思路,立足对口支援政策的不足与风险的分析逐渐演变为承载研究者现实关怀的一个重要研究方向。 毋庸置疑,对口支援政策体现了社会主义国家团结互助的制度优势,尤其在为落后地区的发展建设提供必要的资金、物质、人力和智力支持方面,发挥了至关重要的促进和推动作用。 就国家建设的全局而言,对口支援在拉动经济增长、维护社会稳定、促进民族团结等目标的实现过程中都发挥了独到的优势。 尽管如此,对口支援政策在从制度安排到落地实施过程中的多个环节仍有诸多不完善之处,在法律规范、运作机制、监督评价等方面依然潜藏着各式各样的问题和风险。 对此,很多学者从实际现象出发,经系统的理性分析后,梳理出对口支援政策目前存在的不足之处,并试图提出相应的对策或调整建议,以期改善这一政策的综合水平,实现其积极作用的最优效果。 赵明刚指出,对口支援政策的计划经济特征明显,所用政策工具过于单一和简单,因此建议应当正确认识政府和市场在对口支援格局下的地位与责任,以精细化的多

---

① 赵晖、谭书先:《对口支援与区域均衡:政策、效果及解释——基于 8 对支援关系 1996—2017 年数据的考察》,《治理研究》2020 年第 1 期,第 69—81 页。

② 张斌、赵国春:《对口支援政策的生态环境效应评价》,《地方财政研究》2019 年第 6 期,第 98—105 页。

项政策工具的配合使用从全方位切实落实好工作要求。① 徐阳光指出，对口支援政策时常采用的"政治动员式"发动模式易导致政策启动与实施阶段缺乏科学规范的参照标准和判断依据，由此使制度安排具有不确定性和随机性，这一研究还指出了对口支援任务的执行过度依赖中央权威、地方政府间存在的不正当竞争关系等矛盾。② 王永才指出，对口支援政策的法律制度尚不健全，其相应的组织协调机制、管理体系、激励机制、考核监督机制亦未得到完善，③这使得对口支援政策的制度与机制规范化建设成为一项势在必行的急迫任务。

1.2.5　基本研究趋势

对口支援政策自 20 世纪 70 年代正式提出以来，几十年的理论建设与实践探索的历史见证了这一政策的丰硕成果。现有的研究文献中，已经就对口支援的政策生成背景、发展演变历程、实施运作机制、政策特征与不足等内容展开分析，形成了相对全面的关于对口支援政策各维度实际情状的综合性研究成果，对口支援政策的发展全貌已被基本勾勒并呈现出来，可以作为后续研究的借鉴。

正如实践是认知的来源，对口支援政策的研究格局在根本上取决于这一政策的实践情况，同时也会受到社会环境、时代特质、发展目标等因素的影响。根据对口支援政策的本身特点，在当下，该项政策开始与更广泛的国家发展与治理主题相结合，实现了譬如"一带一路"倡议下的对口支援政策创新，发展出了适应精准扶贫工作需要的特定的对口支援运行机制。可以说，对口支援作为一项优质的政策工具，可用于服务国家治理的重要安排和重大任务，通过与时俱进地充实政策内涵，赋予其在新时代背景下的新使命，能够激发对口支援政策新的活力与发展机遇，这也成为对口支援政策持续更新的

---

① 赵明刚：《中国特色对口支援模式研究》，《社会主义研究》2011 年第 2 期，第 56—61 页。

② 徐阳光：《横向财政转移支付立法与政府间财政关系的构建》，《安徽大学学报》（哲学社会科学版）2011 年第 5 期，第 84—91 页。

③ 王永才：《对口支援民族地区的问题与法治反思》，《黑龙江民族丛刊》2014 年第 2 期，第 22—27 页。

主要路径。 尤其是在中国特色社会主义进入新时代之后,对口支援作为一项政策工具,在推进区域协调发展领域发挥着不可替代的关键作用。 面对日新月异的社会环境变迁,对口支援政策需借助适时创新以实现政策转型,引导建立多样、稳定、规范的政策体系,发掘对口支援政策的现实适应性和应用价值。①

归根结底,对口支援政策作为独具中国特色的一项成果,其演进轨迹、实践成效与中国共产党的领导、中国特色社会主义的环境有着不可分割的必然联系。 回顾中国共产党的百年发展历程,对口支援政策之内容在工程建设、扶贫开发、重大自然灾害、教育及卫生领域不断充实,并逐渐发展出覆盖专门领域的政策系统,相关研究的广度和深度不断拓宽。 从研究现状中推测,此后的研究将会使用更多样、科学的研究方法,就对口支援政策的实施绩效做出合理评估,进而追求对口支援对于政治稳定、政治团结、共同富裕的正向推进作用的充分发挥,期望达到缓和区域发展不平衡矛盾的基本目标。 为实现对口支援政策的更优发展,注重实效的各项研究成果将会备受青睐,如何建立对口支援的长效机制、健全法律制度、完善机制建设或将成为对口支援政策未来发展的一项重要工作内容,其最终目标都在于探索以对口支援政策彰显制度优势并提升社会治理效能的有效路径。

1.3 对口支援的理论基础

对口支援是在中国的政治生态之中萌发的一项政策内容,经历了多年来的发展完善之后,已成为一项极具中国特色的政策模式,充分展现了中国特色社会主义的优越性。 回溯对口支援政策的提出与实践历程,不仅需要从理论上解释其科学性,更需要以科学的理论作为实践的指导。 从我国社会主义国家的本质特征、区域发展不均衡、存在贫富差距等国情出发,结合已有相关

---

① 任维德:《检视与展望:对口支援西部民族地区 40 年》,《内蒙古大学学报》(哲学社会科学版)2019 年第 3 期,第 19—25 页。

研究，可以认为马克思主义民族理论、区域协调发展理论、比较优势理论、府际关系等一系列理论观点能够较好地解释对口支援政策的起因、过程以及成效，能够为对口支援政策的科学性、合理性提供支持性依据，以坚实的理论基础支撑对口支援政策及其实践。

1.3.1　马克思主义民族理论

马克思主义始终是指导我国建设与发展的重要思想，而马克思主义民族理论作为一门研究民族和民族问题发展规律的科学，是无产阶级政党和国家制定民族政策的理论基础和指导思想。其中，民族平等和民族团结是马克思主义民族理论的核心，是解决民族问题的根本原则，民族平等意味着一切民族皆平等而无优劣之分，各民族应享受完全平等的权利，民族团结代表着各民族为共同的工作而相互联结融合的要求，民族平等是民族团结的前提，民族团结则可作为民族平等的必然结果和保障。马克思主义民族理论指明了各个民族在平等地位上可激发出团结互助的力量，以实力的凝聚促进共同发展。

自马克思、恩格斯在19世纪创立马克思主义民族理论以来，这一理论在苏联经列宁和斯大林的补充调整获得了新发展。而马克思主义民族理论在进入中国之后，结合我国多民族国家的实际、国际地位以及国内建设现状，在经典理论基石之上创新发展出了马克思主义民族理论的中国化成果，形成了以民族平等、团结、自治、发展为核心内容的一系列理论和政策内容。[①] 社会主义国家中，民族关系的本质特征呈现为平等、团结、互助、和谐。在民族关系的处理上，我国坚持民族平等、民族团结、各民族共同繁荣的原则，在各民族多元一体的现实下，培育民族团结一家亲的融洽氛围。在面对民族的发展问题时，民族理论中的"互助"理念就凸显了出来，对口支援政策正是这一理念的体现，通过地区之间的援助行动帮扶落后地区的发展，为相对处于弱势地位的少数民族地区的发展营造积极的环境，提供更多的选择机会，关怀并维护少数民族的利益，从而能够缩小各民族之间的差距，推动实现各民

---

① 金炳镐：《马克思主义民族理论发展史》，中央民族大学出版社2007年版。

共同发展与繁荣。

1.3.2 公平正义理论

罗尔斯是对"正义"的内涵剖析最深刻、影响最深远的一位学者，他将平等视为正义的核心，主张"正义即公平"。 所谓公平，即是指社会权利与利益的公平分配，公平贯穿于人们的交易和竞争之中。 同时，每个人都具有一种基于正义的不可侵犯性，各项权利都能够得到正义的保障。 而在我国，公平正义理论随着时代与实践的发展从改革开放初期的理论形式演进为新时代中国特色社会主义公平正义理论，公平正义的地位从"效率优先，兼顾公平"提升至"兼顾效率与公平"和"更加注重公平"，其范围和层次也在不断扩大和提升。 不仅如此，党的十八大报告中明确指出公平正义是中国特色社会主义的内在要求，在党的十八大以来的重要会议和文献中，公平正义问题得到了高度重视，并就此创新补充了一系列重要理论观点，充分彰显了公平正义的时代价值。[①] 公平正义是社会发展的目标与追求，而对口支援政策恰为推进社会公平正义提供了一条可行路径，凭借对口支援的系列举措能够缓和区域发展不平衡的矛盾，逐步实现公共服务均等化，为社会公平正义的最终实现助添动力。

1.3.3 府际关系理论

"府际关系"一词最早由美国学者斯奈德提出，而后由安德森给出"府际关系是指各类和各级政府机构的一系列重要活动，以及他们之间的相互作用"的定义。 在我国，林尚立教授用政府间关系的概念概括纵向的中央与地方政府之间的关系、横向的各地区政府之间的关系；谢庆奎教授在国内首次使用"府际关系"的说法，并认为政府间关系在权力关系、财政关系、公共行政关系之上还存在利益关系。[②] 因此，概括说来，国内的府际关系主要指国

---

① 黄有璋:《改革开放以来社会主义公平正义理论的逻辑演进》,《桂海论丛》2020年第2期,第44—49页。

② 谢庆奎:《中国政府的府际关系研究》,《北京大学学报》(哲学社会科学版)2001年第1期,第26—34页。

内各级政府和各地区政府之间的关系，其中既包括纵向的中央人民政府和地方政府间以及各级地方政府间的关系，也包括同级地方政府间和互不隶属的非同级地方政府间的横向互动关系，①在垂直和水平两个方向上形成了纵横交错的关系网络。 对口支援可视作具有突出中国特点的府际关系现象，②例如中央部门对地方的纵向对口支援，无隶属关系的省、市（地区）、县（市、区）之间的横向对口支援行动都遵循府际关系理论的逻辑，皆可以运用这一理论做出解释和分析。

1.3.4 政府职能理论

我国政府职能的内容包括政治职能、经济职能、文化职能、社会职能、生态职能这五大方面。 就具体内涵而言，政治职能包括军事保卫、外交、治安、民主政治建设，其目标就在于对外保护国家安全，对内维持社会秩序，维护国家统治阶级的利益；经济职能内含宏观调控、市场监管、提供公共产品和服务三项内容，聚焦对社会经济生活的管理，服务于国家经济的发展；文化职能则通过发展科学技术、教育、文化事业和卫生体育事业来实现，管理文化事业，满足人民的文化生活需要并加强社会主义精神文明建设；社会职能围绕提高人口质量、调节社会分配和组织社会保障、促进社会化服务体系建设等工作展开；保护生态环境和自然资源则是近年来倍受重视的一项政府职能。我国政府职能体现着公共行政活动的内容与方向，反映了公共行政的本质，基于我国的实践，还发展了引导型政府模式③、服务型政府和责任型政府职能理论等一系列本土化的理论成果。 对口支援政策下对边疆和少数民族地区发展的支持、对重大工程建设的支援以及对灾区恢复重建的帮助，反映了政府的经济职能和社会职能，有助于改善相对落后地区的公共服务水平，促进经济发展，缩小区域差距，缓和社会矛盾，展现了服务型政府、责任型政府的特

---

① 吕朝辉：《边疆治理视野下的精准对口支援研究》，《云南民族大学学报》（哲学社会科学版）2016年第3期，第32—38页。

② 朱光磊、张传彬：《系统性完善与培育府际伙伴关系——关于"对口支援"制度的初步研究》，《江苏行政学院学报》2011年第2期，第85—90页。

③ 张康之：《公共行政中的哲学与伦理》，中国人民大学出版社2004年版。

质,对口支援政策从根本上对促进民族团结、维护国家统一的政治目标的实现具有积极意义。

1.3.5 区域协调发展理论

马克思主义的最高价值追求是实现人的自由而全面的发展,但因为人类生活空间分布的区域性特征,人的全面发展的实现与各区域的协调发展情况休戚相关,因此产生了促进区域全面协调发展的内在要求。① 马克思主义区域协调发展理论以公平和效率为逻辑起点,主要包括生产力的平衡布局、区域间的分工协作和产业间的协调发展这三方面内涵。 这一理论主张通过生产力的平衡布局,充分合理地利用各地区的综合资源,以此缩小地区之间在经济技术层面的差距。 在社会分工发展的背景下,会衍生出区域分工与区域合作等形式,此时通过在不同区域之间建立经济交流或交换关系,能够突破单个区域在资源和生产能力上的局限,激发区域经济的活力。 区域协调发展理论重在强调社会经济运行过程中,各区域之间或者区域内部的各项生产要素应当保持内在平衡,维持协调关系,如此才有助于实现社会的可持续稳定发展。 对口支援政策精准把握住了不同地区之间的优势与不足之处,在中央人民政府的统筹规划下以结对帮扶的形式,通过资源共享带动相对落后地区的发展,缩小区域之间的不合理差距,实现区域的协调平衡发展。

1.3.6 制度经济学理论

制度经济学是以制度为研究对象的一门经济学分支,它肯定了非市场因素对社会经济生活的影响,从制度视角切入,研究分析制度因素对于经济行为和经济发展的影响,以及经济发展如何影响制度的演变,是制度经济学的重要内容。 在新古典均衡分析范式下,博弈论是制度经济学研究中用于进行制度分析的主流范式。 而后威廉姆森提出了"新制度经济学",摒弃了新古典经济学中不切实际的假设,从"交易成本大于零"的视角起步,并将制度纳

---

① 陈健、郭冠清:《马克思主义区域协调发展思想:从经典理论到中国发展》,《经济纵横》2020 年第 6 期,第 1—10 页。

入经济分析中，关注制度选择和制度比较等议题。① 就制度的演化分析来看，其间遵循着原有制度失衡、主体互动学习、新制度形成的逻辑，参与者在这一过程中的互动和学习有助于形成共同的认知模型，在具体行动上达成共识，并形成共同的行为准则，新制度的形成将由此对参与者的行动产生深刻的影响。

从制度经济学的角度分析，对口支援是一种我国特有的政府投资形式，是在中央人民政府统筹安排下的一种地区间合作模式，整个过程由政府主导、社会参与。 对口支援政策的实质是在中央的制度安排和政策倾斜下，由支援方向非支援方提供人才、技术等多方面支持的一项扶贫协作举措。② 对口支援的政策安排能够影响并引导地方政府的行为，使其参与结对帮扶行动支持落后地区的发展，从而优化全国的经济格局。

1.3.7　发展经济学理论

发展经济学于20世纪40年代后期在西方国家逐步形成，是一门适应"二战"后独立国家发展需要，研究贫困落后的农业国家或发展中国家如何实现工业化、摆脱贫困走向富裕的经济学。 不同于一般经济学对人类经济活动的一般特征和经济体遵循的普遍规律的研究，发展经济学关注到了那些陷于"贫困恶性循环"或"中等收入陷阱"的发展中国家的困境，在理论上解释、推演这一经济发展的跃迁过程，并探寻在实践中激励这一转变的方略。③ 在发展经济学进入中国之后，结合中国特色社会主义的实际，创立了马克思主义发展经济学，以此为中国的发展实践提供依据。 林毅夫提出的新结构经济学是发展经济学的重要创新，被认为是发展经济学的第三波思潮。 新结构经济学的核心思想在于，每个时点上的生产力和产业结构是由此时的要素禀赋及其结构决定的，基础设施与上层建筑的安排应与之相适应。 在此情形下，

---

① 黄凯南、程臻宇：《制度经济学的理论发展与前沿理论展望》，《南方经济》2018年第11期，第15—26页。

② 丛威青：《务实推进新时期对口支援工作》，《中国党政干部论坛》2017年第11期，第65—67页。

③ 叶初升：《中国实践的发展经济学意义》，《金融博览》2020年第9期，第34—35页。

一个经济体按要素禀赋结构的特性来发展具有比较优势的产业是经济取得稳定、快速、包容发展的有效途径。 发展经济学和新结构主义的思想为中国经济的转型和发展提供了重要启发和思路借鉴，创造性地设计出具有中国特色的对口支援政策，使欠发达地区获得了发展机遇和更广阔的成长空间，为其摆脱落后困境指明了出路，赋予了希望。

1.3.8　比较优势理论

比较优势理论最早由大卫·李嘉图提出。 该理论主张生产技术的相对差别以及由此产生的相对成本的差别是国际贸易的基础，在国际贸易中，每个国家应当集中生产并出口具有"比较优势"的产品，进口对于本国来说具有"比较劣势"的产品，这就能够节约劳动力，以专业化分工提高劳动生产率。[①] 随着比较优势理论影响力的扩大，这一理论在发展中国家得到了应用并实现了新发展。 在中国，以林毅夫为代表的一批学者在批判赶超战略的基础上，提出了应依据比较优势制定发展战略的主张，林毅夫及其合作者提出的比较优势战略理论认为，落后国家与发达国家之间的根本差别在于要素禀赋结构上的差异，即在一个经济体中自然资源、劳动力和资本存量的相对份额的差异，其中，资本是可以产生巨大增长差别的唯一要素，所谓提升要素禀赋结构通常是指资本相对丰裕程度的提高。 林毅夫认为，遵循比较优势的发展逻辑能够加快经济发展速度，提升整个经济的竞争力，带来这一经济中的产业和技术结构的升级。 此外，不容忽视的是，采取比较优势战略的发展中国家可以在本国的维持宏观经济稳定、促进收入分配平等、推动金融发展等多个方面取得积极成效，正如我国的对口支援政策可以从比较优势理论中获得启发，在国内的不同地区间建立结对关系，在双方互动中发挥各自的优势，使不利之处得到补偿，从而达成区域协调均衡发展的理想成效。

1.3.9　横向财政均衡理论

布坎南是较早提出"横向财政均衡"理论的学者。 他基于公平的角度研

---

① 大卫·李嘉图：《政治经济学及税赋原理》，郭大力、王亚南译，译林出版社 2011 年版。

究了横向财政均衡制度，认为财力相等的地区应在同等税赋水平下为其居民提供相等的公共服务，每一位处于同等地位的人都应得到平等对待。然而在现实中，由于各地区间主客观条件的差异，难以自然地实现这一平等目标，所以需要借助一定的手段来推动平等与均衡的实现，而转移支付具有促进财政均衡的功能，因此不失为一种促进协调均衡发展的有效手段。

横向转移支付是指财政资金在同级政府之间相互转移，其流动方向通常是从财力富裕地区转向财力不足的地区，所以又被称为兄弟互助型或劫富济贫型。德国是实施横向转移支付的代表性国家，而我国在对口支援政策下，资金、技术、人才等资源从支援方向受援地区的转移是一种针对欠发达地区的横向转移支付形式，此类地区间援助行为在本质上也可归属于横向财政转移支付，只是并未从正式的制度安排上对其予以确认。① 因此，横向转移支付也成为众多学者分析对口支援政策的研究视角，横向转移支付作为一种均等化转移支付，通过地区间财政资源的再分配来矫正横向财政不平衡状况，能够缩小区域之间的差距，促进区域间的财政均衡。

1.3.10 减贫扶贫理论

自 20 世纪初英国学者朗特里提出贫穷的概念以来，越来越多的学者投入贫困问题的研究。英国经济学家贝弗里奇以摆脱收入贫困和消除绝对贫困为目标，设计了"福利国家"的蓝图；阿玛蒂亚·森提出了"能力贫困"理论，推动建立了多维贫困指标，使缓解和消除贫困的政策开始关注多维贫困；此后，在理论和实践的深化中还发展出参与式扶贫理念、合作型反贫困理论、涓滴理论、利贫式减贫理论等一系列减贫理论。② 马克思和恩格斯也对贫困问题展开了大量研究，阐释了贫困生成和消灭的一般规律，指出只有消灭"占有人和剥夺人的制度"，才是无产阶级摆脱贫困的唯一出路。中国的扶贫减贫实践先经历了救济式扶贫和开发式扶贫阶段，再进入彻底消除绝对贫困的决

---

① 李万慧、于印辉：《横向财政转移支付：理论、国际实践以及在中国的可行性》，《地方财政研究》2017 年第 8 期，第 27—33 页。

② 王欢、何伟：《精准扶贫为世界减贫理论与实践作出重要贡献》，《光明日报》2018 年12 月 25 日。

战期，我国的扶贫减贫事业取得了显著成效，这一过程中我国的减贫扶贫实践也丰富了世界减贫理论，为更多国家和地区的减贫斗争提供了中国智慧。关于贫困问题，习近平总书记多次强调，"小康不小康，关键看老乡，关键看贫困老乡能不能脱贫"。因此摆脱贫困的根本仍在于帮助和支持落后地区的发展，同时，脱贫攻坚需要借助各方参与的合力，这样的理念与对口支援政策的思想不谋而合，减贫理论也构成了对口支援的理论基础。

1.3.11 利益相关者理论及利益协调机制理论

"利益相关者"这一概念来源于西方经济学领域。围绕这一概念，国外许多学者对利益相关者进行了系统性理论研究，取得了较多显著成就。其中以弗里曼、多纳德逊、布莱尔、米切尔为代表的一批学者提出了利益相关者理论。[1] 利益相关者理论是在 20 世纪 80 年代公司治理理论基础上发展起来的，该理论提出任何一个公司的发展都离不开各种利益相关者的投入和参与，这些利益相关者不单单是股东，还包括雇员、消费者、政府、供应商以及社会其他组织和个人。[2] 企业的经营目标不只是为股东服务，还应该考虑所有其他利益相关者的利益诉求，并给予他们相应的发言权，只有平衡好所有利益相关者利益关系，才能保证企业长远发展。利益相关者理论强调通过赋予各相关者相应的权利和义务，能够激励和促进利益相关者对公司物资资本和人力资本的投入，也顺应了企业长期利益发展的要求。

利益协调机制是指在考虑各利益主体诉求和保证各利益主体特性的前提下，通过借助一定方法与手段调节和化解各利益主体之间的严重冲突，以实现各利益主体各得其所、利益共享的利益格局的制度安排。[3] 我国学界对于利益协调机制在各个领域都开展了广泛的研究，虽然领域不同，具体观点存在差异，但是对于利益协调机制的观点基本上是一致的，认为利益协调机制

---

[1] 王唤明、江若尘：《利益相关者理论综述研究》，《经济问题探索》2007 年第 4 期，第 15—18 页。

[2] 任海云：《利益相关者理论研究现状综述》，《商业研究》2007 年第 2 期，第 30—32 页。

[3] 蒋小捷、张瑞才：《西南边疆多民族地区的利益协调机制建构》，《学术探索》2008 年第 4 期，第 35—42 页。

包括了利益表达机制、利益分享机制和利益补偿机制，这对于研究对口支援机制具有重要的参考意义。 对口支援是一项系统工程，其中涉及受援方与支援方政府、企业和市民等多元主体间的不同利益，只有协调好各个利益相关者的利益，才能激励和促进各个主体对对口支援工作的投入，以保证对口支援预期效果的实现。 因此，需要利益相关者共同参与、利益表达渠道顺畅和建立广泛参与的决策机制，需要构建民主平等、科学高效的多元主体参与的利益协调机构。

1.3.12　合作治理理论

20 世纪 90 年代以来，关于治理的理论思潮逐渐浮现于国际视野之中，奥斯特罗姆将治理视为不同主体共同确定规则以约制个体及集体行为的方式。[1] 瑞斯克等进一步指出，治理是集体行动的决策过程，利益相关者在此过程中共同参与和协作。[2] 治理本身体现了从原先以政府为主导的单一主体行动模式到政府、市场与社会等多元主体共同行动、协作参与的模式转变，因而其内在地具有合作的意涵。 基于此，有学者提出了合作治理（Collaborative Governance）概念，强调不同利益相关者共同参与完成的行动计划与制度安排，这种计划与安排用以确定它们之间的共同行动准则并协调其利益关系。[3] 我国学者敬乂嘉在此基础上，将合作治理定义为：为实现公共目标，在公共、非营利以及私人部门内部或跨部门之间所进行的权力与自由裁量权的共享。[4]

可以说，合作治理是介于政府治理和自治理之间的一种复合治理模式，其基本内涵包括明确的基本规则和透明的合作程序，基本特征表现为多元化

———————————

[1]　E. Ostrom. *Governing the Commons*：*The Evolution of Institutions for Collective Action*. Cambridge：Cambridge University Press，1990.

[2]　A. Rasche，G. Lenssen，" Collaborative Governance 2. 0". *Social Science Electronic Publishing*，2010，10(4)：500-511.

[3]　K. Emerson，T. Nabatchi，S. Balogh，"An Integrative Framework for Collaborative Governance". *Journal of Public Administration Research and Theory*，2012，22(1)：1-29.

[4]　敬乂嘉：《合作治理：历史与现实的路径》，《南京社会科学》2015 年第 5 期，第 1—9 页。

的治理主体之间因共同事务需要解决而开展的互助、互帮、共享、共促，并利用各自拥有的资源进行交换融合。 其实，无论是规则、规章还是程序的设定，都是为了让参与治理的各方势力考虑投入的成本及利益。 只有抱有彼此合作的理念以及共同的行动，才能在治理活动中发挥各自的优势，才能制定出有效策略，才能共同实现成功的治理效果。 合作治理需要各方共同贡献各自的资源，治理过程必须考虑资源配置问题，必然涉及各方利益和责任，只有合作双方通过达成共识，在资源调配、知识共享、权责共担等方面建立良好的交换关系和明确各方的位置，才能有效地开展合作治理。 对口支援作为一项系统全面的社会政策，涉及政府、私营部门、社会组织等多元主体，为了实现支援绩效最优，需要多元治理主体在治理过程中相互协商、合作共赢。 因此，合作治理理论应用于我国对口支援研究是适宜且合理的。

1.3.13 内生发展理论

内生发展理论是研究社会发展的重要理论基础之一，众多学者对内生发展的内涵进行了理论建构，不同学者提出了许多建设性的观点，其中学界普遍认可的是1983年弗朗索瓦·佩鲁的观点。 弗朗索瓦·佩鲁认为，内生发展是指一个国家或地区合理开发与利用本地资源、提升内部能力的发展。[①] 学界对内生发展的基本概念界定虽然存在差异，但是对于内生发展的主要核心要义是基本一致的，都强调了要以当地人发展为主体，利用本地资源、技术和文化，依靠自身技术进步、制度创新等措施培育自我发展能力，探索适合本区域发展的模式。 我国对口支援政策的最终目的，就是要促进受援助地区的自我发展能力。 由此，首先，可以借助内生发展理论的核心要义构建新时代下对口支援的新模式。 在我国的对口支援政策中，受援方的政府、企业和公众都是实践的主体，更加了解当地的综合现状，需要充分发挥自身的主观能动性，积极主动地参与到对口支援的实践中去。 在这一过程中，各主体应从被安排的角色转变为积极的参与者和主导者，与支援方共同探索一条适合当地发展的道路，实现经济社会的可持续发展。 其次，内生发展理论强调以人为

---

① 弗朗索瓦·佩鲁：《新发展观》，张宁、丰子义译，华夏出版社1987年版。

本，需要充分尊重受援方的主体地位和利益诉求，使多元主体在民主协商中全面参与对口支援工作。 最后，内生发展理论要求探索一套适合本区域发展的模式，由于受援助地区多为我国西部少数民族地区，因此在援助的过程中要尊重民族特色与地方发展实际，不强行照搬发达地区的改革经验和模式，在充分考虑受援方实际的前提下带动共同发展。

2 对口支援的知识体系

对口支援的内容庞杂，但许多文献往往只涉及其中的某一方面。 要把对口支援说清楚，其实也不是一件容易的事情。 为了使本书的读者对对口支援有一个总体的认识，本章对相关知识进行了概括，浓缩了关于对口支援的核心内容。

2.1 对口支援的基本史实

作为一种具有中国特色的政策性行为，对口支援经历了一个较长的演变过程。 以对口支援在不同历史时期的内涵、重点和表现形式上的差别为线索，大致可以把我国对口支援的历史划分成三个阶段，这三个阶段分别以中华人民共和国成立、实行改革开放和进入 21 世纪为时间节点。

2.1.1 中华人民共和国成立后对口支援的萌芽

对口支援的早期表现形式主要是城乡、区域、行业和部门之间的援助。

中华人民共和国成立初期，每到农忙时节或遭受洪涝旱情，城里的组织部就会分派各个部门去帮助各村收割或抗旱抗洪。 这个传统不断延续下来，并逐渐增加了支援农业建设、赴农村劳动锻炼等内容。 到了 20 世纪 50 年代，工农协作、厂社协作已经成为城市与农村之间应用广泛的支援模式。 例如，哈尔滨市太平城市人民公社采取"四级挂钩""八行对口"的办法，组织各工厂分别与县、社的相应部门挂钩，实行对口支援，大力帮助农村人民公社进行农业技术改造。

1953 年，华北区农业丰收却遭受了涝灾，同时还有部分地区发生了旱灾及其他灾害。 为了救灾，中共中央华北局发出指示，号召全党、全区人民紧急动员起来，积极支援灾区战胜灾害。 这是较早见诸报端的支援灾区的行动。 1955 年，湖南省非灾区农民发扬互助友爱精神，支援洞庭湖灾区农民的春耕，开始出现了跨地域的支援。 1956 年 9 月，河北省的生产救灾得到了北京、天津、武汉、西安、包头、大同等地的许多支援。 1960 年，山东省遭受严重灾荒，浙江、江苏、福建、江西、安徽、上海等省市节约粮食大力支援灾区，并调运大批罐头食品、药品、鞋袜以及棉花、棉布等大批物资，并且江西、福建等省还以负责干部为首成立了支援山东省灾区生产救灾的专门机构。①

20 世纪五六十年代，边疆民族地区创办教育事业急需一些师资、设备等，中央安排内地开展了教育对口支援。 1956 年，教育部在《关于内地支援边疆地区小学师资问题的通知》中，要求"四川、陕西等省，对于接邻的边疆省、自治区需要外地支援的师资要有较多的支持"。

虽然对口支援作为一种工农结合、城乡结合、厂社结合的新形式，在 20 世纪 50 年代时就已成为个别地方的实践，但对口支援概念的提出却始于 1960 年 3 月 20 日《山西日报》发表的一篇社论。 该社论以"厂厂包社 对口支援——论工业支援农业技术改造的新形势"为题，对山西经纬纺织机械厂与曙光公社采取"工厂包公社、对口支援、一包到底"的举措给予了充分肯定。② 同年 3 月 23 日，《人民日报》在转引《山西日报》社论时强调："对于厂社对口协作这一新生事物，如何看到它的主流，扶植它健康地发展、壮大，是我

---

① 转引自李瑞昌：《中国特点的对口支援制度研究——政府间网络视角》，复旦大学出版社 2016 年版，第 93 页。

② 《厂厂包社 对口支援——论工业支援农业技术改造的新形势》，《山西日报》1960 年 3 月 20 日。

们的一项政治任务。"①后来，由于厂社挂钩、对口协作存在不足，一些地区又用建立厂社协作支援网的综合支援取代了厂社挂钩。例如，1960 年 4 月下旬，山西省陵川县在厂社挂钩基础上实行的"多行组合、以片建网、以网包片、综合支援"，使得工业支援农业向前大大地推进了一步。②

"文革"期间，国家的经济社会发展几乎停滞，许多好的制度遭到破坏。直到 1978 年，才再次出现对口支援现象。在 1978 年的抗旱过程中，对口支援作为湖北省的抗旱经验被提出并通过《人民日报》在全国宣传。当时湖北全省划分出黄冈、孝感等 6 个抗旱战区，省委组织武汉、黄石等地的大型厂矿企业进行对口支援。同时，武汉市负责支援黄冈地区，全力以赴地支援浠水、新洲、黄冈等 8 县抗旱斗争。③

严格来讲，这一时期不论是中央人民政府还是地方政府都没有明确提出"对口支援"的概念，上述支援活动也不具有明确的"一对一"结对支援性质。但是，这些不同形式和内容的支援帮扶活动确实存在，并不断得到传播和应用，为后来对口支援政策的正式提出和确立积累了经验。

2.1.2　改革开放之后对口支援的正式提出和发展

"文革"后，国家各项工作都面临着纠正问题、加快发展的任务，民族和边防工作也不例外。1979 年 4 月 25 日，中共中央在北京召开全国边防工作会议。时任中共中央政治局委员、中央统战部部长乌兰夫在大会上做了题为"全国人民团结起来，为建设繁荣的边疆、巩固的边防而奋斗"的报告。乌兰夫在报告中指出："根据党中央的指示，国家将加强边境地区和少数民族地区的建设……国家还要组织内地省、市，实行对口支援边境地区和少数民族地区：北京支援内蒙古，河北支援贵州，江苏支援广西、新疆，山东支援青海，天津支援甘肃，上海支援云南、宁夏，全国支援西藏……党中央的巨大关怀，国家和内地省、市的有力支援，将为边境和少数民族地区建设事业的发展

---

① 《工农协作加速农业技术改造》，《人民日报》1960 年 3 月 23 日。
② 《厂社挂钩的新发展　支援农业的好办法》，《人民日报》1960 年 8 月 1 日。
③ 孙鸿宾、江绍高：《搬大水　抗大旱　旱多久　抗多久——湖北省抗大旱夺丰收纪事》，《人民日报》1978 年 11 月 11 日。

创造更为有利的条件。"①这就是理论界和实务界广泛使用的对口支援政策最权威和最正式的官方文件来源。1979 年 7 月 31 日，中共中央以中发〔1979〕52 号文件批转了乌兰夫的报告。从此，对口支援作为一项国家政策被正式确立了。

1980 年，中央召开第一次西藏工作会议。4 月 7 日，党中央考虑到西藏的特殊情况和总结过去的经验，在《关于转发〈西藏工作座谈会纪要〉的通知》中指出，发展西藏建设，仍然应当主要依靠西藏党政军和各族人民，艰苦创业，共同努力。另外也指出，中央各部门也要加强对西藏工作的正确指导，并根据实际情况，组织全国各地积极给他们以支持和帮助。

1982 年，中央召开了经济发达省市同少数民族地区对口支援和经济技术协作座谈会，确定由国家经委牵头，国家经委、计委、民委共同负责对口支援工作，并提出了对口支援政策指导意见，还确立了定期召开对口支援会议的惯例。

在第一次西藏工作会议召开四年之后，中央又于 1984 年召开了第二次西藏工作会议。会议确定了由北京、上海、天津、江苏、浙江、福建、山东、四川、广东 9 个省市帮助西藏建设 43 项工程，作为西藏自治区成立 20 周年大庆的庆典工程，总投资达 4.8 亿元。

1984 年，中央召开第二次全国经济技术协作和对口支援会议，研讨了对口支援开展几年来出现的问题。同年通过的《民族区域自治法》首次以国家基本法律的形式明确了上级国家机关组织和支持对口支援的法律原则。

1987 年 4 月，中央转发了中央统战部、国家民委《关于我国民族工作几个重要问题的报告》，文件中规定对口支援是一项历史使命，发达地区应该坚持做好。

1991 年，国家民委首次召开了全国部分省、自治区、直辖市对口支援工作座谈会，形成座谈会纪要，指出对口支援不同于一般的经济技术协作和横向联合，是有领导、有组织、有计划的，不以营利为目的而以帮助少数民族地区加快发展作为己任的一项既有经济意义又有政治意义的工作。会议提出了

---

① 《国家民委民族政策文件选编(1979—1984)》，中央民族出版社 1988 年版，第 242 页。

对口支援的十六字原则：支援为主、互补互济、积极合作、共同繁荣。 这为中国特色对口支援体制的进一步形成奠定了坚实的基础。

为了推进实现三峡工程百万移民"搬得出、安得稳、逐步能致富"的搬迁安置目标，1992 年 3 月国务院办公厅发出了《关于开展三峡工程库区移民工作对口支援的通知》。 国家有关部门和 20 多个省、区、市积极参与对口支援三峡工程移民搬迁安置工作。 1993 年 8 月 19 日，国务院发布实施《长江三峡工程建设移民条例》，其中第三十三条规定："国家鼓励和支持国务院有关部门和各省、自治区、直辖市采取多种形式，从教育、科技、人才、管理、信息、资金、物资等方面，对口支援三峡库区移民安置。"把对口支援三峡工程移民作为国务院有关部门和各省、区、市的义务。

1994 年 7 月，中央召开第三次西藏工作座谈会。 江泽民同志在座谈会上指出："密切内地与西藏的经济、文化、社会联系，加强对口支援，增强西藏自我发展的活力，是西藏发展的需要，也是全国各地发展的需要。"①会议重申了援藏工作的路线、方针、政策，并进行了具体的分工，确定了"分片负责、对口支援、定期轮换"的政策。 会议提出了"干部援藏为龙头、技术援藏为骨干、资金援藏为附体"的思路，明确了由北京、上海等 14 个省市分工援助西藏 7 个地市，使援藏任务进一步落实到具体的省市。 除此之外，中央还决定建设 62 项工程，作为西藏自治区成立 30 周年的献礼。

1997 年，全国援疆工作正式开始。 中央先后从北京、天津、上海、浙江、江苏、山东、河南等 7 个省市，以及部分中央直属机关和国家部委派出一批骨干力量到新疆 7 个地州和 17 个区直单位工作，初步确定了广东与哈密，北京、浙江与和田，山东与疏勒，上海与阿克苏，江苏与伊犁，天津与喀什的支援结对。 1997 年后，遵照中央部署，各派出省市部门把对口援疆侧重点放在派得力干部、优秀技术干部和专业人才援疆，如医疗卫生、科技教育等方面。

---

① 江泽民:《在第三次西藏工作座谈会上的讲话》,《人民日报》1994 年 7 月 27 日。

2.1.3　21 世纪以来对口支援的巩固和完善

进入 21 世纪之后，我国的对口支援实践越来越丰富化和多样化。 民族地区对口支援、重大工程对口支援和重大突发事件对口支援成为这一时期的三大主要任务。

2001 年，中央召开了第四次西藏工作座谈会。 这次座谈会决定继续加强对口支援，把对口援藏工作延长 10 年，同时加大对口支援力度，扩大对口支援范围。 18 个省市、中央国家机关 50 多个部委和单位、15 家国有重要骨干企业参与了对口支援，卫生、检察、教育等一些系统和行业的援藏工作也相继被纳入对口支援范围。

从 2002 年开始，中共中央组织部和新疆维吾尔自治区党委将哈密市、霍城县确定为试点，开展援疆干部担任县市委书记试点工作。[①] 2004 年 4 月，中央下发中办发〔2004〕11 号文件，确定"稳疆兴疆、富民固边"的战略，明确指出要把新疆作为"西部大开发"的重点，进一步加大扶持力度。

2004 年 7 月 6 日至 7 日，三峡库区经济发展暨对口支援工作会议在重庆市隆重举行，时任国务院副总理曾培炎在讲话中指出，要"从输血型向造血型转变，充分调动各个方面的积极性，实现双赢和共赢，开创全国对口支援三峡库区的新局面"[②]。 2005 年 3 月，国务院三峡工程委员会颁布的《关于进一步加大对口支援三峡库区移民工作力度的通知》强调，"有关省、市要积极引导本地优强企业和多种所有制企业参与对口支援，要特别注重引进有市场、有效益、有技术的项目"，"要树立全国一盘棋的思想，并以高度的政治责任感和社会主义协作精神，切实加强对口支援工作的组织领导"。

2005 年 4 月，中共中央办公厅、国务院办公厅联合下发《关于确立有关省市、企业与新疆维吾尔自治区南疆四地州和新疆生产建设兵团在南疆三个师对口支援关系的通知》，做出"以干部支援为龙头，实行经济、科技、文化

---

① 刘向辉:《援疆工作十四年实践与启示》,《新疆日报》2011 年 9 月 15 日。

② 曾培炎:《在三峡库区经济发展暨对口支援工作会议上的讲话》,《重庆市人民政府公报》2004 年第 15 期,第 5—8 页。

全方位支援南疆四地州和三个兵团师"的决定。

2007 年 9 月，国务院 32 号文件《国务院关于进一步促进新疆经济社会发展的若干意见》要求，全国省区市、中央国家机关和中央企业对援疆工作更加重视，并加强对这一工作的领导，从而使得援疆工作更顺畅、更有力度。2008 年，随着第六批援疆干部陆续进疆，又加大了对新疆 16 个重点学科所需人才的选派力度，使援疆的专业技术干部中的高端专业技术人员数量不断增加。

2008 年，"5·12"汶川地震爆发。这是中华人民共和国成立以来破坏性最强、波及范围最广、救灾难度最大的一次地震。灾后恢复重建不仅需要迅速重建城区住房，还面临着基础设施恢复重建、产业恢复重建、生态恢复重建和灾区群众精神恢复重建等繁重任务。面对这项庞大的系统工程，中央决定按照"一省帮一重灾县"的原则，建立对口支援机制。2008 年 6 月 8 日，国务院发布《汶川地震灾后恢复重建条例》。6 月 11 日，又发布了《汶川地震灾后恢复重建对口支援方案》，规定各支援省市每年对口支援实物工作量按不低于本省市上年度地方财政收入的 1% 考虑，连续支援三年。①

2009 年，甲型 H1N1 流感疫情先后在墨西哥、美国等国家发生。到 2009 年下半年，我国甲流患者骤增，聚集性疫情明显增多，重症与危重病例持续增加，死亡病例不断出现。为了统筹东西部地区医疗救治资源，2009 年 11 月 13 日，卫生部办公厅发出《关于加强甲型 H1N1 流感医疗救治工作的通知》，决定建立甲流医疗救治省际对口支援机制。对口支援的形式为技术支持，重点是重症与危重病例医疗救治技术指导。具体安排为：北京市对口支援内蒙古自治区、河南省、新疆维吾尔自治区（含新疆生产建设兵团）；天津市对口支援河北省；辽宁省对口支援宁夏回族自治区；上海市对口支援黑龙江省、云南省、西藏自治区；江苏省对口支援陕西省、甘肃省；浙江省对口支援贵州省、青海省；山东省对口支援安徽省；湖北省对口支援山西省；广东省

---

① 《汶川地震灾后恢复重建对口支援方案》，《中华人民共和国国务院公报》2008 年第 18 期，第 48—49 页。

对口支援江西省、广西壮族自治区、海南省。①

2010 年 1 月 18 日至 20 日，中共中央召开的第五次西藏工作座谈会在北京举行。 本次座谈会全面总结了西藏发展稳定取得的成绩和经验，同时强调，四川、云南、甘肃、青海省党委和政府要切实把本省藏区工作摆到重要议事日程，作为本省经济社会发展的重点任务来抓，动员全省各方面力量支持这些地区发展。

2010 年春季，我国西南地区的云南、广西、贵州、四川、重庆持续大旱，给当地群众的生产生活造成严重困难，5000 多万同胞受灾。 这场少见的世纪大旱使农作物受灾面积达近 500 万公顷，其中 40 万公顷良田颗粒无收，2000 万人面临无水可饮的绝境。 国家防总紧急组织北京、天津等 10 个省市进行抗旱救灾对口支援，最大限度地减少了灾害造成的损失。

2010 年 3 月 29 日至 30 日，全国对口支援新疆工作会议在北京召开。 中央决定，由 19 个省市党委、政府和有关部门组成新一轮的援疆队伍，开始全国援疆，确保 10 年内新疆全面建成小康社会。

2010 年 4 月 14 日，青海省玉树藏族自治州玉树县发生 6 次地震，最高震级 7.1 级。 6 月 13 日，国务院发布《玉树地震灾后恢复重建总体规划》。 6 月 20 日，国务院玉树地震灾后恢复重建协调小组在青海西宁召开会议，部署对口援建工作。 根据玉树地震灾区的实际，中央决定这次灾后恢复重建主要采取对口援建的方式，在中央加大政策支持力度的基础上，组织有关单位进行对口援建，主要是北京和辽宁这两个省市。 除此以外，还有 4 家中央企业，包括中国建筑工程总公司、中国铁路工程总公司、中国铁道建设总公司、中国水利水电建设集团公司。 军队和武警部队参加部分项目的援建，承担部分运输任务，这是对口援建的总体安排。②

2013 年 8 月 22 日，国务院办公厅印发了《中央国家机关及有关单位对口支援赣南等原中央苏区实施方案》，决定从 2013 年由中央国家机关 52 个单位

---

① 卫生部办公厅:《关于加强甲型 H1N1 流感医疗救治工作的通知》,中央政府门户网站,http://www.gov.cn/gzdt/2009-11/13/content_1464257.htm。

② 新华社:《玉树地震灾后对口援建为什么选择北京和辽宁》,搜狐网,http://news.sohu.com/20100628/n273134776.shtml。

对口支援江西省赣州市所辖的 18 个县市区和吉安市、抚州市的 13 个特殊困难县区。 在结对安排上，考虑到国家发展改革委、中央组织部为对口支援工作牵头部门，负责对口支援工作的组织协调和统筹指导，并结合自身职能全面开展对口支援工作，不再安排具体对口支援关系。 其他支援单位的结对安排如下：

工业和信息化部、公安部、国资委——章贡区（含赣州经济技术开发区）

财政部、银监会——瑞金市

证监会、民航局——南康市

科技部、国土资源部——赣县

农业部、能源局——信丰县

新闻出版广电总局、安全监管总局——大余县

教育部、法制办——上犹县

环境保护部、体育总局——崇义县

交通运输部、供销合作总社——安远县

海关总署、食品药品监管总局——龙南县

保监会、台办——定南县

商务部、开发银行——全南县

人力资源和社会保障部、水利部——宁都县

卫生计生委、粮食局——于都县

民政部、烟草局——兴国县

审计署、质检总局——会昌县

中央宣传部、统计局——寻乌县

司法部、扶贫办——石城县

税务总局——吉州区

旅游局——青原区

住房和城乡建设部——吉安县

国防科工局——吉水县

人民银行——新干县

铁路局——永丰县

工商总局——泰和县

林业局——万安县

文化部——黎川县

农业发展银行——南丰县

国家民委——乐安县

文物局——宜黄县

中央统战部——广昌县[①]

2014 年 5 月 28 日至 29 日，第二次中央新疆工作座谈会在北京举行。习近平强调，社会稳定和长治久安是新疆工作的总目标。必须把严厉打击暴力恐怖活动作为当前斗争的重点，高举社会主义法治旗帜，大力提高群防群治预警能力，筑起铜墙铁壁，构建天罗地网。要并行推进国内国际两条战线，强化国际反恐合作。要加大扶贫资金投入力度，重点向农牧区、边境地区、特困人群倾斜，建立精准扶贫工作机制，扶到点上，扶到根上，扶贫扶到家。对南疆发展要从国家层面进行顶层设计，实行特殊政策，打破常规，特事特办。对口援疆是国家战略，必须长期坚持，把对口援疆工作打造成加强民族团结的工程。[②]

2014 年 8 月，国务院办公厅发布关于印发《发达省（市）对口支援四川云南甘肃省藏区经济社会发展工作方案》（以下简称《方案》）的通知。《方案》指出，发达省（市）对口支援三省藏区工作期限暂定为 2014 年至 2020 年。2020 年以后的工作，将根据实施情况另行研究。综合考虑东西扶贫协作基础、支援省（市）财力状况和三省藏区困难程度等因素，按照一省（市）对一州的原则，确定由天津市、上海市、浙江省、广东省（含深圳市）对口支援三省藏区 4 个藏族自治州和 2 个藏族自治县。具体结对关系为：天津市对口支援甘南藏族自治州和天祝藏族自治县，上海市对口支援迪庆藏族自治

[①] 国务院办公厅：《关于印发〈中央国家机关及有关单位对口支援赣南等原中央苏区实施方案〉的通知》，中央政府门户网站，http://www.gov.cn/zwgk/2013-08/30/content_2477417.htm。

[②] 新华社：《习近平在第二次中央新疆工作座谈会上发表重要讲话》，新华网，http://news.xinhuanet.com/photo/2014-05/29/c_126564529.htm。

州，浙江省对口支援阿坝藏族羌族自治州和木里藏族自治县，广东省（含深圳市）对口支援甘孜藏族自治州。

2014 年 8 月，国务院又印发了《全国对口支援三峡库区合作规划（2014—2020 年）》（以下简称《规划》），部署进一步创新对口支援工作机制，加强对口支援合作，做好新时期全国对口支援三峡库区工作。《规划》要求，加强对口支援三峡库区合作工作的指导与协调，加大国家有关部门和中央企业支援库区合作力度，深化支援省（区、市）对口支援三峡库区合作工作，强化湖北省、重庆市和库区区（县）在受援工作中的作用，保证对口支援机构稳定、人员到位、职责清晰，确保政策的连续性和与时俱进，确保对口支援合作工作持续开展。①

2015 年 8 月 24 日至 25 日，中央在北京召开第六次西藏工作座谈会。习近平指出，依法治藏、富民兴藏、长期建藏、凝聚人心、夯实基础，是党的十八大以后党中央提出的西藏工作重要原则。西藏工作的着眼点和着力点必须放到维护祖国统一、加强民族团结上来，把实现社会局势的持续稳定、长期稳定、全面稳定作为硬任务，各方面工作统筹谋划、综合发力，牢牢掌握反分裂斗争主动权。李克强强调，要进一步加大中央对西藏发展的支持力度，充实和完善特殊优惠扶持政策，继续执行"收入全留、补助递增、专项扶持"的财税优惠政策。增加中央投资，强化金融支持，加强对口支援。加大中央对四省藏区（青海藏区、四川藏区、云南藏区、甘肃藏区）政策支持力度，统筹推进西藏和四省藏区协调发展，统筹推进四省藏区和本省协调发展，统筹解决交界地区突出问题。着力解决经济社会发展的瓶颈制约，切实维护社会和谐稳定，共同把西藏和四省藏区建设得更加美好。②

2020 年 8 月 28 日至 29 日，中央第七次西藏工作座谈会在北京召开。习近平在讲话中强调，面对新形势新任务，必须全面贯彻新时代党的治藏方略，坚持统筹推进"五位一体"总体布局、协调推进"四个全面"战略布

---

① 新华社:《国务院印发〈全国对口支援三峡库区合作规划（2014—2020 年）〉》,中央政府门户网站,http://www.gov.cn/xinwen/2014-08/26/content_2739749.htm。

② 《依法治藏富民兴藏长期建藏 加快西藏全面建成小康社会步伐》,《人民日报》2015 年 8 月 26 日。

局，坚持稳中求进工作总基调，铸牢中华民族共同体意识，提升发展质量，保障和改善民生，推进生态文明建设，加强党的组织和政权建设，确保国家安全和长治久安，确保人民生活水平不断提高，确保生态环境良好，确保边防巩固和边境安全，努力建设团结、富裕、文明、和谐、美丽的社会主义现代化新西藏。

2020 年 9 月 25 日至 26 日，中央第三次新疆工作座谈会在北京召开。习近平在讲话中强调，当前和今后一个时期，做好新疆工作，要完整准确贯彻新时代党的治疆方略，牢牢扭住新疆工作总目标，依法治疆、团结稳疆、文化润疆、富民兴疆、长期建疆，以推进治理体系和治理能力现代化为保障，多谋长远之策，多行固本之举，努力建设团结和谐、繁荣富裕、文明进步、安居乐业、生态良好的新时代中国特色社会主义新疆。

2.2　对口支援的运行机制

长期以来，在中央层面并没有一个常设机构专门负责对口支援工作。通常情况下，对口支援都是由中央领导进行统一部署，然后由各个地方的前方指挥部、发改委或者民宗委下属的具体部门来予以执行。从 2011 年起，成立了对口支援新疆部际联席会议办公室，主要由国家发展改革委负责，共有中央组织部、中央新疆办、财政部、教育部等 24 个成员单位。目前，我国的对口支援虽然在法治化程度上有所不足，但也已经形成了一系列较为完善的运行机制。

2.2.1　对口支援的启动机制

（1）对口支援的发起

我国没有出台过关于对口支援的法律，对于何时启动对口支援以及把哪些地区纳入对口支援并没有明确的标准。但根据我国的具体实践，受援地区通常应具备下列条件之一：①事关民族团结、社会稳定和国家安全；②遭受严重自然灾害；③受到国家级大型工程项目影响；④长期特别贫困。实际上，哪些地区在何时应该得到怎样的援助，主要还取决于当时的具体决策环境以及高层领导人的主观意愿。

从我国的历次对口支援实践来看，对口支援的发起者并不唯一。譬如：援藏、援疆、援助汶川大地震灾区是由党中央、国务院组织发起的；援助三峡库区是由国务院三峡办提出、报请国务院后由国务院办公厅发文下达的；援助青海藏区是经国务院同意、由国家发展和改革委员会发文下达的。但是，考虑到发起者均为党中央、国务院或其组成部门和直属机构，在不影响研究结论的前提下我们不妨将其统称为"中央（政府）"。

对口支援的发起过程一般是：首先，由中央召开重大的会议进行整体部署，确定总体援助方案和基本方向，出台相关援助标准和援助政策；其次，在认真学习中央会议精神的基础上，受援方和支援方分别组织召开动员大会，部署各自的工作重点；再次，支援方和受援方就援助事宜进行接洽和商谈，共同确定援助计划和实施方案；最后，由支援方派出干部，贯彻落实援助计划。如图 2-1 所示。

以 2010 年启动的那一轮援藏为例。2010 年 1 月 18 日至 20 日，中共中央、国务院召开第五次西藏工作座谈会；在其后的两个月内，西藏各界和各个支援方掀起了学习中央第五次西藏工作座谈会精神的高潮，不少援藏省份的主要领导纷纷部署新一轮援藏项目和对口援藏的启动事宜；2010 年 4 月 15 日至 17 日，西藏召开自治区党委工作会议，部署落实第五次西藏工作座谈会精神；同期，一些援藏省份多次到西藏进行实地调研，进行项目衔接，制定援藏规划；2010 年 10 月，湖北省援助西藏山南地区的新农村建设项目和湖北大道延伸项目启动，成为全国实施新一轮对口援藏项目行动最快的省份；①随后，其他各个支援方的援藏项目也纷纷开始实施。从这个过程可以看出，自中央召开第五次西藏工作座谈会到新一轮的第一个援藏项目启动，前后总共历时约 9 个月就完成了从中央到地方再到合作项目的实施过程。其中，中央和地方领导的高度重视是极为关键的促成因素。

---

① 谭徽在：《在全省支援西藏新疆工作会议上关于援藏工作的汇报》，湖北省援藏网，http://www.hbyzyj.com/more.asp? id＝118。

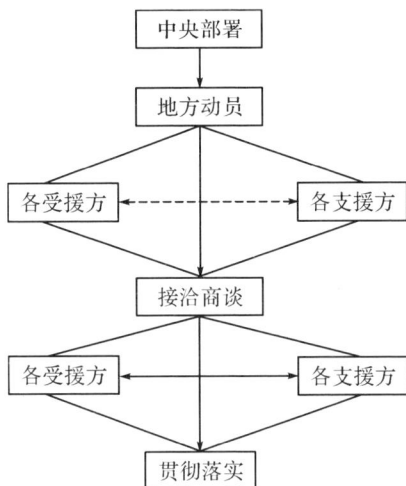

图 2-1 对口支援的发起过程示意图

在我国几十年的对口支援实践中，被中央指派承担援助任务的支援方为数众多。譬如，在当前的对口支援格局中，参与援疆的省市共有 19 个，参与援藏的省市共有 18 个（外加 17 家央企），参与援助三峡库区的省市共有 21 个（外加 10 个大城市），参与援助汶川大地震灾区的省市共有 19 个（外加 1 个深圳市）。从这些经常承担援助任务的省份在四大区域板块中的分布来看，以东部、东北和中部地区为主，以少数西部地区为辅。仅就西部地区而言，在援助任务较为繁重的时期，不仅重庆、四川这样相对发达的省市要参与，就连广西、云南这样经济相对落后的省区都要纳入支援方案。

（2）对口支援的细化

从支援方来看，省级政府在接受援助任务之后，通常会进行全省动员，进一步细化对口支援安排。就像中央把原本属于自己的责任部分转嫁给省级政府一样，支援方省级政府也会把援助任务层层分解下去，并给本省的每一个地市明确援助对象和援助标准，就连本省最落后的地市都不例外。这种做法类似于周黎安所说的"行政发包制"①，即把对口支援任务按照"分封"和"包干"的原则在政府组织内部逐级层层发包，同时辅之以适当的激励措施，

---

① 周黎安：《行政发包制》，《社会》2014 年第 6 期，第 1—38 页。

从而保证各个支援方能够高效地完成任务。

从受援方来看，如同支援方各省级政府会逐级进行"行政发包"一样，受援方省级政府也会让所属地市级政府和县级政府逐级反映受援需求。 由于对口支援事实上属于一种斜向府际关系，支援方通常为省级政府和地市级政府，受援方通常为地市级政府和县级政府，所以一般情况下最终的受援方其实是县区级政府，各种援助物资也主要由县区级政府接受，如图2-2所示。

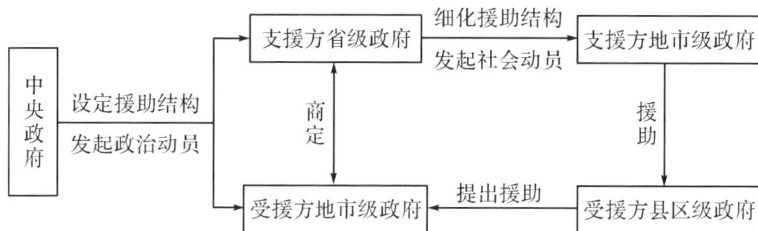

图 2-2　对口支援的基本过程示意图

（3）对口支援的内容

对口支援的具体内容主要包括人、财、物三种。 其中，"人"是关键，因为几乎任何援助项目的实施都离不开援藏干部、援疆干部等的积极参与。相关统计显示，1997—2014 年，全国共分 8 批次向新疆选派干部人才 11000多名；[①]1994—2014 年，全国共分 7 批次向西藏选派干部人才 5965 名。[②] 这些干部人才以党政干部、教师、医生为主，以其他各领域的专业技术人才为辅。 "财"，即财政资金，其援助方式最为简单，只需要"交支票"即可。"物"，形式多样，其援助方式也相对多样化，主要有直接赠送（如设备）、建成后移交（如建筑物）等方式。 从具体内容来看，广泛涉及农、林、牧、水、电、交通、能源、文化教育、医疗卫生、广播电视、城镇建设、基层政权建设、农房改造、人才培养等诸多领域。

需要指出的是，随着援助实践的不断深入，援助的重点也在不断发生变化。 以天津对口支援昌都地区为例，从 1994 年到 2010 年，天津市先后筹集

---

① 杜刚:《第八批援疆干部人才数量创新高》,新华网,http://news.xinhuanet.com/politics/2014-09/17/c_1112522014.htm。

② 程真:《逾 6000 干部 21 年分 7 批援藏》,《东方早报》2015 年 9 月 3 日。

援藏资金、物资总计 5.11 亿元（含天津教育援藏的红光中学投资），重点投入昌都县、江达县和丁青县，用以改善农牧民基本生产生活条件、新农村建设以及基础设施项目。 主要实施了地区会议中心、地区广电中心、地区西路环境综合整治、地区职业技术学校学员宿舍楼工程、地区萨王府维修工程、澜沧江天津广场建设与维修、昌都和丁青两县教学点改造、昌都县幼儿园一期工程、昌都县达修村、昌都县敬老院和江达县同普村新农村建设、江达县岗托天津农副产品及手工业交易中心、昌都县卡若镇天津大桥和江达县津江桥、江达县妇幼计生综合楼和县卫生服务中心二期工程、丁青县广播电视综合楼及其配套设施、丁青县天津大道、丁青县沙贡乡防洪堤等 60 多个项目。 其中，除江达县岗托天津农副产品及手工业交易中心（该项目可以解决近百名群众就业，每年为县财政增收 76 万元）之外，天津援助昌都的项目绝大部分都是基础设施建设项目。 而在天津市援藏"十二五"规划中，则明确提出要"突出基础设施建设和产业建设两个重点"，"积极推进昌都国家西电东送接续能源基地建设和藏东地区有色金属产业基地建设，致力于建设藏东经济区"。①在这样的思想指导下，天津用于支援昌都地区基础设施建设领域的投资相对减少，同时，用于产业发展、社会事业发展以及干部和农牧民培训项目的投资大大增加。

2.2.2 援助干部和人才管理机制

援藏干部、援疆干部以及各类到受援地工作的支援方干部（人才），是对口支援工作的具体承担者，也是对口支援的中坚力量。 他们作为一个特殊群体，在各个时期的各类对口支援工作中都发挥了不可替代的作用，为国家的经济发展和社会稳定做出了历史性贡献。 中央和各地方省委对援助干部管理工作高度重视，中组部 2011 年先后印发了《对口支援西藏干部和人才管理办法》《对口支援新疆干部和人才管理办法》，各个支援方和受援方也都分别制定了一系列的管理方案。

① 天津市对口支援工作领导小组办公室:《天津市对口支援西藏经济社会发展规划（2011—2015）》,2012 年 1 月。

（1）选派条件

援助干部和人才的选派，由受援方根据工作需要，与派出单位组织人事部门沟通协调后，由受援方省级党委组织部统一汇总，提出需求计划。中央主管部门在征求有关单位意见后，研究确定选派计划，指导有关单位组织实施。选派过程和方式通常是先由上级部门下发有关通知，然后各单位进行广泛动员。

选派原则一般是：组织推荐与个人报名相结合，发现考察与培养使用相结合，按需选派，好中选优。鼓励各有关单位切实把能力素质过硬、党性作风过硬的优秀干部人才选出来，鼓励党员干部和有志青年到艰苦、复杂的环境中去经受锻炼、接受考验。

综合现行的各类文件规定，可以发现，选拔援助干部的基本条件一般是：政治立场坚定，政治敏锐性强，坚定不移地贯彻执行党的路线方针政策；组织纪律观念强，坚决执行党的民族和宗教政策，维护祖国统一和民族团结；事业心和责任感强，勇于吃苦，甘于奉献；思想解放，作风扎实，有较强的工作能力和较丰富的实际工作经验，熟悉群众工作；年富力强，身体健康。

此外，根据具体工作的差异，还可能对选派对象增加其他限制条件。例如：有的要求选派对象原则上为后备干部；有的要求选派人选必须是男性；有的则会对年龄做出限制。根据中组部的要求，拟担任地厅级职务的援助干部，年龄一般在50岁以下；拟担任县处级及以下职务的援助干部，年龄一般在45岁以下；专业技术干部和人才，年龄一般在55岁以下。

援助干部和人才实行定期轮换制度。以援疆为例：援疆干部和人才在新疆担任党政职务的，在疆工作时间一般为3年多；任县市委书记的，在疆工作时间为5年；专业技术干部和人才在疆工作时间可根据实际情况灵活掌握，一般为一年半左右。

（2）管理权限

对于援助干部的管理，涉及多个管理主体，其职责权限分别是：

中央主管部门（中共中央组织部、人力资源和社会保障部）负责干部和人才对口支援工作的统筹协调，研究制定有关政策，审批选派计划，指导做好援助干部和人才的管理工作。

根据派出单位与受援方共同管理、以受援方管理为主的原则，受援方省级党委组织部负责援助干部和人才的协调、管理、服务工作，各受援地区、单位党委（党组）及其组织人事部门、前方指挥部负责本地区、本单位干部和人才的日常管理、服务工作；受援方各级党委（党组）应把援助干部和人才作为本地区、本单位干部和人才队伍的重要组成部分，在政治上充分信任、工作上大力支持、生活上热情关心、管理上严格要求，为援助干部和人才创造良好的工作环境和必要的生活条件。 同时，还要加强与援助干部和人才派出单位的沟通联系，及时通报有关情况。

派出单位组织人事部门应做好跟踪管理和服务保障等工作，及时掌握援助干部和人才在受援地的工作表现和思想动态。

援助干部的领队和对口支援省市前方指挥部应切实加强援助干部和人才的自我教育、自我管理、自我监督和自我服务，协助受援地区、单位党委（党组）及其组织人事部门对援助干部和人才进行日常管理。

（3）职务任免

援助干部和人才进入受援地后的职务任命，由当地党委（党组）依据中央主管部门下达的选派计划，按照干部管理权限和有关法律、章程规定的程序办理，任职通知抄送派出单位组织人事部门。

援助干部和人才在受援地工作期间，受援地区、单位党委（党组）因工作需要提出平级调整职务或提任上一级职务的，由党委组织部研究并征得派出单位组织人事部门同意后，按照干部管理权限和有关程序办理，任职通知抄送派出单位组织人事部门。

援助干部和人才在受援地工作期间，原工作单位提出拟提拔任职的，由派出单位组织人事部门征得受援方党委组织部同意后，办理有关手续，任职通知抄送受援方党委组织部。

（4）考核方式

援助干部和人才的平时考核，按照干部管理权限，由受援方各级组织人事部门结合实际进行，重点考核援助干部和人才的政治表现、工作实绩和在岗率。

援助干部和人才的年度考核，与受援单位干部职工一同进行。 被评为优秀等次的，占受援单位优秀等次比例，优秀等次比例可适当提高。 受援方党委组织部在审核援助干部和人才考核等次时，应听取派出省市领队的意见。

援助干部和人才工作期满时，由派出单位组织人事部门会同受援方党委组织部共同进行考核。 重点考核在受援地期间履行职责和廉洁自律等方面的情况。 需进行经济责任审计的，按有关规定进行审计。 期满考核材料由派出单位组织人事部门负责汇总，考核情况抄报中央主管部门，抄送受援方党委组织部。 期满考核情况作为援助干部和人才返回后工作安排的重要依据，考核材料归入本人档案。

（5）福利待遇

援助干部和人才在受援地工作期间，只转组织关系，不转户口和行政、工资关系，由原工作单位发放工资，享受原工作单位同类同级人员的各项福利待遇，同时享受受援地区同类同级人员艰苦边远地区津贴。 原工作单位根据实际情况，可给予适当的生活补助，并办理人身意外伤害保险。

援助干部和人才依法享受国家规定的探亲假和年休假。 按规定应休而未休探亲假的，可由受援单位报销其一名家属往来的交通费；因工作需要当年不能休年休假的，经受援单位主要领导批准，可由受援单位按规定发给年休假工资报酬。

受援单位应每年组织援助干部和人才体检一次。 其间因病因伤发生的医疗费用，按本人医疗关系和有关规定办理，在受援地治疗的，由所在受援单位报销；在派出地治疗的，由原工作单位承担。

援助干部和人才在受援地工作期间表现优秀、做出突出贡献的，受援方党委组织部在征求派出单位组织人事部门意见后，可按照有关规定给予表彰、奖励。 表彰、奖励决定及有关材料抄报中央主管部门，并抄送派出单位组织人事部门。

2.2.3　援助项目和资金管理机制

（1）计划管理

支援方应会同受援方结合当地国民经济和社会发展规划，组织编制援助综合规划和专项规划，按照程序经审核后，报本省（市）人民政府批准执行。

援助项目应当按照年度计划组织实施。 年度计划应当包括：项目名称、项目性质、建设地址、起止年限、建设内容和规模、援建方式、总投资、援助资金、配套资金，以及年度投资及其来源渠道、年度建设内容等。

列入年度计划的援助项目，固定资产投资类应当按国家有关规定履行完成有关审核手续。 其中，采取直接投资方式的项目，需事先履行可行性研究报告批准或投资概算核定手续；采用投资补助或者贷款贴息方式的项目，需事先履行资金申请报告批准手续。 非固定资产投资类应当事先完成项目实施方案批准手续。 其中，涉及申请中央资金补助或受援方投入配套资金的项目，应报经相应的中央和国务院部门或受援方发展改革部门，与相关专项规划和计划进行衔接并落实资金后，方可纳入年度建议计划。

未列入年度计划的项目不得开工建设和安排资金。 年度计划一经批准必须严格执行，不得擅自变更。

（2）固定资产投资类项目管理

固定资产投资类项目，重点用于改善受援地区各族群众基本生活条件、提高公共服务能力和水平、支持产业发展等方面。 其主要包括以下类别：城乡安居工程及配套设施项目；教育、科技、文化、卫生、民政，以及劳动就业、培养培训设施建设等社会事业项目；农村水利、乡村道路、市政公用、生态建设、环境保护等公共基础性项目；特色优势产业、服务业、高新技术产业和产业园区等项目。

固定资产投资类项目，按援建方式可分为交钥匙项目、交支票项目和联合共建项目三类，由支援方、受援方（以下简称援受双方）协商确定。 交钥匙项目，是指由支援方组建项目法人或作为项目建设责任主体（以下统称项目法人）的项目。 交支票项目，是指由受援方组建项目法人的项目。 联合共建项目，是指援受双方联合组建项目法人，共同承担建设及管理责任的投资项目。

固定资产投资类项目建设严格执行项目法人责任制、招标投标制、工程监理制和合同管理制。

交钥匙项目，由支援方依法组织招标，招标地点由支援方确定。 不宜公开招标的项目，依法按程序报支援方省级人民政府批准。 交支票项目，由受援方依法组织招标。 联合共建项目，由双方协商后依法组织招标。 严格禁止转包和违规分包工程。

固定资产投资类项目建成后，由受援方行政主管部门和支援方前方指挥部共同组织工程验收，对符合规定的出具竣工验收鉴定书。 验收合格后，项目法人应按照规定向工程所在地建设行政主管部门或者其他有关部门备案。未经验收或验收不合格的建设项目，不得投入生产和使用，不得转为固定资产，有关方面不得办理移交手续。

（3）非固定资产投资类项目管理

非固定资产投资类项目，是指培养培训、人才交流、科技服务、经贸合作、文化交流、旅游合作、规划编制等援助项目。

牵头单位负责编制项目实施方案，在受援地组织实施的报受援方工作部门批复，在支援地组织实施的报支援方工作部门批复，在援受两地同时组织实施的，原则上报支援方工作部门批复。

非固定资产投资类项目完成实施方案批复后，按程序列入年度计划。 牵头单位组织实施项目时，可向支援方前方指挥部直接提交资金申请报告。

2.3　对口支援的政策系列

中国的政策中有的是成系列的，一项政策出台后，逐渐出现配套的政策，或者陆续出现相近的政策，后续的政策强化了初始政策，逐渐形成一个政策系列。 成为系列的政策间有的相互支撑，有的相互交叉，成为一种组合型政策。 对口支援及其后续的同类政策具有系列政策的特点。

2.3.1　从对口支援到对口合作

对口支援系列政策是从对口支援政策开始的，其后逐步出现对口帮扶、对口协作和对口合作。 最初的对口支援是对边疆少数民族等不发达地区的支援，随后对口支援的概念不断拓展，发展出更多类型的对不发达地区的帮助形式，并有从单向的支援向双向的合作转变的趋势，构成了对口支援的系列政策。

（1）对口支援

对口支援政策开始得最早，内容也最丰富。 对口支援是"由政府启动，在发达地区和不发达地区之间建立稳定的伙伴关系，引进发达地区的物质和智力资源，促进不发达或者欠发达地区发展的一种援助关系和政策模式"，官方文件中通常采用这个定义。 如2001年版的《三峡工程移民工作手册》中对口支援的定义是："对口支援是区域、行业乃至部门间开展跨边界合作与交流的有效形式，通常泛指国家在制定宏观政策时为支持某一区域或某一行业，采取不同区域、行业之间结对形成支援关系。"从性质上看，对口支援是政府间的财政转移支付，"是一种政府间的横向财政转移支付，其预算层级涵盖中央、省际、县际层面，主要计算依据应考虑到人均财力水平、转移份额比例等方面"。 对口支援虽然具有财政转移支付的性质，但在国内还缺乏制度化的规定。

对口支援政策的一个重要功能是缩小区域发展差距。 对口支援的目的是帮助边疆少数民族地区、偏远地区、贫困地区的发展，其成为"我国特有的以政府为主导的区域协调互动机制"。 对口支援起初主要针对的是少数民族地区，用于缩小汉族地区与少数民族地区的发展差距，后来逐渐成为"基于我国各民族在政治、经济、文化和社会等方面发展水平存在着事实上的不平等以及地区之间资源分布的不均衡性和互补性的客观实际，为了缩小汉族地区和少数民族地区之间的差别，推动少数民族地区经济社会较快发展，实现民族平等、团结和共同繁荣而制定的一系列规范性文件的总称"。 从这个意义上看，对口支援也可以算作民族政策的一种，从而具有政治功能。

（2）对口帮扶

对口帮扶政策来源于对口支援，是对对口支援的一种有限的扩展。 1996年国家启动东西部扶贫协作工作，决定东部发达省市对中西部欠发达地区实施帮扶，颁布的扶贫协作报告中使用的名称是"扶贫协作"，《国务院关于印发中国农村扶贫开发纲要（2001—2010年）的通知》中指出"继续做好沿海发达地区对口帮扶西部贫困地区的东西扶贫协作工作"，将"扶贫协作"换成"对口帮扶"，也称作"东西部扶贫协作"。 对口帮扶分为三个层次：一是在中央人民政府统一安排下，以地方政府为主导的东西部协助扶贫，即东部发达省市帮扶西部贫困省区；二是中央和各级国家机关、企事业单位帮扶辖区内的贫困县区；三是社会组织、民间组织和民主党派到贫困地区进行产业投资、合作和智力帮扶。

尽管对口帮扶与对口支援有所区别，但是在使用中没有严格区分二者，如汪阳红在《改革开放以来我国区域协调互助机制的回顾与展望》一文中，对口支援和对口帮扶是混合使用的。由于对口帮扶的基本含义是"支援"，所以在某些情况下，对口帮扶也可以纳入对口支援的概念。

（3）对口协作

对口协作是对对口帮扶的一种扩展，在南水北调工程中首次提出，2013年《丹江口库区及上游地区对口协作工作方案的通知》中提出丹江口库区、上游地区与沿线地区开展互助合作，建立"一对一"的结对关系，如北京的16个区（县）对口协作河南、湖北的16个县（市、区）。目前关于对口协作概念还没有一致的界定，有学者把对口协作等同于东西部扶贫协作，或称为对口帮扶协作，一些政府文件中也把对口协作和东西部扶贫协作、对口帮扶、扶贫协作等概念混合使用。但是"协作"与"帮扶"明显不同，不再是指一方对另一方的单向支援，而是指双方协力、共同完成某项任务。在对口协作政策的语境下，对口双方还不是对等的合作，而是强调发达地区在协作中对欠发达地区的帮助。发达地区出钱出力帮助欠发达地区，所以实际上还是存在支援方和受援方，只不过不再是单纯的"输血型"支援，而是在支援中有合作。另外，对口协作的任务往往比较单一，双方就共同的任务进行协作。从这个意义上看，对口协作的适用范围比对口支援或对口帮扶要窄。

（4）对口合作

地方间的合作久已有之，通常出自双方自发的需要，但是中央也可以安排地方间的合作。由中央安排的对口合作目前有两种：第一种来自汶川地震发生后外地对灾区的对口支援实践。由于对灾区的援建有时间期限，灾区的恢复重建任务完成后对口支援便可以停止了，但是有的支援和受援双方把对口支援关系转变为对口合作关系，如对口支援汶川完成后，2010年广东省与汶川县签订了《粤汶长期合作框架协定》，北京市与什邡市签订了《北京—什邡 2010—2013 年合作框架协议 》。 这种自发形成的对口合作关系是基于前期援建过程中建立起来的帮扶关系，不过相互间关系的性质变了，不再是支援方单方向帮助或支援受援方，而是双方合作。 因此，对口合作不是对口支援的简单扩展，而是包含了转向，即由单向帮扶转为双向合作。

第二种对口合作是由中央直接安排。 2016 年国务院印发的《关于深入推进实施新一轮东北振兴战略　加快推动东北地区经济企稳向好若干重要举措的意见》中提出，开展对口合作，"辽宁、吉林、黑龙江三省与江苏、浙江、广东三省，沈阳、大连、长春、哈尔滨四市与北京、上海、天津、深圳四市建立对口合作机制"。 官方文件中开始使用对口合作，这种对口合作关系不是自发形成的，而是由上级政府安排的，是地方政府必须完成的一项任务。 自上而下安排的对口合作主要作为一种区域政策，功能是缩小区域发展差距，帮助落后地区发展。 从目前来看，中央在安排对口合作"对子"的时候，双方的工业发展水平一般比较接近。 比如辽宁与江苏都在东部沿海地区，这与对口支援中发达地区帮助欠发达地区的政策设计不同。 但是这种对口合作仍然有帮扶的任务，一方要帮助另一方加快发展，这也是我们仍把对口合作作为对口支援系列政策的原因。

（5）几种对口支援政策间的关系

对口支援最早提出，是为了帮助边疆少数民族地区的发展。 对口支援的内涵逐渐扩大，增加了对重大工程、灾区等的支援，双方的关系也由单向支援向双向合作转变，所以我们认为对口帮扶、对口协作、对口合作等是对对口支援概念的扩展。 对口支援与对口帮扶是支援方对受援方的无偿帮助；对口合作与对口协作是双向的或是包含了双向互动，注重双方的互利共赢。 在对口支援、对口帮扶、对口协作和对口合作的实施过程中都是政府起主导作用，市场、社会组织的参与程度低。 对口支援、对口帮扶、对口协作都是一种政治任务，主要依靠中央人民政府动员、地方政府实施。 对口合作的原则是"政府引导、市场运作""地方主体、国家支持"，所以对口合作中市场主体的作用大大增加，而且中央人民政府不直接参与对口合作。 虽然这些概念之间有区别，但对口帮扶、对口协作、对口合作都是由对口支援概念发展而来的，而且在内容和使用上有重合，所以对口帮扶、东西部扶贫协作、对口协作和对口合作都包含在对口支援政策之中。

2.3.2 对口支援系列政策与扶贫政策的结合

对口支援的对象是边疆少数民族地区、不发达地区，这些地区的贫困落后是阻碍其发展的主要因素之一。 要促进当地的发展，首先必须改变人民贫困的现状，所以对口支援政策也具有扶贫的功能。 中国 20 世纪 80 年代开始制定正式的扶贫政策，此后随着经济发展水平的不断提高，消除贫困的重要性越来越高。 党的十八大提出全面建成小康社会的目标以来，扶贫已经成为一种基本政策，并且被列为改革攻坚期的一项重要任务。 自从 20 世纪 90 年代提出东西部扶贫协作，把对口支援的方法引入扶贫政策，对口支援与扶贫这两项基本政策已经结合在一起。

1994 年颁布的《国家八七扶贫攻坚计划（1994—2000 年）》首次提出："北京、天津、上海等大城市，广东、江苏、浙江、山东、辽宁、福建等沿海较为发达的省，都要对口帮助西部的一两个贫困省、区发展经济。"1996 年国务院扶贫开发领导小组提交《关于组织经济较发达地区与经济欠发达地区开展扶贫协作的报告》，正式启动东西部扶贫协作，促进东部发达地区对口帮扶中西部贫困地区，北京与内蒙古，天津与甘肃，上海与云南，广东与广西，江苏与陕西，浙江与四川，山东与新疆，辽宁与青海，福建与宁夏，大连、青岛、深圳、宁波与贵州之间开展扶贫协作。 省市之间结成"对子"的专门帮扶脱贫便具有了"对口"的性质，尽管文件中使用的是"扶贫协作"，而不是"对口支援"。

2015 年国家进一步提出"精准扶贫"，之后的扶贫过程中要求做到精准发力。 借助这个提法，对口支援向"精准化"转变，在对口支援过程中支援方政府为了促进受援方脱贫，采取了很多精准扶贫的方式。 吕朝辉将其概括为精准对口支援，把对口支援和精准扶贫联系起来，在对口支援的过程中对受援地区的条件"精准把握并精准帮扶，即边疆地区及其各族群众需要什么就支援什么，并且着重根据其需要的轻重缓急程度，按照其优先排序选择对口支援的领域和方式"。

对口支援的内容包括产业支援、教育支援、医疗支援、科技支援、干部人才支援等，扶贫政策目标的实现也从这五个方面入手。 最初对口支援的主要内容是经济技术支援，这种支援政策的目的是消除受援地区的贫困，随后对口支援的内容不断扩展，包含了科教文卫的各方面，消除贫困依然是对口支援的基础目标之一。 对口支援与扶贫的政策目标具有重合性，对口支援政策从实施之初就以消除受援地区的贫困为主要目标，对口帮扶更是以扶贫作为直接目标。 精准扶贫政策确定的目标是到 2020 年确保全部贫困人口实现脱贫，对口支援与扶贫政策相结合共同起到消除贫困的作用。 例如，对口援疆与对口援藏的各支援方政府都是以 2020 年为时间节点，制定精准扶贫支援方案，确保受援地区脱贫。

对口支援与扶贫政策的对象都是贫困地区，两项政策的客体也有重合，如最新的国家级贫困县名单中，新疆地区的 27 个贫困县全部与对口援疆的区域重合，这些地区的扶贫更多借助对口支援的手段。 两项政策的工具也相同，例如，在对口支援新疆的过程中，支援方政府更多依靠产业扶持、扩大就业等扶贫政策帮助受援地区脱贫。

2.4 对口支援的府际关系

府际关系又称政府间关系。 对口支援中支援方政府与受援方政府之间在经济、技术等方面的交流、互动与合作，若发生在中央人民政府及其部门与地方政府及其部门、地方政府之间，则可以归为府际关系。

2.4.1 对口支援的纵向关系和横向关系

纵向对口支援包括中央部门对地方的支援，如最近一轮对口援疆启动后，财政部、教育部、卫生部等部委都在各自的领域开展对口援疆的活动。纵向对口支援也包括中央企业对地方的援助，如第四次西藏工作座谈会后我国拉开了央企援藏的序幕，确定中国石化、中国粮油、中国电信等 17 家国有企业对口支援西藏。 纵向对口支援出自上级政府的安排，其实现是利用了纵向府际关系里的等级关系和上下级之间的命令关系。 中央人民政府的部委掌握专项经费以及各种由部门分配的资源，这些经费和资源的使用是按照项目或区域分布的。 在中央的安排下，部委与受援方政府建立联系，此时部委代表的是中央人民政府。 央企不同于普通企业，具有部分公共职能，其中包括代行国家的产业政策。 央企被要求加入对口支援，通过帮助受援方发展某个产业，实现国家的产业政策。 央企还要帮助受援方建设公共基础设施项目等，这是央企承担公共职能的另一种表现。

横向对口支援涉及省对省、市（地区）、县（市、区）间的关系，但不是纵向关系，而是指没有隶属关系的省、市（地区）、县（市、区）间的关系。以天津市的对口援疆为例，其中的横向府际关系包括天津对和田、天津下属的 3 个区对和田的 3 个县的关系。 横向府际关系既有相邻地方政府间关系，也有"飞地式"关系，后者指不相邻的地方政府间的关系。 对口支援是典型的飞地式横向府际关系，这种飞地式关系不是地方政府间自发形成的，而是由上级政府安排而结成的。 飞地式关系经常发生在不同级的政府之间，因为对口支援通常是强帮弱，所以受援方与支援方处于"不对等"的地位。 这种不对等状态使得支援方有足够的经济能力支援受援方，在完成对口支援任务的时候不会影响支援方自身的发展。 这种不对等关系也便于支援方调动资源，实施对口支援，比如，省级政府会安排下属的市、县与受援方市、县结成"对子"。

2.4.2　系列对口支援政策对纵向府际关系的影响

对口支援使得纵向府际关系里出现了国家职能向下分派、国家职能由部门承担、中央直接介入地方发展等新的现象。

（1）国家职能向下级政府分派

促进民族团结、维护国家统一是国家的政治职能。 扶贫、缩小区域发展差距，促进边疆地区和少数民族地区的发展，支援重大工程建设顺利完成，帮助灾区恢复重建，等等，都是中央人民政府的经济职能和社会职能。 中央人民政府以政治任务的方式，要求部分地方政府"对口"支援另外一些地方，是把国家职能向下分派。 按照已有的政府体系，地方政府本没有政治职能，中央与地方在经济职能、社会职能上也是有分工的，系列对口支援政策给地方政府分派了新的任务，让地方政府承担了部分国家职能。

这种任务的分派以地方服从中央、下级服从上级的国家权力结构和等级制为政治和行政依据。 中国的国家结构形式决定了中央人民政府具有最高权威，《中华人民共和国地方各级人民代表大会和地方各级人民政府组织法》明确规定，"全国地方各级人民政府都是国务院统一领导下的国家行政机关，都服从国务院"，中央的对口支援安排因此获得了合法性。 但是纵向的府际关系中也有上、下级间的博弈，地方可能对上级的政策象征性执行、附加执行、选择性执行、替换性执行等，导致政策执行过程中发生偏差。 针对这种现象，中央分派的对口支援任务并不是只依靠政治命令，而是以政治动员开路，说服地方政府，指明帮助边疆少数民族的发展、维护国家统一、促进民族团结等政治任务也是地方政府的责任。 中央的政治动员方式有多种，在对口援藏和对口援疆中，都采用中央不定期召开座谈会，相关地方政府的领导人和部门参加的方式。 通过政治动员，对口支援政策得到地方政府的高度重视，各地方政府都会积极按时按量完成中央安排的对口支援任务。

中央在把对口支援任务分派给地方政府的时候，并没有忽视自己的责任。 在此类政治性援助中，中央仍然承担了主要责任，只是让地方帮助中央完成一部分职责。 从援助的资金占比来看，资金主要来自中央人民政府。 例如，对口支援新疆的资金主要来自中央人民政府，根据国务院新闻办发布的《新疆各民族平等团结发展的历史见证》白皮书的数据，从 2010 年到 2014 年，中央对新疆的财政补助为 10616.5 亿元，19 个援疆省市的累积援疆资金为 536 亿元，19 个援疆省市的累积援疆资金只相当于中央拨付资金的 5%。实现民族团结和维护国家统一的任务需要大量的、长时间的细致工作，其中包括汉族与少数民族持续性的沟通、交流与合作。 做到这一点，需要汉族居民与少数民族居民通过面对面的、一对一的反复接触，逐渐建立相互信任。这些点滴性的工作受人力所限，中央人民政府难以做到。 而地方政府的行政层级低，政府机构设置相同，可以"沉"到基层。 通过国家职能的向下分派，由地方政府承担民族团结和维护国家统一的政治任务，有助于实现这一重大政治任务的目标。

在地方政府的职能里本不包括支援其他地方政府，中央安排的对口支援给地方带来两个方面的挑战。 一是地方需要自筹资金等资源来完成任务。
对口支援是附加的任务，经费、人力、物资等方面需要从地方资源里挤出。
由于地方"挤出"的资源很"珍贵"，支援方地方政府倾向把它们用在"刀
刃"上，尽量使得有限的援助款显现最大的"效果"，所以出现了一些"面子
工程"。 二是如何激励本地的部门及干部完成对口支援任务。 地方领导与地
方干部之间在对口支援工作上存在着利益差异，地方干部的考核与对口支援
任务的完成情况不直接相关。 为了克服这种差异带来的努力程度和重视程度
的差距，地方领导需要设计专门的激励措施和约束措施，推动部门领导和干
部完成对口支援任务。

（2）国家职能向部门和央企分派

中央把对口支援任务分派给部委，分派给中央直属的国有企业，也是把
缩小地区发展差距、促进民族团结、增进少数民族的国家认同、维护国家统一
等国家职能向下分派的一种形式。

①中央部门承担支援地方政府的任务

中央人民政府的各部委作为职能部门，有着自己分内的职能，其中只有
若干部委承担了帮扶欠发达地区的职能。 比如，国家发改委设有地区经济
司，负有制定缩小区域差距政策的职责;促进民族团结、增进少数民族的国家
认同则是国家民族事务委员会的主要职责。 有了对口支援政策以后，中央给
若干原本没有上述职责的部委增加了新的职责。 例如，为了帮助赣南地区的
发展，中央出台《中央国家机关及有关单位对口支援赣南等原中央苏区实施
方案》，规定中共中央宣传部、中央统战部、教育部等 52 个中央单位支援赣
南地区的 31 个县（市、区），分别建立结对关系。 国家粮食局印发了支援于
都县及赣州市粮食生产的方案，加强对粮食基础设施建设、技术指导、人才建
设等方面的支援。 为了完成此项对口支援任务，交通运输部印发了支援安远
县工作方案，支援安远县的交通基础设施建设，指导赣州市编制交通运输规
划，并指导赣州市的其他交通运输方面的工作等。 中央部门众多，涉及经
济、科技、教育、文化、交通、卫生、金融、基础设施等众多领域，这些部门
都与受援地区建立结对关系，不同部门承担了帮助受援地区不同方面发展的
任务。

中央部门的对口支援超出了我国行政体制中下级政府间的属地管理秩序。 与受援地区结对的中央部门可以直接指导受援地区某些方面的规划编制、发展战略的制定，提供其上级政府不能给予的或难以给予的帮助，可以明显提高受援方的产业规划水平和经济发展能力。 中央部委派遣的支援干部到受援地区工作，则把先进的管理理念和工作方法带到欠发达地区，通过人力资源支援的方式提高受援方干部的决策水平和管理能力，因而是一种更为根本的支援。 中央部门加入对口支援也扩展了府际关系，如教育部安排部属院校对口支援欠发达地区的地方院校，在提高受援地区教育水平的同时也发展出新的校际关系。

为了完成对口支援任务，相关部委也需要自己开发资源，这种"挖潜"式的部门行为实际上起到了充分利用已有资源的作用，可以提高政府资源的利用效率。 相关部委在"挖潜"过程中需要调动本部门各个组织的资源和人力；在承担对口支援任务的过程中，提高部门内部组织间协同能力。 需要注意的是，部委承担对口支援任务，直接与地方政府结"对子"，从长远来看，应该逐步减少部门分外的任务。

②央企承担支援地方政府的任务

国有企业分布在事关国家经济命脉的行业里，在经济中具有举足轻重的作用，是国民经济的重要"稳定器"。 国有企业不仅要追求盈利，而且要为国家的宏观经济调控做出贡献，这是由其性质决定的。 国有企业的性质还决定其要为政府的政治职能和社会职能服务，如增加就业、维持居民福利、帮扶欠发达地区、促进民族团结等任务，也需要国有企业承担，特别是中央直属的国有企业有这样的责任。

央企是由国务院或国务院授权的机构出资，尽管其性质是企业，但在有些时候也可以代表中央人民政府。 在对口支援中，央企承担着帮助受援地区的经济发展、技术提高等重要任务。 央企的对口支援也是以政治责任的方式实施的，一旦确立了对口支援任务就必须完成，所以有的央企即使在本身亏损的情况下仍要增加援助资金的投入。 央企既代表着中央，也需要履行其作为企业的职能，所以对口支援中央企表现出"作为'政府'和作为'企业'的双重角色"。

一是帮助受援地区实现经济增长，其方式取决于央企所在的行业。 央企可以借助其先进的技术、市场占有优势，帮助受援地区发展产业。 以央企的对口援藏为例，第四次西藏工作座谈会中确定了央企的支援任务，安排17家央企对口支援西藏地区的16个县，并于2015年增加到21个县。 央企通过投资项目、选派援藏干部、设立分公司等方式，在基础设施建设、公共产品服务、特色优势产业培育、企地共建等方面与受援地区开展交流与合作。 央企以帮助受援地区建立企业的方式，实现国家产业政策。

二是作为中央人民政府帮扶政策的执行者，协助中央人民政府实现政治职能和社会职能。 虽然央企在支援过程中建设工厂、设立分公司也有盈利，但央企的支援本身代表着中央人民政府。 如，华电集团在支援喀什的过程中除了致力于解决当地人民的用电问题，还把扶贫作为重要的支援目标，捐献物资，援建学校、医院等基础设施，为贫困居民建设抗震安居房，设立科技发展基金，等等；国电在援疆过程中除了支援新疆地区电力工业的发展，还援建了麦海因水库，投资"定居兴牧"工程，等等。 央企的对口支援以政治任务为主，经济目标摆在次要位置，这样还有利于绿色产业的发展。 边疆地区大多生态环境脆弱，央企在支援当地产业发展的过程中更有可能从国家发展大局出发，严格按照国家的节能减排要求，积极发展绿色环保产业。

（3）中央直接介入基层地方的发展

我国实行分权制改革以来，中央逐渐向地方分权，中央人民政府逐渐把适合地方政府管理的事务交给地方。 我国上、下级政府之间的职能关系类似于"委托—代理"关系，"政府管理活动主要是依靠多层级的政府机构逐步向前推进的"，从中央人民政府到省级政府，到市级政府，到县级政府，最终到达乡镇政府。 与中央人民政府直接打交道的是省级政府，中央人民政府与其他层级政府之间的联系是以省级政府为中介的。 在对口支援政策实施中，中央人民政府越过了省级政府，直接安排受援地区的市、县级政府与支援方结对。

通常情况下，我国的行政管理体制具有"行政发包"和"属地管理"的特征，行政发包即"中央逐级向下级政府发包政府的公共和行政事务，一直发包到最基层的政府"；属地管理即一个行政区域内的所有事情都归属辖区的政府管理，"任何跨地域的联系必须以管辖政府为中介才可能发生"，中央并不直接干预地方。 但对口支援政策是由中央直接决策和部署的，并且由中央直接组织实施，没有采取"行政发包"的方式，也突破了属地管理的制度。

第一，对口支援的主体由中央决定。 中央是对口支援总体方案的设计者，根据掌握的信息判断是否启动对口支援，哪些地区需要接受援助，直接决定谁作为支援方、谁作为受援方。 如对赣南地区的对口支援，国家颁布《中央国家机关及有关单位对口支援赣南等原中央苏区实施方案》，由国家发改委和中央组织部牵头，财政部、银监会、证监会等52个中央国家机关及有关单位支援赣南地区31个县（市、区），分别建立结对关系。 按照属地管理原则，这些地区的发展应归属其辖区单位赣州市、吉安市和抚州市管理，但在中央对口支援的安排下，这些地区的发展任务也被分配给了中央直属单位。

第二，中央规定对口支援的阶段目标，制定对口支援的规划，直接干预受援市、区、县的发展。 如，对口援疆与对口援藏过程中，召开中央新疆工作座谈会、全国对口支援新疆工作会议、西藏工作座谈会，对对口支援新疆、西藏做出总体的规划与部署，确定新疆与西藏发展的5年目标和10年目标，并且要求支援方与受援方共同制定援助的五年规划。

第三，中央直接规定了支援工作的内容。 如，《中央国家机关及有关单位对口支援赣南等原中央苏区实施方案》规定，支援部门加大对受援地区的人才技术支援，组织干部进行双向挂职;支援部门可以直接对受援地区进行业务指导，帮助解决支援地区的社会、民生等方方面面的问题;对支援任务完成情况的监督由支援部门报送国家发改委和中央组织部。 中央部门对中央负责，其与受援地区确定对口支援关系以后，在支援任务范围内的事务由支援方的中央部门处理，不再经过受援地区的省（市）级单位。

第四，对口支援的支援标准、资金额度由中央确定。 从2008年对汶川地震灾后重建的对口支援开始，中央规定支援额度与各支援省市财政收入的百分比挂钩，此后国家进一步规定了支援方对口援疆与对口援藏中支援资金的规模。 中央越级安排对口支援还表现在援助资金的拨付程序上，传统的纵向财政转移支付是逐级进行的，从中央到省，从省到市（区）、县;而纵向对口支援的资金拨付是直接从中央到受援地区政府的。 如，对口援疆的中央转移财政资金（包括中央补助资金）和对新疆出台的税收、政策性补贴等优惠政策资金，设立专项资金账户管理。

中央在确定对口合作关系的时候也越过了省级政府。如，国务院在确定东北地区与东部部分地区对口合作方案中，规定东北的三省四市与东部的三省四市建立对口合作关系，并规定对口合作的总体要求、基本原则、重点任务等。地区间的合作本来是基于共同的利益，这种合作是地方政府自发建立起来的，中央人民政府只起宏观指导作用，而且这种指导也不会越级进行。但是在上述对口合作的案例中，中央的规划细致地规定了结对地区的行政体制改革、国企改革、民营经济发展、高校以及科研院所的合作交流、人才交流等方面，中央直接安排支援方在哪些方面帮助受援方。因此，对口合作与地方间自发的合作不同，这种合作是基于上级的权威建立起来的，是中央在考察两个或多个地区之后确定建立的结对关系。

2.4.3 对口支援系列政策对横向府际关系的影响

我国纵向政府间的联系紧密，地方横向政府间的联系相对较弱。跨省的横向对口支援使支援地区与受援地区建立了联系，相互之间开展帮扶和合作，加强了省际的横向联系，扩展了横向府际关系。

（1）增加了横向府际关系的内容

政府之间的关系涉及政治、经济、司法、行政等各方面，林尚立把政府间关系概况为权力关系、财政关系和公共行政关系，谢庆奎认为政府间关系在权力关系、财政关系、公共行政关系背后是利益关系。在我国，权力关系只存在于纵向的府际关系中，横向政府之间没有行政隶属关系，彼此不发生权力关系。政府间的横向关系首先是利益关系，双方基于相互需要而建立联系，如为了保护环境需要相邻的地方政府联合行动。对口支援在政治和经济两个方面增加了地方政府间横向关系的内容。

①政治关系进入横向府际关系

对口支援是基于政治原因建立起的横向关系，帮扶少数民族地区是一项政治任务，旨在提高少数民族对国家的认同度，属于中央人民政府的责任。在中央的安排下，发达的汉族地区与欠发达的少数民族地区之间建立起对口支援的横向联系，目的是帮助中央实现民族团结的政治任务。 赈灾也是中央人民政府的职责，地方政府对口支援灾区来自中央人民政府的分派，对于支援方地方政府而言，是一种必须完成的政治任务。 对口支援灾区不能给支援方带来经济利益，而只是一种政治责任，基于此而形成的横向关系自然不是经济关系。 至于用来帮助落后地区的对口合作，也是中央把国家的政治职能分派给先进地区的地方政府，由地方政府分担帮助落后地区发展的国家责任。 对口支援体现了社会主义制度的优越性，通过参与对口支援，地方政府承担了国家的社会主义政治职能。

对口支援以促进民族团结、维护边疆稳定等政治目标作为决策依据和评估绩效的标准。 对口支援政策主要有三个目标：帮扶、促进民族团结、提高政府的合法性。 发展贫困地区的经济、解决民生问题是加强民族团结、促进社会稳定的前提，如"十二五"时期援疆资金的七成以上用于民生建设。 提高边疆地区人民的生活水平，可以巩固政府的合法性基础，增加边疆少数民族的国家认同。

对口支援依靠政治动员推动。 中央把对口支援作为政治任务下达给地方政府，然后进行政治动员。 以援藏和援疆为例，每一期援助工作的启动都要先召开相关地方和部门党政领导参加的座谈会，每年还要召开工作会议，有完整的动员程序。 支援方地方政府为了"挤"出资源完成对口支援的"额外"任务，也需要通过政治动员，以政治任务的形式把支援任务分解到该地方政府的下属部门。 支援方地方政府还要动员本地的企业和社会力量参与对口支援，由于受援的地方可能处在老、少、边、穷地区，动员支援方的企业去投资往往也要从政治的角度进行。 支援方还会成立由党委领导任组长的对口支援某地的领导小组，在政策中规定专门的部门负责对口支援工作；在受援地区设立对口支援某地的"前方指挥部"，成立临时党委，按照政治任务的方式进行组织保障。

②地方间飞地经济关系"升级"

横向间的对口支援在受援地区与支援地区建立起飞地式联系。 学界对飞地经济的界定是：空间位置相互独立、地理位置上不相邻，并且无行政隶属关系的地区实现互利共赢的发展模式，飞入地与飞出地的经济关系是基于两个地区在经济发展水平、资源禀赋等方面存在落差。 横向对口支援的援受双方在空间上是分离的，基本上是东部地区的地方支援西部或中部地区的地方，符合飞地经济的定义。

我国东、中、西以及东北四个地区在区位优势、资源分布、自然环境、社会发育程度等方面都有明显的差异，这使得位于这四个地区里的地方之间建立飞地经济联系具有可行性。 飞地关系的形成以双方互利为动机，如在区位差异上建立的飞地关系有内陆地方与沿海港口城市建立无水港，通过海关的合作内陆地方获得出关的便利，港口城市获得出口货源。 飞地经济的另一个重要功能是技术扩散，科技发达的地区需要广阔的腹地使科研成果转化为生产力，于是跳出行政边界，到异地寻求新技术"落地"的机会。 这方面的典型例子是中关村位于北京，但是在外地已经建立众多中关村科技园。

在国家层面，利用飞地经济的功能把其与对口支援政策结合起来，2017年6月国家发改委等部门颁布《关于支持"飞地经济"发展的指导意见》，其中提出"支持在各类对口支援、帮扶、协作中开展'飞地经济'合作"。 各支援方政府也积极发展飞地经济，使得支援方的企业在对口支援工作中受益。

东部发达地区大多面临着产业结构亟待升级的问题，作为支援方的地区可以把受援地区作为产业转移的承接地，利用双方发展水平的"落差"，把劳动密集型产业、资源密集型产业转移到受援地区。 这种飞地经济的结果是一举两得：帮助支援方优化产业结构，帮助受援方提升产业结构。 在对口援疆中，一方面各支援省市都纷纷在新疆建立工业园区，完善园区内的基础设施等配套设施以吸引支援地区的企业进入。 例如，浙江在阿克苏地区援建的项目"浙能阿克苏纺织工业城热电厂"1号机组投入使用后，将逐步淘汰周边高能耗、高污染的小锅炉，这样浙江地区实现了产业转移，阿克苏地区也提升了产业结构。 另一方面，浙江利用受援地区的优势，在盛产棉花的阿克苏地区建立纺织工业城和阿拉尔工业园区，并吸引东风、华孚等知名纺织企业落户工业园区。

促进飞地经济的发展可以说是对口支援政策的一个"副产品"。 对口支援形成的是一种"支援—受援"单向关系，其功能曾被称为"输血"。 随着对口支援的持续，援受双方在经济上的互补性逐渐被发现，双方经济上的互利合作形成了飞地经济。飞地经济的形成标志着对口支援从单向援助向双向互利合作转变，支援地区的企业在受援地区能够得到持续的发展，援受双方的关系会由此而稳固，即使援助关系结束，两地之间的经济联系依然会得到发展，两地从援助关系变为互利合作关系。

（2）财政横向转移支付"实验"

纵向财政转移支付由中央人民政府实行，中央通过转移支付帮助欠发达地区，缩小区域发展差距。从目前国内的几大类区域援助政策来看，帮助欠发达地区的资金以中央的拨款为主。横向财政转移支付发生在地方政府之间，通常以上行法律规定或中央人民政府的分派为依据进行。这是因为转移支付属于无偿提供，所以需要外部的强制力才能实现。横向转移支付在中国尚无制度规定，目前地方政府间已经出现的横向转移支付只见于生态补偿方面。

①形成事实上的横向转移支付

横向对口支援主要是针对欠发达地区的政策，目的是通过支援地区向受援地区转移资金、技术、人才等资源，以缩小受援地区与其他地区的发展差距，可以算得上针对特定地区的横向转移支付形式。从内容和形式上看，横向对口支援是对一般横向转移支付的扩展，地方间横向转移支付通常是通过财政资金的转移或税收减免的方式进行的。联合国《1990年国民账户制度修订案》中对转移支付的定义是"货币资金、商品、服务或金融资产的所有权由一方向另一方的无偿转移。转移的对象可以是现金，也可以是实物"。横向对口支援的内容不仅包括现金和实物，还包括技术、人才、医疗、教育等各类资源的转移，内容更丰富，手段更多样。

横向转移支付的一个重要功能是实现空间公平。横向转移支付的一个结果是区域间的财政重新分配，目的是实现区域间的均等化。"均等化的主要目标是消除不同地区的财政收入净值差距，而不是减少区域内或区域间个人收入的差距，就某种意义上来说，转移支付的目标是横向公平胜于纵向公平。"作为一种针对特定区域的转移支付，对口支援是为了缩小特定区域与其他区域之间的差距。

对口支援是地方政府间的无偿帮助，符合财政转移支付的无偿性特征。对支援方而言，按照中央人民政府的安排，对口支援支出已经列入本级财政预算，成为财政支出的固定项目。从受援方的角度来看，接受援助也成为本地经济和社会发展的重要来源，在某种程度上对支援形成了依赖。从援助的过程看，受援方政府在确定援助项目的时候有发言权，而在最终评估援助效果的时候也要看受援方的感受。横向对口支援双方有的成立了组织机构，有的制定了规划，有的签订了协议，达到了一定的制度化程度。但是作为一种横向转移支付，其依据与内容还不够规范，制度还不够稳定，下一步的发展应该提高制度化水平，使之逐渐成为一种地方间的横向转移支付制度。

②地方间出现帮扶关系

对口支援导致的横向转移支付改变了横向府际关系。美国学者多麦尔曾认为："如果将政府间关系的纵向维度看成一种类似于命令和服从的等级结构，那么就可以把政府间的横向关系结构设为一种受竞争和协商动力支配的对等权力的分割体系。"多麦尔把"竞争"和"协商"看作横向府际关系的常态，地方政府间是处于竞争状态还是在谋求合作，要看哪种策略更符合本地的利益。在对口支援中地方间的关系不是竞争，也不是合作，而是对受援方的帮扶。对口支援绩效评估的依据是受援方的状况是否得到改进，这使得支援方政府行动的依据不再是自身的利益，而是对方利益的增进。

这种新的地方间关系是一种帮扶关系，帮扶关系下支援方有义务帮助受援方，这种帮扶不是对受援方的"施舍"，而是支援方的一种责任。受援方也不以接受他方的帮扶而感觉"低人一等"，而在某种程度上认为是理所当然的。这种关系中受援方不会因为经济实力差而处在弱势地位，双方是平等的关系；而在其他类型的地方间合作中，经济实力强的地区会处于事实上的优势地位。

地方间的帮扶关系与政治关系不同。地方间的政治关系是指地方承担中央的政治职能之后产生的新关系，如通过对口支援，促进民族团结，维护国家统一。地方间的帮扶关系是建立在地区间存在发展差距，发达地区有责任帮助欠发达地区的区域伦理上的。发达地区之所以先行发展，是因为有欠发达地区提供的资源、劳动力、市场等方面的支持，这种帮扶关系可以作为地方间横向转移支付的依据。

基于发达地区与欠发达地区的发展落差，从实现共同富裕的国家目标出发，中央人民政府安排了这两类地区间的对口支援，后又扩展为对口帮扶、对口合作。 对口合作的结对关系中不是完全的帮扶关系，因为合作双方发达程度接近。 但是对口合作关系的目的依然是帮助其中较落后的一方发展，尽管在对口合作中也会有竞争，但这种竞争是良性的，是有利于双方关系长期维持的。

（3）地方政府间形成网络关系

对口支援形成了政府间的网络关系。 在政府间的网络关系里，每个行动者都是府际网络体系中的一个节点，分别具有不同的利益偏好和政策目标，分别发挥着不同的政策功能和作用。 在以多向度和相互依赖为特征的府际政策网络中，每个行动者都无法单独完成目标，都需要其他行动者的资源支持。因此，在策略的互动中达成合作机制，并促成政府间合作来实现有关方的共赢是府际政策网络的最终目标。 对口支援中的网络关系略有不同，主要有"一对多"和"多对一"两种政府间网络。 就受援方而言，多个地方政府支援一个地方政府，形成了"多对一"关系，如 19 个省市对口支援新疆；反过来，一个地方政府接受多个地方政府的支援，则形成了"一对多"关系，如新疆承接全国 19 个省市的支援。 就支援方而言，也存在着同时支援多个地方的"一对多"关系，如天津承担了 8 个地区的对口支援任务；反过来，则是多个受援方对一个支援方的"多对一"关系，如上述 8 个地区与天津的关系。

这种双重一多对应的关系形成了一种府际关系网络。 以支援方为中心的府际网络是向外"发散"的，支援方分别支援若干受援方。 以受援方为中心的府际网络是向内"收敛"的，受援方分别接受若干地方政府的支援。 在这两种府际网络中，每一个地方政府都是一个节点，连接多个其他地方政府。如果把已有的对口支援、对口帮扶、对口协作和对口合作形成的府际网络都画出来，则可以发现交叉重叠的多重府际网络，在这些网络中尽管参与方政府的行政级别不同，但是作为府际网络中的一个节点，各自的地位是平等的，为实现共同的目标而形成相互依赖关系。

这种府际网络还有扩展的可能。 除了援受双方的横向府际关系之外，同时支援同一个地方的不同支援方地方政府间也构成横向府际关系。 一方面，不同的支援方在支援受援方的工作上有竞争；另一方面，这些支援方地方政府在同一地区开展援助活动，过程中难免有交集，会形成一定程度上的合作。不仅如此，由于共同支援同一个地方，不同的支援方之间可能会发现相互间合作的领域和机会，间接促进相互合作，这是横向府际关系的一种发展。

对口支援中，中央人民政府、受援方地方政府与支援方地方政府之间的关系并不同于一般的府际关系。 府际关系的内容与表现形式是随着社会结构、权力结构的变化而不断发展的。 具有中国特色的对口支援实际上形成了一种新的府际关系，丰富了府际关系的内涵，扩展了府际关系的范围。 府际关系的基本要求是稳定性和可持续性，稳定性需要制度来维系，而目前对口支援系列政策的制度化程度低，需要尽快完善相关制度。

3

对口支援的典型模式

对口支援在长期实践中形成了多种多样的模式，不同学者对此有不同的划分方法。就其发起动因来看，我们不妨把其分成四种典型模式：边疆民族地区对口支援、重大工程对口支援、灾后重建对口支援和重大疫情对口支援。其中，边疆民族地区对口支援时间最为久远，也最能代表整个对口支援政策。

3.1　边疆民族地区对口支援

边疆民族地区对口支援，作为对口支援的核心，涉及的受援方包括西藏、新疆、内蒙古等多个地区。其中，又以援藏和援疆最具有代表性。这里需要指出的是，援藏实际上并不只是对口支援西藏自治区，还包括川、滇、甘、青四省藏区。我们重点关注的是援藏和援疆，但是考虑到国内不少学者对这两个问题关注较多，相关著述也较为丰富，本书对一些内容就不再赘述了。

3.1.1　对口援藏

中国是一个统一的多民族国家，在长期的历史发展过程中，各个民族通过政治、经济、文化交流，形成了相互依存、相互促进、密不可分、共同发展的中华民族统一体。西藏人民是中华民族大家庭的重要成员，西藏作为中国的一个区域，自古以来就受到历代中央政府的高度重视。[①]中华人民共和国成立后，对口援藏就是一项重要工作。

（1）中华人民共和国成立后对西藏的帮扶合作

在中国共产党的领导下，中国人民经过多年艰苦的斗争，打败了日本帝国主义侵略者和国民党反动派，成立了中华人民共和国。 在这个崭新的时期里，中央人民政府和广大内地人民始终心系西藏，不仅帮助西藏人民迎来了和平解放，而且在许多方面开展了长期的帮扶合作，为西藏的经济社会发展奠定了一定基础，促进了西藏与内地的共享式发展。

1951 年 5 月 23 日，《中央人民政府和西藏地方政府关于和平解放西藏办法的协议》（简称《十七条协议》）正式签订，即此人民解放军执行协议进驻西藏，西藏获得和平解放，开启了西藏历史的新篇章。 为了推动西藏与内地的一体化发展，中央根据西藏的实际情况制定了一系列特殊政策，帮助和扶持西藏地区发展经济。 这是新生的中华人民共和国与历代中央王朝在西藏政策上的根本区别。

鉴于当时西藏地区经济衰败的状况，中央人民政府确立了以经济和技术帮助西藏地方的政策，并动员全国对西藏的经济和社会发展予以支持。 这一时期对于西藏的援助方式主要是完全无偿的援助。 这种无偿的援助涉及众多领域，体现了中央人民政府致力于促进各民族共同发展与进步的民族政策。

第一，无偿拨付财政经费。 西藏和平解放之后，为了更好地执行《十七条协议》，中央人民政府指令进藏部队和工作人员严格遵守纪律，不吃地方，不增加群众负担，财政开支全部由中央解决。 据统计，中央在国家本身财政极度困难的情况之下，1952 年至 1958 年的 6 年间，支持西藏地方财政达 35717 万元，占西藏全部财政收入的 91%。[②] 中央对西藏的财政支持，减轻了农、牧、商业的负担，刺激了经济的发展。

其后，中央不断加大财政支持力度，把更多的财政经费拨付给西藏。 有

---

① 西藏自治区人民政府办公厅、西藏自治区党委党史研究室：《全国支援西藏》，西藏人民出版社 2002 年版，第 1—2 页。

② 《西藏自治区概况》编写组：《西藏自治区概况》，民族出版社 2009 年版，第 324 页。

关数据显示，自 1959 年至 1965 年，中央先后支持西藏地方财政 59023 万元，占其财政收入的 69％；在改革开放之前的 1966 年到 1976 年，中央给西藏财政补助年平均增长 9.09％。① 这种无偿的财政投入，为当地经济社会发展注入了新的动力，极大地促进了西藏的生产和文教卫生等各项事业的发展。

第二，扶助农牧业生产。 早在西藏和平解放前夕，中央人民政府就根据当时西藏的情况制定了"进军西藏，不吃地方"的方针。 为了在不影响当地群众生活的前提下解决给养不足的问题，进藏部队在执行保卫边防、筑路等任务的同时，还组织牦牛队、骆驼队通过西南和西北两条运输线持续运输物资。 相关研究表明，自 1952 年至 1954 年，单单是运往昌都以西的物资就达 1265 万多公斤，极大地改善了西藏人民的生活。②

根据中央人民政府的指示，进藏人民解放军和工作人员的首要任务是帮助当地群众摆脱生活上的困难，并发展生产。 1952 年，进藏部队发放了第一笔无息农贷，使一些极端贫困的群众能够安定下来，从事农业生产。 截至 1956 年初，中央人民政府共在西藏发放农业贷款 138.6 万元。 此外，中央人民政府还通过西藏工委向贫苦的农牧民和手工业者发放了大量无息贷种、贷粮和无偿农具，解决农牧民的实际困难。 从 1959 年至 1963 年，国家给西藏发放的贷款达 954 万元。 据山南、昌都两个专区统计，5 年内受贷户共占贫苦农牧民总户数的 90％以上。 1963 年至 1964 年，国家拨款 140 万元，对农牧民进行无偿投资，使 3000 多户农牧民有了自己的牛羊。 1961 年，国家调拨给西藏 10 万件各式农具，调拨给西藏农牧业生产用钢材 1100 吨。 截至 1965 年 8 月，国家直接供给西藏农牧民粮食 1650 多万公斤，调进各类农具 140 万件套，发放种子上千万斤。 同时，调拨大批科技设备，帮助自治区、各地（市）和部分县建立科研机构、农业试验场、农业技术推广站等。③ 这些举措使得广大农牧民能够毫无顾虑地从事农牧业生产，不仅有效地解决了他们的生活困难，还为日后西藏农牧业的转型打下了良好的基础。

---

① 《西藏自治区概况》编写组：《西藏自治区概况》，民族出版社 2009 年版，第 325 页。

② 西藏自治区人民政府办公厅、西藏自治区党委党史研究室：《全国支援西藏》，西藏人民出版社 2002 年版，第 3 页。

③ 《西藏自治区概况》编写组：《西藏自治区概况》，民族出版社 2009 年版，第 657 页。

第三，帮助建设基础设施。西藏和平解放之前，基础设施非常薄弱。针对这种情况，中央人民政府先后实行了一系列措施，帮助西藏发展电力、交通、医疗等最基本的基础设施。

1955 年 9 月，中央人民政府为了促进西藏地方建设事业发展，通过了《关于帮助西藏地方进行建设事项的决定》，决定拨款并派遣技术人员，帮助西藏地方进行经济建设。在基本建设方面，把城建作为重要的方面，针对拉萨城区狭小、街道脏乱、没有下水道以及排水排污设施等状况，中央人民政府拨出资金和物资，对拉萨城市进行了全面改造和提升，使其呈现出现代化城市新面貌。①

1965 年西藏自治区成立时，中央各部委和北京、江苏、上海等省市为西藏无偿援建了 10 项工程，修建了以拉萨市人民路为中心的包括百货商店、新华书店、中国人民银行拉萨市中心支行、市邮政局、民航站、劳动人民文化宫、西藏革命展览馆、自治区第一招待所、拉萨影剧院等在内的 25 项主要建筑工程，并在城区各主要街道铺设了 10 万平方米的柏油路面，开辟了 5 条市县间的公路。②

1950 年 6 月至 1954 年 12 月，我国共用 4 年半的时间完成了青藏、川藏公路的修筑工程。当时，中共中央、国务院对青藏、川藏公路的修筑极为重视，在中央的安排下，各地交通运输部门使用火车、轮船、汽车等运输工具，把全国各地支援物资运到施工地点，保证工程建设的需要。这两条公路的建成，标志着西藏交通运输现代化的开始，改变了西藏长期封闭的状况。此外，中央还陆续修通了拉萨—日喀则—江孜—亚东、那曲—阿里、拉萨—泽当、日喀则—定日、曲水—江孜、拉孜—普兰等公路。1956 年至 1957 年，新藏公路逐步通车；1965 年，中尼公路通车；③1974 年，滇藏公路通车。至

---

① 中共中央文献研究室：《西藏工作文献选编》，中央文献出版社 2005 年版，第 132—133 页。

② 西藏自治区人民政府办公厅、西藏自治区党委党史研究室：《全国支援西藏》，西藏人民出版社 2002 年版，第 77 页。

③ 中共西藏自治区委员会党史研究室：《六十年的历史伟业——中国共产党领导西藏革命和建设的历史综述》，《西藏日报》2011 年 5 月 23 日。

此，西藏基本上形成了以川藏、青藏、新藏、滇藏公路为骨干的区内外交通网络。 另外，中央还向西藏调拨了大批汽车，并铺设了输油管道。

20 世纪 50 年代中期，西藏航空事业开始起步，并于 1956 年、1965 年先后开通了拉萨至成都、拉萨至北京的航线。 这两条航线的开通，标志着西藏立体式交通运输网络初步形成。 此后，全国各地的物资通过这个交通运输网络源源不断地运往西藏，促进了西藏的农牧业、工业、手工业和其他事业的发展。 同时，还大大密切了西藏与祖国内地的联系，特别是进一步活跃了青、川、藏地区各方面的联系。

第四，直接供应商品物资。 20 世纪 50 年代初，西藏本地生产的粮食、副食品、手工业品只能满足需求的 15％，其余 85％要从内地调入。 生产建设需用的钢材、水泥、汽车、成品油、化工原料等大部分也需从内地调入。[①] 为了保障西藏的市场稳定和经济发展，国家有关部委对供应西藏的商品物资在政策上予以优惠，在生产上周密安排到各省区市的生产厂家。 除全国性的综合物资调拨外，国家还根据西藏物资的需求分类，将需求多、用量大的物资安排就近区域或者便于统一采购的地方向西藏直接供应。 20 世纪 50 年代初，全国正处于经济恢复时期，国家为了支持西藏建设，动员全国各省份支援西藏经济建设必需的物资。 除西南、西北源源不断的粮食和物资供应外，还有东北的钢材，华东、华北的机械，华南的各种罐头，华北的毛皮，华东的布匹，等等（见表 3-1）。

表 3-1　20 世纪 50 年代各兄弟省区市援助西藏物品列表

供应内容	供应省市（单位）
粮食、食用油	四川、湖南、湖北、江西、北京、上海、江苏、山东、陕西、河南
日用工业品（针纺、百货、五金交电化工等）	上海、天津、广州
副食品供应（边销茶、冻猪肉、食糖、烟草等）	四川、广东、上海、广西、云南、贵州

① 中共西藏自治区委员会党史研究室：《六十年的历史伟业——中国共产党领导西藏革命和建设的历史综述》，《西藏日报》2011 年 5 月 23 日。

续　表

供应内容	供应省市(单位)
物资供应(钢材、水泥、汽车、机电等)	首钢、包钢、武钢、鞍钢、石景山钢铁公司、兰州钢铁公司、一汽、二汽、北京吉普、上海大众
民族用品	新疆

资料来源:根据西藏自治区人民政府办公厅、西藏自治区党委党史研究室主编的《全国支援西藏》一书中的相关材料整理而成。

据不完全统计,和平解放以后的前 15 年里,全国各兄弟省区市无偿支援西藏农机具和水利机械 90 多万件,化肥 5000 吨,农药 250 吨,菜籽 1 万公斤,果树苗 15 万株,兽医药械 459 吨。 祖国内地城市为西藏人民生产供应着 3000 多种特需品。① 这些来自全国各地的无偿支援的物资,有效保障了西藏建设的需要。

第五,提供各类智力支持。 西藏和平解放初期,全区仅有干部 2200 名(主要是从四川、青海、云南随军进藏的藏族干部和军转地方工作的一些干部)。 1959 年 3 月至 9 月,中央先后下发了《关于抽调干部赴西藏工作的通知》等 9 个文件,先后从北京、四川、河南、甘肃、青海等省区市和国家有关部委抽调 3000 多名干部进藏支援西藏建设。 1963 年,中央再次下发了《从内地抽调干部到西藏的通知》,决定从北京、上海、天津、山东、江苏、河北等 24 个省市抽调 392 名干部和财贸、邮电、交通、农牧、教师等专业技术干部进藏支援,充实到西藏各个对口单位。② 进藏干部的主要任务是帮助西藏人民发展经济和文化,提高西藏人民群众的生活水平,建设团结、富裕、文明的西藏。 通过这种"不断从内地选派汉族和其他少数民族优秀干部进藏工作、长期保留一批相当数量的各级各类汉族干部在藏工作"的人才援藏方式,改善了西藏干部队伍的结构,促进了西藏干部队伍的现代化发展。

在全国各地调派干部支援西藏的同时,各种专业人才和工程技术人员也一批批被派往西藏,对西藏的医疗卫生、交通、邮电、电力、机械等各个行业

① 《西藏自治区概况》编写组:《西藏自治区概况》,民族出版社 2009 年版,第 672 页。

② 西藏自治区人民政府办公厅、西藏自治区党委党史研究室:《全国支援西藏》,西藏人民出版社 2002 年版,第 93—94 页。

进行建设支援。 以医疗卫生领域为例，从 1951 年起，人民解放军陆续组派医疗队充实西藏卫生队伍的基础力量，并逐步组建了各级医疗卫生机构；1952 年，以西南、西北两批随军进藏的医疗队为主体，成立了拉萨人民医院（自治区人民医院的前身）；1952 年 8 月，中央派出了卫生部昌都地区民族卫生工作大队，赴昌都地区开展卫生工作，成员由上海、江苏、南京、江西、广西、四川等地的医学院校的应届毕业生及抽调的医疗卫生干部组成，为昌都的卫生事业打下了良好的基础。

（2）改革开放以来的对口援藏

20 世纪 80 年代，随着党的工作重心转移到经济建设上来，中央制定了一系列帮助西藏地区发展经济、社会、文化事业的优惠政策，把加快西藏发展作为西藏工作的重中之重。 自 1980 年至 2020 年的 40 年间，中央先后召开了 7 次西藏工作座谈会，专门研究西藏经济社会发展的重大问题。 其中，动员各发达省市对口支援西藏就是帮助西藏发展的一项重要举措。 该政策实施 40 年来，取得了良好的效果，使西藏的经济社会呈现出前所未有的发展变化。

①第一次西藏工作座谈会

为加快民族地区经济社会发展，中央在 1979 年 4 月召开的全国边防工作会议上提出，"要组织内地省市实行对口支援边境地区和少数民族地区"，要求内地一些省市对口支援内蒙古、贵州、广西、新疆、青海、云南和宁夏，并决定全国支援西藏。 这一决策是对西藏和平解放以来中央帮助西藏建设的思想的继承与发展，也是进一步在西藏实现平等、团结、互助的新型社会主义民族关系的战略部署。

1980 年 3 月，中共中央总书记胡耀邦在北京主持召开了第一次西藏工作座谈会。 座谈会形成的《西藏工作座谈会纪要》指出，要有计划、有步骤地使西藏兴旺发达，繁荣富裕起来。 《西藏工作座谈会纪要》强调中央各部门，特别是计划、经济、文教、卫生部门，在制定长远规划和年度计划时，要照顾西藏的特殊需要，尽可能地满足西藏的合理要求，在物质、技术等方面给予积极的支援，并要求全国各有关地方和单位认真做好支援西藏的工作。 第一次西藏工作座谈会之后，中央根据西藏的实际情况和国家的经济情况，加大了对西藏的援助，并相应制定了对于西藏的各种优惠政策。 例如，年均定额补助增加到 4.96 亿元，各种专项拨款 0.9 亿元，基本建设投资 2.622 亿元。 在落实第一次西藏工作座谈会精神的过程中，西藏的经济建设经过调整和改革，逐步得到发展。①

②第二次西藏工作座谈会

1983 年 8 月，国务院做出了"在坚持全国支援西藏的方针下，由 4 省（市）重点对口支援西藏"的决定，这是我国全面开创社会主义现代化新局面的一项重要战略措施，也是西藏民族繁荣，实现包括工业现代化在内的西藏社会主义现代化的重要途径之一。 这次决定重点对口支援西藏的 4 个省市分别是四川、浙江、上海和天津，但在实际执行过程中也涉及了这 4 个省市之外的少数省份。

1983 年 11 月，对口支援西藏的内容得以确定，主要包括：茶园建筑规划设计，协作方式是技术咨询；拉萨高雪林厂纤维板车间（勘测设计），协作方式是技术咨询；平措水电站（勘测设计），协作方式是合同承包；"七二五"油库二期工程（扩建），协作方式是合同承包；青藏公路加油站的建造（改造），协作方式是合同承包。 其中上海承担 15 个援藏项目，属于工业的有：林芝毛纺厂技术改造，协作方式为技术援助；农垦厅皮革技术改造，协作方式是技术协作；家织罂鲁呢机具研制（技术），协作方式为技术援助；工业厅铬矿石化验（技术支援），协作方式为技术援助；西藏火柴厂经营（技术支援），协作方式为技术援助；工业厅石膏综合利用，协作方式为技术协作；等等。 天津承担 10 个援藏项目，属于工业的有：拉萨汽车修配厂（技术改造），协作方式为对口支援；拉萨地毯厂（技术改造），协作方式为对口支援；西藏手工业管理局（技术指导），协作方式为对口支援；西藏自治区科委全流发电研究（科研），协作方式为对口支援；等等。 浙江承担 7 个援藏项目，属于工业的有：西藏那曲查龙电站（可行性研究），协作方式为对口支援；拉萨大修厂制氧车间（技术改造），协作方式为对口支援；藏药厂（技术

---

① 宋月红：《集中力量推动西藏实现跨越式发展——新时期党关于"全国支援西藏"战略思想的丰富与发展》，中国西藏网，http://www.tibet.cn/newzt/yuanzang/yzlt/201003/t20100326_558016.htm。

改造），协作方式为对口支援；等等。 此外，其他省市对口支援的项目还有北京 3 个，江苏、陕西各 1 个。 与此同时，西藏同四川、浙江、上海、天津、北京、江苏和陕西各省市，既确立了以上各种项目的对口支援与协作关系，又建立了市与市、部门与部门、企业与企业之间牢固协作的新型协作关系。 针对当时西藏经济建设和社会发展的主要问题，有重点、有步骤地加强了西藏经济社会的基础设施建设。①

1984 年 3 月，中央在北京召开了第二次西藏工作座谈会，对西藏的特殊性进行了"再认识"，从西藏实际出发，对正在执行的方针进行了回顾，研究了如何进一步放宽政策，尽快把西藏的经济工作搞上去。 在教育援藏问题上，会议提出"在内地办学，帮助西藏培养人才"，并决定从 1985 年起在内地省、市创办西藏班（校）。 会上，还决定成立西藏自治区经济工作咨询小组，协助西藏自治区党委和人民政府在经济建设方面制定决策方针，组织、推动全国各地方和中央各部门的援藏工作。

同时，为庆祝西藏自治区成立 20 周年，中央还决定由北京、上海、天津、江苏、浙江、福建、山东、四川、广东等省市和水电部、农牧渔业部、国家建材局等有关部门，按照西藏提出的要求，分两批帮助建设 43 项西藏迫切需要的中小型工程项目，包括电站、旅馆、学校、医院、文化中心和中小型工业企业。 工程建设内容涉及 10 个行业，总投资 4.8 亿元，总建筑面积 23.6万平方米。 援建方式为"交钥匙工程"，从设计、施工到室内一切设备用具及管理人员的培训等，均由承建单位包干，竣工后交出钥匙，即可投入使用，产生效益。 9 省市为建设这 43 项工程共投入了 1.9 万人，在一年多的时间里完成这些工程。 43 项工程基本满足了 20 世纪 80 年代西藏社会经济发展，特别是旅游业的需要，被人们誉为高原上的"43 颗明珠"。② 比如拉萨饭店、西藏人民会堂、体育馆等等，都是那时兴建的。 以社会公益为主的 43 项重点工程，极大地改善了西藏群众文化场所条件和旅游接待能力。

---

① 秦华:《"援藏,西藏腾飞的动力"系列综述之援藏 60 年峥嵘岁月》,中国西藏网,http//www. tibet. cn/sd2011/xzhpjf60zn/qgzy/yzjs/201105/t20110527_1055483_1. html。

② 中国西藏信息中心:《第二次西藏工作座谈会》,新华网西藏频道,http://tibet. news. cn/misc/2008-10/18/content_14671404. htm。

中央第二次西藏工作座谈会后，全国支援西藏工作得到进一步发展。
1987 年 6 月，邓小平在会见美国前总统卡特时指出："中央决定，其他省市
要分工负责帮助西藏搞一些建设项目，而且要作为一个长期的任务。""我们
帮助少数民族地区发展的政策是坚定不移的。"①同年 9 月，国务院召开第二
次援藏工作会议，中心议题是大量培养西藏建设所需要的各级各类人才，进
一步做好全国智力援藏工作。 会议讨论通过了《关于改革和发展西藏教育若
干问题的意见》《关于内地对口支援西藏教育实施计划（草案）》。 这一时
期的全国支援西藏工作，以工程建设援藏、财政援藏和教育、智力援藏为主，
对口援藏向纵深发展。

③第三次西藏工作座谈会

1994 年 7 月，中共中央、国务院在北京召开了第三次西藏工作座谈会。 会
议做出了"中央关心西藏，全国支援西藏"的决策，确定了新形势下支援西藏的
范围、方式、方法。 会议指出，党中央、国务院各部委和各省区市应在经济开
发、教育卫生、干部交流等方面与西藏建立相对稳定的、各方面配套的对口支
援关系，可采取内地两三个省市对口支援西藏一个地市的方法，对口支援关系
总体上由国家进行统一协调，做到突出重点，长短结合，形式多样，讲求实效。
当时，国家安排 14 个省市（重庆 1997 年改为直辖市后，对口支援西藏的省市增
加到 15 个）与西藏 7 个地市建立了对口援藏关系 （见表 3-2）。

表 3-2　全国各省及直辖市对口支援西藏各地区一览表

支援方	受援方	主要项目
北京市	拉萨	兴建了北京中路、拉萨北京中学等重点工程
江苏省	拉萨	兴建了拉萨江苏路、拉萨师范学校师资培训中心、西藏藏药厂、拉萨市急救中心等重点工程
上海市	日喀则地区	兴建了日喀则上海广场、日喀则上海路、日喀则上海体育场等重点工程和一批标志性市政建设项目

① 宋月红:《集中力量推动西藏实现跨越式发展——新时期党关于"全国支援西藏"战
略思想的丰富与发展》,中国西藏网,http://www.tibet.cn/newzt/yuanzang/yzlt/201003/
t20100326_558016.htm。

续　表

支援方	受援方	主要项目
山东省	日喀则地区	兴建了日喀则山东大厦、日喀则市山东路、日喀则高原明珠雕塑等重点工程和一批标志性市政建设项目
湖北省	山南地区	兴建了措美县当巴水电站、西藏湖北大厦、泽当镇湖北路、山南地区广播电视中心等重点工程和一批标志性市政建设项目
湖南省	山南地区	兴建了湖南大道、湖南体育场等重点工程和一批标志性市政建设项目
广东省	林芝地区	支援兴建了广东文化中心、深圳广场、八一镇、深圳大道、广州大道等重点工程和一批标志性市政建设项目
福建省	林芝地区	兴建了林芝福建公园、八一防洪堤；修筑城镇道路 8 条、乡村道路 12 条；建立水电站 12 个
重庆市	昌都地区	主要援助昌庆街建设
四川省	昌都地区	主要援建项目为昌蜀大桥
天津市	昌都地区	昌津大桥
浙江省	那曲地区	兴建了申扎甲岗水电站等工程
辽宁省	那曲地区	兴建了聂荣县水电站等工程
河北省	阿里地区	兴建了河北会堂、阿里藏医院、阿里地区群艺馆等工程
陕西省	阿里地区	兴建了狮泉河镇陕西路、延安宾馆等工程

资料来源：根据中国西藏网公布数据自行整理。

　　另外，在中央主导下，一些地方政府还投入了大量人力、物力、财力参与建设 62 项援藏工程。"62 项工程"是继 1985 年"43 项工程"后，全国又一次大规模集中支援西藏经济建设的创举。这批项目工程总投资 23 亿元，几乎遍及全区 120 万平方千米，惠及能源、交通、邮电等基础设施和农业、文化教育领域，其中生产性项目 42 个，占总投资的 70％以上。"62 项工程"主要涵盖了以下六大类别。①

　　第一类为市政建设项目，共 11 个，包括布达拉宫广场、拉萨市环形路、日喀则上下水工程、山南泽当镇区道路改扩建、阿里狮泉河上下水工程、37

---

① 孙冰岩：《62 项工程》，中国网络电视台网站，http://news.cntv.cn/china/20110519/109396.shtml。

个贫困县及边境县机关房建、3 个边境口岸建设、林芝宾馆、自治区党政办公楼及会议中心、自治区党校行政学院综合楼、北京西藏大厦。

第二类为文教卫生广播电视建设项目，共 12 个，包括西藏博物馆、拉萨市新华书店、乡级太阳能广播电视接收站、日喀则市二中、乃东中学、朗县中学（带错那中学）、贡觉县中学（带申扎中学）、嘉黎县中学（带扎达中学）、自治区生育健康培训中心、自治区传染病医院、自治区藏药的扩建、拉萨市人民医院住院部。

第三类为农业、牧业、森林、水利建设项目，共 8 个，包括农业科技推广体系建设、左贡县王曲河农业综合开发、仁布县解放水渠、东久林场（包括东久水电站）、优质油菜生产和加工基地、藏西北绒山羊生产基地、易贡西藏边茶厂（包括易贡水电站）、满拉水利枢纽工程。

第四类为工厂矿山建设项目，共 10 个，包括山南香卡山铬铁矿、阿里扎仓茶卡硼镁矿、类乌齐马查拉煤矿、昌都水泥厂搬迁、贡嘎县粮油加工厂、林芝粮油加工厂、拉萨粮油加工厂技术改造、昌都粮油加工厂、那曲羊绒分梳厂、拉萨水泥厂回转窑改造。

第五类为电信建设项目，共 7 个，包括拉（萨）贡（嘎）公路改造、贡嘎机场储油设施、中尼公路拉孜至中坝段改造、格尔木炼油厂至 101 油库输油管道、拉萨至日喀则光缆工程、拉萨西郊长途电信枢纽楼、12 个卫星通信地球站。

第六类为能源水电建设项目，共 14 个，包括山南沃卡河三级水电站改造、拉萨二变一线工程、昌都电网改造工程、阿里朗久地热电站改造工程、聂荣县水电站、山南沃卡一级水电站工程、丁青县水电站工程、芒康县松达水电站工程、巴青县水电站工程、措闻美县当巴水电站、米林县南伊水电站、申扎县甲岗水电站（含申扎金矿）等等。

国家各部委、全国各省区市对口支援单位接受援藏建设任务后，一方面立即成立援藏工作领导小组，具体筹划负责援建项目的落实、开工、建设等；另一方面，迅速抽调各方面的专家、学者，组成精干、高效的工作组赴藏考察。援藏省市还就项目软件配置、人员培训和项目后续管理等问题，与西藏受援项目单位交流意见，并帮助编制人员培训计划，以保证工程建成后技术工人及时到位，投入生产运行，充分发挥效能。

"62项工程"的建成,对促进西藏经济社会发展起到了重要的促进作用。 例如,7个电信建设项目,成为西藏搞好对外宣传、开展文化交流、扩大对外影响的窗口,改善了西藏的投资环境,营造了更多的经济增长点。 同时,基础设施建设也带动了相关产业的发展步伐,使西藏经济形成多方位的发展趋势,逐步缩短了与内地兄弟省市的距离。

表3-3 62项援藏工程中各方援建所占比重

	中央援建	地方援建	中央和地方共同援建	中央、央企和地方共同援建	总计
数量	31	21	9	1	62
所占比重	50%	33.9%	14.5%	1.6%	100%

资料来源:根据相关资料自行整理。

④第四次西藏工作座谈会

2001年6月25日至27日,中共中央、国务院在北京召开了第四次西藏工作座谈会,并在座谈会上提出,将原定10年的"对口援藏"计划再延长10年,对口支援关系基本保持不变,并新增3个省、17家中央直属企业对口支援西藏。 对原未列入受援范围的西藏29个县,根据不同情况以不同方式纳入对口支援范围。 至此,西藏73个县(市、区)全部纳入对口支援的范围。①

在第四次西藏工作座谈会上,中央明确提出要进一步加大对西藏的援助力度。 考虑到西藏的特殊情况,确定在"十五"期间由国家直接投资建设项目117个,总投资约312亿元。 同时,对口支援省市确定对口支援建设项目70个,总投资10.6亿多元。 这些项目涉及农牧业、基础建设、科技教育、生态环境保护和建设等,着重解决制约西藏发展的"瓶颈"和突出困难。 座谈会后,各对口援藏省市积极做好对口支援工作,陆续进藏进行项目调研,协助受援方进行初步设计、综合审查,论证确定项目内容、建设规模、投资概算,协调确定项目援建方式、建设工期、进度安排、拨款方式,明确项目责任

---

① 宋月红:《集中力量推动西藏实现跨越式发展——新时期党关于"全国支援西藏"战略思想的丰富与发展》,中国西藏网,http://www.tibet.cn/newzt/yuanzang/yzlt/201003/t20100326_558016.htm。

分工。仅仅半年之后，国家直接投资建设项目就已开工 106 个，开工率达到 90.6%，竣工投产 24 个；各省市对口支援项目开工 33 个，建成 7 个。[①]

据统计，从 1994 年到 2004 年，中央人民政府用于西藏基础设施建设项目的直接投资达 504.41 亿元；承担对口支援任务的 18 个省市、61 个中央部委和 17 个中央企业为西藏提供援助资金约 64 亿元（其中：直接项目投资 539971.89 万元，援助物资设备折合资金 50140.48 万元，其他专项资金 52115.34 万元），援建项目约 1698 个。对口支援西藏的中央部委、省市、中央企业，先后派出援藏干部 2892 名（其中专业技术干部 289 名），援藏教师 187 人次。[②] 通过资金、人才和技术等方面的援藏，对西藏的经济发展、基础设施建设、人民生活水平的提高起到了积极的推动作用，极大地促进了西藏经济社会更快、更好地发展（见表 3-4）。

表 3-4 西藏各地区受援情况一览表(1994—2004)

地区	内容
拉萨市	1994—2004 年 6 月底,拉萨市共受援建设项目 166 个,完成投资 89836 万元,受援物资设备折合资金 7526 万元和资金 3790.3 万元。北京市先后完成北京中路、拉萨北京中学、北京东路（改扩建）、市委综合楼、民族文化宫、北京小学、115 个村民委员会基层政权建设等一大批重点工程建设；江苏省也完成江苏路、拉萨师范学校师资培训中心、西藏藏药厂、拉萨市急救中心、拉萨市人民医院、130 个村民委员会等一大批重点工程；河南、河北、四川等省也完成拉萨市新华书店、自治区党校（行政学院）综合楼、拉萨市粮油加工厂等项目建设
日喀则地区	1994—2004 年 6 月底,日喀则地区共受援建设项目 626 个,完成投资 106877.48 万元,受援物资设备折合资金 14170.04 万元和资金 11411.55 万元。上海市先后完成上海广场、上海路、上海体育场等一批标志性市政重点建设项目和安康工程；山东省也建成山东大厦、山东路、高原明珠雕塑等一批标志性市政重点建设项目和菜篮子工程；自中央第四次西藏工作会议以来,吉林省、黑龙江省、上海宝钢、中国化工等省市和中央企业根据中央新时期西藏工作的方针政策,认真研究制定近期和远期援助规划,合理安排建设项目和援助计划,也完成一批项目建设；山西、辽宁等省也完成了日喀则市第二中学等项目建设

① 尕玛多吉、拉巴次仁:《中央第四次西藏工作座谈会确定援藏项目大部分开工》,人民网,http://unn.people.com.cn/GB/channel450/451/1352/200112/28/143468.html。

② 新华社:《全国对口支援西藏取得伟大成就》,人民网,http://politics.people.com.cn/GB/8198/50050/52280/3636530.html。

续　表

地区	内容
山南地区	1994—2004 年 6 月底,山南地区共受援建设项目 220 个,完成投资 70641.9 万元,受援物资设备折合资金 2754.35 万元和资金 7251.59 万元。湖北省先后完成措美县当巴水电站、西藏湖北大厦、泽当镇湖北路、山南地区广播电视中心等一批标志性市政重点建设项目;湖南省也完成湖南大道、湖南体育场、山南地区行署行政会议中心等一批标志性市政重点建设项目;自中央第四次西藏工作会议以来,安徽省、中粮公司等省市和中央企业根据中央新时期西藏工作的方针政策,认真研究制定近期和远期援助规划,合理安排建设项目和援助计划,也完成安徽大道等一批项目建设;而且广西、贵州等省区也完成山南地区乃东县中学、山南地区沃卡河三级电站改造等项目建设
林芝地区	1994—2004 年 6 月底,林芝地区共受援建设项目 338 个,完成投资 129689.74 万元,受援物资设备折合资金 10883.6 万元和资金 10817.7 万元。广东省先后完成林芝广东文化中心、深圳广场、八一镇、深圳大道、广州大道等一批标志性市政重点建设项目;福建省也完成林芝福建公园、八一防洪堤等重点建设项目;内蒙古、云南等省区也完成林芝地区朗县中学、林芝地区西藏边茶厂等项目建设
昌都地区	1994—2004 年 6 月底,昌都地区共受援建设项目 80 个,完成投资 35340.73万元,受援物资设备折合资金 3478.16 万元和资金 3855.4 万元。天津市完成澜沧江天津广场、昌津大桥等一批重点项目;重庆市完成昌都地区粮油加工厂、老城改造等一批重点项目;自中央第四次西藏工作座谈会以来,中国一汽、东风汽车、中国远洋、中国电信、中国铝业、武钢集团等中央企业根据中央新时期西藏工作的方针政策,认真研究制订近期和远期援助规划,合理安排建设项目和援助计划,也完成加强昌都地区各县的城镇基础设施和农牧区基础设施建设;江西、海南等省也完成昌都地区贡觉县中学、丁青县水电站等项目建设
那曲地区	1994—2004 年 6 月底,那曲地区共受援建设项目 180 个,完成投资 68546 万元,受援物资设备折合资金 5043.35 万元和资金 4304.8 万元。浙江省完成那曲地委办公楼、客运大厦等一批重点项目;辽宁省完成那曲地区综合市场、辽宁广场等一批重点项目;自中央第四次西藏工作座谈会以来,中国石油、神华集团、中国石化、中国海油、中国信托等中央企业根据中央新时期西藏工作的方针政策,认真研究制定近期和远期援助规划,合理安排建设项目和援助计划,也完成加强那曲地区各县的城镇基础设施和农牧区基础设施建设;而且吉林、青海、新疆等省区也完成了那曲地区巴青水电站、格尔木至 101 油库输油管道、嘉黎县中学等项目建设
阿里地区	1994—2004 年 6 月底,阿里地区共受援建设项目 85 个,完成投资 27549.1 万元,受援物资设备折合资金 440.1 万元和资金 385 万元。河北省完成河北会堂、阿里藏医院、阿里地区群艺馆等一批重点项目;陕西省也完成阿里地区陕西路、广电中心、延安宾馆等一批重点项目;自中央第四次西藏工作座谈会以来,中国联通、国家电网、中国移动等中央企业根据中央新时期西藏工作的方针政策,认真研究制定近期和远期援助规划,合理安排建设项目和援助计划,也完成加强阿里地区各县的城镇基础设施和农牧区基础设施建设

　　资料来源:《西藏各地区受援情况》,中国西藏网,http://www.tibet.cn/newzt/yuanzang/zcbj/201005/t20100511_577943.htm,2010 年 5 月 11 日。

⑤第五次西藏工作座谈会

2010 年 1 月 18 日至 20 日，中共中央、国务院召开了第五次西藏工作座谈会。 这次座谈会明确了在科学发展的轨道上推进西藏跨越式发展的基本思路，提出了"七个更加注重"：更加注重改善农牧民生产生活条件，更加注重经济社会协调发展，更加注重增强自我发展能力，更加注重提高基本公共服务能力和均等化水平，更加注重保护高原生态环境，更加注重扩大与内地的交流合作，更加注重建立促进经济社会发展的体制机制，实现经济增长、生活宽裕、生态良好、社会稳定、文明进步的统一。①

第五次西藏工作座谈会上还提出，要继续保持中央对西藏特殊优惠政策的连续性和稳定性，进一步加大政策支持和资金投入力度。 继续执行并完善"收入全留、补助递增、专项扶持"的财政政策，加大专项转移支付力度，对特殊民生问题实行特殊政策并加大支持。 继续实行"税制一致、适当变通"的税收政策。 加大金融支持力度，继续维持西藏金融机构优惠贷款利率和利差补贴等政策。 加大中央投资力度，继续扩大专项投资规模，中央投资要向民生领域倾斜，向社会事业倾斜，向农牧业倾斜，向基础设施倾斜。 加大人才培养力度，培养更多当地急需的各类专业人才。 落实西藏干部职工特殊工资政策，完善津贴实施办法，并按全国规范津贴补贴的平均水平相应调整西藏特殊津贴标准。 加大对口支援力度，继续坚持分片负责、对口支援、定期轮换的办法，进一步完善干部援藏和经济援藏、人才援藏、技术援藏相结合的工作格局。

第五次西藏工作座谈会召开之后，中央又对援藏工作做出了进一步指示。 2011 年 7 月，习近平在对口支援西藏工作座谈会上提出，要认真贯彻中央第五次西藏工作座谈会精神，努力做到"五个始终"：②

一是始终按照全面、协调、可持续发展的要求，着眼于建立健全对口支援长效机制，科学制定和实施对口支援规划，统筹推进经济支援、干部支援、人

---

① 《中共中央国务院召开第五次西藏工作座谈会》，新华网，http://news. xinhuanet. com/politics/2010-01/22/content_12858927_1. htm。

② 徐京跃、霍小光、崔静：《对口支援西藏工作座谈会召开》，《中国青年报》2011 年 7 月 21 日。

才支援、教育支援、科技支援、企业支援，抓紧落实国务院批准的《"十二五"支持西藏经济社会发展建设项目规划方案》，形成全方位、多层次、宽领域的对口支援工作格局；

二是始终把保障和改善民生作为对口支援工作的首要任务，坚持以人为本，把资金和项目进一步向农牧区和农牧民倾斜，改善基层干部群众生产生活条件，扎实推进教育、医疗、就业、社会保障等民生工程建设，使西藏各族群众得到更多实惠；

三是始终坚持国家支持与提高自我发展能力相结合，坚持对口帮扶与互利合作相促进，积极挖掘合作潜力，拓展合作领域，提升合作水平，努力实现互利共赢、共同发展；

四是始终加强对口支援干部工作，促进承担对口援藏任务的有关地区和单位积极选派有培养前途的业务骨干和后备干部在对口支援工作实践中锤炼意志、增长才干、增强本领，使他们为推进西藏实现跨越式发展和长治久安发挥作用，做出贡献；

五是始终注重总结对口支援工作经验，深刻把握对口支援工作规律，不断提高对口支援工作水平，更好地发挥对口支援工作对西藏经济社会发展的强大推动作用。

⑥第六次西藏工作座谈会

2015 年 8 月 24 日至 25 日，中央第六次西藏工作座谈会在北京召开。会议对进一步推进西藏经济社会发展和长治久安工作做了战略部署，还对四川、云南、甘肃、青海省藏区发展稳定工作做出全面部署。

本次会议明确了党的治藏方略，这就是：必须坚持中国共产党领导，坚持社会主义制度，坚持民族区域自治制度；必须坚持治国必治边、治边先稳藏的战略思想，坚持依法治藏、富民兴藏、长期建藏、凝聚人心、夯实基础的重要原则；必须牢牢把握西藏社会的主要矛盾和特殊矛盾，把改善民生、凝聚人心作为经济社会发展的出发点和落脚点，坚持与达赖集团斗争的方针政策不动摇；必须全面正确贯彻党的民族政策和宗教政策，加强民族团结，不断增进各族群众对伟大祖国、中华民族、中华文化、中国共产党、中国特色社会主义的认同；必须把中央关心、全国支援同西藏各族干部群众艰苦奋斗紧密结合起来，在统筹国内国际两个大局中做好西藏工作；必须加强各级党组织和干部人才队伍建设，巩固党在西藏的执政基础。

会议强调，依法治藏、富民兴藏、长期建藏、凝聚人心、夯实基础，是党的十八大以后党中央提出的西藏工作重要原则。依法治藏，就是要维护宪法法律权威，坚持法律面前人人平等。富民兴藏，就是要把增进各族群众福祉作为兴藏的基本出发点和落脚点，紧紧围绕民族团结和民生改善推动经济发展，促进社会全面进步，让各族群众更好地共享改革发展成果。长期建藏，就是要坚持慎重稳进方针，一切工作从长计议，一切措施具有可持续性。凝聚人心，就是要把物质力量和精神力量结合起来，把人心和力量凝聚到实现"两个一百年"奋斗目标、实现中华民族伟大复兴的中国梦上来。夯实基础，就是要标本兼治、重在治本，多做打基础、利长远的工作，把基层组织搞强，把基础工作做实。

习近平在讲话中指出，同全国其他地区一样，西藏和四省藏区已经进入全面建成小康社会决定性阶段。要牢牢把握改善民生、凝聚人心这个出发点和落脚点，大力推动西藏和四省藏区经济社会发展。要大力推进基本公共服务，突出精准扶贫、精准脱贫，扎实解决导致贫困发生的关键问题，尽快改善特困人群生活状况。要把社会主义核心价值观教育融入各级各类学校课程，推广国家通用语言文字，努力培养爱党爱国的社会主义事业建设者和接班人。要实施更加积极的就业政策，为各族群众走出农牧区到城镇和企业就业、经商创业提供更多帮助。要坚持生态保护第一，采取综合举措，加大对青藏高原空气污染源、土地荒漠化的控制和治理，加大草地、湿地、天然林保护力度。今后一个时期，要在西藏和四省藏区继续实施特殊的财政、税收、投资、金融等政策。西藏和四省藏区要坚持自力更生、艰苦奋斗，全面深化改革，不断增强各族群众的发展参与度和获得感。

⑦第七次西藏工作座谈会

2020年8月28日至29日，中央第七次西藏工作座谈会在北京召开。座谈会上，习近平全面阐述了新时代党的治藏方略，为做好新时代西藏工作提供了根本遵循。习近平指出，党的十八大以来，西藏工作面临的形势和任务发生深刻变化，我们深化对西藏工作的规律性认识，总结党领导人民治藏稳藏兴藏的成功经验，形成了新时代党的治藏方略。 在新的时代，如何做好西藏工作，习近平提出"十个必须"：

——必须坚持中国共产党领导、中国特色社会主义制度、民族区域自治制度；

——必须坚持治国必治边、治边先稳藏的战略思想；

——必须把维护祖国统一、加强民族团结作为西藏工作的着眼点和着力点；

——必须坚持依法治藏、富民兴藏、长期建藏、凝聚人心、夯实基础的重要原则；

——必须统筹国内国际两个大局；

——必须把改善民生、凝聚人心作为经济社会发展的出发点和落脚点；

——必须促进各民族交往交流交融；

——必须坚持我国宗教中国化方向、依法管理宗教事务；

——必须坚持生态保护第一；

——必须加强党的建设，特别是政治建设。

2015 年 8 月，习近平在中央第六次西藏工作座谈会上系统阐述了党的治藏方略，提出"六个必须"。 从"六个必须"到"十个必须"，治藏方略的论述更为全面、更为深邃。

此次座谈会上，习近平指出，西藏工作必须坚持以维护祖国统一、加强民族团结为着眼点和着力点。 他提出六个"要"：

——要加强对群众的教育引导，广泛发动群众参与反分裂斗争，形成维护稳定的铜墙铁壁。

——要深入开展党史、新中国史、改革开放史、社会主义发展史教育，深入开展西藏地方和祖国关系史教育，引导各族群众树立正确的国家观、历史观、民族观、文化观、宗教观。

——要重视加强学校思想政治教育，把爱国主义精神贯穿各级各类学校教育全过程，把爱我中华的种子埋入每个青少年的心灵深处。

——要培育和践行社会主义核心价值观，不断增强各族群众对伟大祖国、中华民族、中华文化、中国共产党、中国特色社会主义的认同。

——要挖掘、整理、宣传西藏自古以来各民族交往交流交融的历史事实，引导各族群众看到民族的走向和未来，深刻认识到中华民族是命运共同体，促进各民族交往交流交融。

——要积极引导藏传佛教与社会主义社会相适应，推进藏传佛教中国化。

此次座谈会上，习近平再次强调，必须把"改善民生、凝聚人心"作为经济社会发展的出发点和落脚点。对此，他做出五方面部署：

——要贯彻新发展理念，聚焦发展不平衡不充分问题，以优化发展格局为切入点，以要素和设施建设为支撑，以制度机制为保障，统筹谋划、分类施策、精准发力，加快推进高质量发展。

——要在巩固脱贫成果方面下更大功夫、想更多办法、给予更多后续帮扶支持，同乡村振兴有效衔接，尤其是同日常生活息息相关的交通设施、就医就学、养老社保等要全覆盖。

——要围绕川藏铁路建设等项目，推动建设一批重大基础设施、公共服务设施，建设更多团结线、幸福路。

——要培育扶持吸纳就业的能力，提供更多就业机会，推动多渠道市场就业。

——要培养更多理工农医等紧缺人才，着眼经济社会发展和未来市场需求办好职业教育，科学设置学科，提高层次和水平，培养更多专业技能型实用人才。

此次座谈会上，习近平强调，守护好高原的生灵草木、万水千山，把青藏高原打造成为全国乃至国际生态文明高地。他提出四个"要"：

——要牢固树立"绿水青山就是金山银山"的理念，坚持对历史负责、对人民负责、对世界负责的态度，把生态文明建设摆在更加突出的位置，守护好高原的生灵草木、万水千山，把青藏高原打造成为全国乃至国际生态文明高地。

——要深入推进青藏高原科学考察工作，揭示环境变化机理，准确把握全球气候变化和人类活动对青藏高原的影响，研究提出保护、修复、治理的系统方案和工程举措。

——要完善补偿方式，促进生态保护与民生改善相结合，更好地调动各方面的积极性，形成共建良好生态、共享美好生活的良性循环长效机制。

——要加强边境地区建设，采取特殊支持政策，帮助边境群众改善生产生活条件、解决后顾之忧。

面对新形势新任务，习近平要求加强党的建设特别是政治建设。习近平指出，广大干部特别是西藏干部要发扬"老西藏精神"，缺氧不缺精神、艰苦不怕吃苦、海拔高境界更高，在工作中不断增强责任感、使命感，增强能力、锤炼作风。习近平对加强党的建设提出两项措施：

——要推动从严管党治党走深走实，全面加强各级领导班子、干部人才队伍、基层组织建设，确保各级党组织和广大党员、干部成为带领各族群众应对风浪考验、战胜困难挑战、全心全意为人民服务的坚强政治力量。

——要加强党的政治建设，坚持用习近平新时代中国特色社会主义思想武装党员、干部头脑，深化"不忘初心、牢记使命"主题教育成果，严守政治纪律和政治规矩，加大党风廉政建设和反腐败工作力度，提高各级党组织和党员、干部应对重大斗争、防范重大风险的能力，营造风清气正的政治生态。

3.1.2　对口援疆

从历史上看，一直以来新疆各族人民积极维护与中央政府的关系，为中华民族大家庭的形成和巩固做出了自己的贡献。

1949年9月25日新疆和平解放。由于受全国解放形势的影响，以及新疆各族人民革命斗争热情的高涨，国民党新疆警备司令陶峙岳、新疆省政府主席包尔汉宣布起义，中国人民解放军第一野战军第一兵团在王震将军率领下进驻新疆。1949年10月1日，新疆各族人民同全国人民一起，迎来了中华人民共和国的成立。

（1）中华人民共和国成立后的援疆

回望历史，在中华人民共和国刚刚成立、百废待兴之时，我国领导人就热切地关注着祖国西部。当时"援疆"这一说法虽然还未被提及，但历史上第一次浩大的、聚集了全中国力量的援疆行动就是始于那一时期。

1949年年底，新疆维吾尔自治区人民政府宣告成立。1951年，毛泽东告诉驻疆官兵："你们现在可以把战斗的武器保存起来，拿起生产建设的武器。

当祖国有事需要召唤你们的时候，我将命令你们重新拿起战斗的武器，捍卫祖国。"

尽管毛泽东生前从未去过新疆，但这丝毫不影响他对新疆问题的关心和关注。他积极地促成新疆和平解放，实现了新疆广大劳动人民的解放。同时毛泽东还曾多次在北京接见新疆各界代表，强调并指出，在新疆要做好经济工作，农业、畜牧业、工业要一年比一年发展，经济要一年比一年繁荣，人民生活要一年比一年改善。1954年10月7日，他下令十万大军"化剑为犁"就地转为新疆军区生产建设兵团，他指示"慎重稳进"实行新疆社会改革。1955年新疆维吾尔自治区成立。

1950年3月，驻疆解放军发扬南泥湾精神，在天山南北掀起了大生产运动。他们开拓荒地，兴造农田，大修水利，种树修路，盖房建场，改变了当地的戈壁、荒漠和山谷，实现了全军开荒6.41万公顷，播种5万公顷，创办军垦农场13个的伟绩。

1951—1952年，驻疆解放军省吃俭用，筹集资金，创办了新疆第一批大中型现代工业。到了1952年底，根据党中央的批示，部队创办的19个大中型工矿企业全部无偿移交新疆省政府管理，这一举措极大地促进了新疆现代工业和交通运输业的发展。

党中央高度重视吸收内地农业、畜牧、水利、地质、冶金等各方面的经验和教训，招收一大批各行各业的专家参与新疆的建设。

其中比较著名的有曾在英国利物浦大学攻读热电专业的留学生刘明环。他开办的一家纺织厂因国民党统治时期的苛政挤压而濒临破产。王震多次登门拜访，想要说服刘明环跟随部队进疆，并任命他为兵团军工部长。王震的这一行动，不仅激励了刘明环，也激励了当时国内的一大批知识分子。

由于这一事件的影响，参加解放军第一兵团的知识分子迅速达到1万余人。到新疆后，王震马上就聚集了一大批优秀的专家学者，其中有国内著名农学家徐治、水利专家王鹤亭、钢铁专家余铭钰、地质学家王恒升等。

在新疆大建设的初期，王震建立了八一农学院、新疆医学院等高等院校，并从北京、上海等地请来专家和教授。得益于内地大批知识分子的付出和投入，新疆和兵团农业大生产才得以开展，水利建设才能够大规模进行，现代工业的开创及各类社会改革才能如此顺利实施。

因为王震将军的一个提议，内地各省市人民大规模支援新疆建设大潮开始了。

1950 年春，中共新疆分局第一书记王震给湖南省委第一书记黄克诚去信，提出"在湖南招收大量女兵"参加支援新疆建设的请求，得到湖南的大力支持。新疆军区在湖南招收了 8000 名女青年进疆，随后又在山东等地招收了大批青年女兵。她们为新疆地区的发展建设贡献力量，内地省市大力支援边疆的浪潮也由此开始。

其后，国家采取一系列措施给新疆以强力支持：一批批知识分子、大批复转军人源源不断地充实到新疆各行各业，抽调了新疆急需的专业人才充实高校和科研队伍，号召动员四川、安徽、河南等地的农村青壮年充实新疆农业生产战线。

为更好地促进新疆发展的步伐，国家还整厂整建制地调迁一批内地工业企业进疆。1966 年 5 月 5 日，天津市南开区毛麻纺织社 137 名职工携带 68 台设备整体搬迁至北屯，成为北屯毛纺厂的前身。新疆七一棉纺厂、新疆低压电器厂、新疆农机厂等由上海迁入，新疆第一、第二建筑公司分别由长春、天津迁入，新疆冶金建筑公司由兰州迁入，新疆电力安装公司由西安迁入，等等。

这些企业的开办，改变了新疆工业一片空白的状况，为新疆经济的发展提供了新的动能，极大地加快了新疆建设的速度和质量。

1962 年，时任农垦部部长王震考察了兵团塔里木垦区后，提出了动员上海知识青年支援兵团开发建设的建议，得到周恩来总理的支持和上海市委的响应。随后数十万上海知识青年来到新疆，参与新疆建设，为其建设注入新的强大力量，掀起了开发塔里木的新高潮。

到 20 世纪 60 年代中期，先后有湖南、四川等十几个省市的 100 多万青壮年告别家乡，投身新疆和兵团社会主义建设。他们与新疆各民族人民共同奋斗、共同劳动，为开发边疆、建设新疆、加强民族团结、巩固祖国边防做出了重大贡献。

"文化大革命"期间，兵团建制被撤销，军垦事业也因此而受到破坏，新疆稳定的根基遭到破坏。 王震对此深感痛心，再三表明自己的态度。 他说：
"屯垦戍边，这是毛主席、周总理、朱老总十分关心的事。 兵团是新疆军区
的后备军，是保卫边疆建设边疆的重要力量。"他主张尽快恢复兵团，并向邓
小平提议。

以邓小平同志为核心的第二代中央领导集体同样十分重视新疆这片广阔
土地，它占了中国土地总面积的 1/6。 早在 20 世纪 50 年代，邓小平对新疆
的经济建设就尤为关注，并指出"中央帮助少数民族地区发展的政策是坚定
不移的"。

1980 年 9 月到 1981 年 5 月，王震代表党中央，以国务院副总理身份到新
疆连续考察 4 次。

1981 年 8 月，邓小平考察新疆。 他强调："新疆稳定是大局，不稳定一
切事情都办不成。"

1981 年 10 月，党中央决定调时任吉林省委书记王恩茂到新疆工作。 离
京前，邓小平就新疆工作对王恩茂做出指示："新疆生产建设兵团，就是现在
的农垦部队，是稳定新疆的核心，新疆生产建设兵团要恢复。"

1981 年年底，中央决定恢复"文革"中受到冲击的兵团，同时也是在这
一时期，对于"对口支援"这一词，中共中央第一次有了明确的定义。 1979
年召开的全国边防工作会议，标志着中共中央第一次确定了我国内地省市对
口支援少数民族地区的具体安排，即北京支援内蒙古自治区，河北支援贵州，
江苏支援广西壮族自治区、新疆维吾尔自治区，山东支援青海，上海支援云
南、宁夏回族自治区，全国支援西藏自治区。

1984 年通过的《民族区域自治法》，首次以国家基本法律的形式明确规
定了上级国家机关组织和支持对口支援的法律原则，这标志着我国对口支援
制度建设进入了国家基本法律层面，而且将之作为我国民族区域自治法律制
度的重要内容。

以江泽民同志为核心的第三代中央领导集体对于新疆的稳定与发展问题
给予密切的关注。 20 世纪 90 年代，江泽民两次来新疆考察，他对新疆稳定
和发展做出一系列重大决策，为新疆跨世纪的发展指明了方向。 与此同时，
江泽民还多次强调要加快新疆经济发展，其关键就是要加快资源优势变为产

业优势，进而变为经济优势的进程。

江泽民提出，新疆的发展在中西部地区具有重要的战略意义。他还提出"三个离不开"的论述，即 56 个民族都是中华民族大家庭中平等的一员，"汉族离不开少数民族，少数民族离不开汉族，各少数民族之间也相互离不开"，他强调要"高举各民族大团结的旗帜，维护祖国统一，反对民族分裂"。

1990 年 2 月，新华社播发消息：国务院批准兵团享有计划单列的某些权力。3 月，国务院正式下文，批准兵团计划单列，把兵团的经济发展计划直接纳入国务院有关部门的计划，为兵团经济的发展创造了良好的外部环境。

虽然当时国务院的文件是从计划经济的角度出发的，但从那时开始，兵团经济和社会发展再次进入新的发展期，新疆经济开始迎头赶上。

1996 年，中央做出开展援疆工作的重大战略决策。1997 年 2 月，由北京、天津、上海、山东、江苏、浙江、江西、河南 8 省市和中央及国家有关部委选派的首批 200 多名援疆干部陆续抵疆。

1997 年 10 月，党中央、国务院做出指示，要进一步加强兵团工作，兵团对外可组建中国新建集团公司，享受国家大型企业集团试点的各项政策。中央决定，"积极创造条件，参照石河子的管理方式，在兵团农一师、农三师、农六师、农十师的阿拉尔、图木舒克、五家渠和北屯设立自治区直辖市"。这一决定拉开了兵团城镇化建设的序幕，成为兵团城镇化建设的里程碑。这一决定还大大加强了兵团的实力，极大地提升了兵团的地位，使兵团更好地发挥保卫边境、守护国家安宁的力量，更好地发挥建设新疆的作用。

党的十六大召开以后，胡锦涛同志高度关注新疆的发展与稳定。党中央基于对形势的准确判断做出科学决策，进一步推动了新疆的稳定和发展。2003 年 11 月，中央对加强新疆干部与人才队伍建设提出了明确的要求和具体的政策措施。2004 年 4 月，中央下发文件，确定了"稳疆兴疆、富民固边"的战略，明确指出要把新疆作为西部大开发的重点，进一步加大扶持力度。

2005 年 4 月，中央对新时期对口支援新疆的工作进行了部署，进一步加大了对新疆的支持力度。中央决定从这一年起，对新疆南疆四地州和兵团在南疆的 3 个师，实行干部支援和经济对口支援相结合，分别由北京等 8 省市和中国长江三峡工程开发总公司等 15 家国有重要骨干企业承担对口支援任务。

2007 年 9 月，国务院《关于进一步促进新疆经济社会发展的若干意见》颁布后，引起了全国各省、自治区、市、中央国家机关和中央企业对援疆工作的高度重视，强化了对援疆工作的指导，有利于援疆工作更加顺利地开展。

（2）中央新疆工作座谈会

①第一次中央新疆工作座谈会

2010 年 5 月 17 日至 19 日，第一次中央新疆工作座谈会在北京召开，胡锦涛在会上发表重要讲话。 会议对新疆的快速、稳定发展做出了明确清晰的规划，是新疆和兵团各项建设事业的总纲，也是全国对口援疆工作的总纲。 会议明确了新疆发展、维护新疆稳定的重要性，也对新一轮对口援疆工作提出了更高要求。 胡锦涛强调：一是必须始终按照科学发展观的要求推进新疆跨越式发展，把走科学发展道路、加快发展作为解决新疆问题的根本途径，坚定不移推动经济社会又好又快发展。 二是必须始终把提高各族人民生活水平作为一切工作的根本出发点和落脚点，着力办好老百姓所思所盼的事，加快改善各族群众特别是广大农牧民生产生活条件。 三是必须始终把握各民族共同团结奋斗、共同繁荣发展的主题，始终高举各民族大团结旗帜，形成推进新疆跨越式发展和长治久安的强大合力。 四是必须始终把促进改革发展同维护社会稳定有机结合起来，坚持发展和稳定两手抓、两手都要硬，坚定不移维护社会稳定、维护社会主义法制、维护人民群众根本利益、维护祖国统一、维护民族团结，确保新疆社会大局稳定。

②第二次中央新疆工作座谈会

2014 年 5 月 28 日至 29 日，第二次中央新疆工作座谈会在北京召开。 习近平在讲话中指出，做好新疆工作是全党全国的大事，必须从战略全局高度谋长远之策，行固本之举，建久安之势，成长治之业。 党中央历来高度重视新疆工作，做出一系列重大决策部署，推动新疆改革发展、民族团结、社会进步、民生改善、边防巩固取得了历史性成就。 实践证明，我们党的治疆方略是正确的，必须长期坚持，保持战略定力。 同时，我们要结合新疆形势充实和完善党的治疆方略，坚持长期建疆，多管齐下，久久为功，扎实做好打基础利长远的工作，为社会稳定和长治久安打下坚实基础。

　　会议强调，社会稳定和长治久安是新疆工作的总目标。 必须把严厉打击暴力恐怖活动作为当前斗争的重点，高举社会主义法治旗帜，大力提高群防群治预警能力，筑起铜墙铁壁，构建天罗地网。 要并行推进国内国际两条战线，强化国际反恐合作。 习近平指出，新疆的问题最长远的还是民族团结问题。 民族分裂势力越是企图破坏民族团结，我们越要加强民族团结，筑牢各族人民共同维护祖国统一、维护民族团结、维护社会稳定的钢铁长城。 要坚定不移坚持党的民族政策、坚持民族区域自治制度。 民族团结是各族人民的生命线。 要高举各民族大团结的旗帜，在各民族中牢固树立国家意识、公民意识、中华民族共同体意识，最大限度团结依靠各族群众，使每个民族、每个公民都为实现中华民族伟大复兴的中国梦贡献力量，共享祖国繁荣发展的成果。 各民族要相互了解、相互尊重、相互包容、相互欣赏、相互学习、相互帮助，像石榴籽那样紧紧抱在一起。 要加强民族交往交流交融，部署和开展多种形式的共建工作，推进"双语"教育，推动建立各民族相互嵌入式的社会结构和社区环境，有序扩大新疆少数民族群众到内地接受教育、就业、居住的规模，促进各族群众在共同生产生活和工作学习中加深了解、增进感情。 习近平强调，要精心做好宗教工作，积极引导宗教与社会主义社会相适应，发挥好宗教界人士和信教群众在促进经济社会发展中的积极作用。 处理宗教问题的基本原则，就是保护合法、制止非法、遏制极端、抵御渗透、打击犯罪。要依法保障信教群众正常宗教需求，尊重信教群众的习俗，稳步拓宽信教群众正确掌握宗教常识的合法渠道。 要重视培养爱国宗教教职人员队伍，采取有力措施提高宗教界人士素质，确保宗教组织领导权牢牢掌握在爱国爱教人士手中。

　　会议指出，要坚定不移推动新疆更好更快发展，同时发展要落实到改善民生上，落实到惠及当地上，落实到增进团结上，让各族群众切身感受到党的关怀和祖国大家庭的温暖。 要坚持就业第一，增强就业能力，引导各族群众有序进城就业、就地就近就业、返乡自主创业。 要坚持教育优先，培养优秀人才，全面提高入学率，让适龄的孩子学习在学校，生活在学校，成长在学校。 要吸引更多优秀人才投身教育，国家的教育经费要多往新疆投。 要加大扶贫资金投入力度，重点向农牧区、边境地区、特困人群倾斜，建立精准扶贫工作机制，扶到点上，扶到根上，扶贫扶到家。 对南疆发展，要从国家层面进行顶层设计，实行特殊政策，打破常规，特事特办。 对口援疆是国家战略，必须长期坚持，把对口援疆工作打造成加强民族团结的工程。 新疆生产建设兵团要科学处理屯垦和维稳戍边、兵团和地方的关系，在事关根本、基础、长远的问题上发力。

会议指出，做好新疆工作，关键是要发挥党总揽全局、协调各方的领导核心作用，全面加强和改进党的建设，为新疆社会稳定和长治久安提供坚强的政治保证。 要建设一支政治上强、能力上强、作风上强的高素质干部队伍。对长期在基层一线工作、把宝贵年华奉献给新疆的各族干部要给予特别关心。 要大力选拔对党忠诚，关键时刻敢于发声亮剑，有较强群众工作能力和应对突发事件、驾驭复杂局面能力的干部。 要把抓基层、打基础作为稳疆安疆的长远之计和固本之举，努力把基层党组织建设成为服务群众、维护稳定、反对分裂的坚强战斗堡垒，让党的旗帜在每一个基层阵地上都高高飘扬起来。 要结合开展党的群众路线教育实践活动，坚决贯彻落实中央八项规定精神，抓紧解决作风方面存在的突出问题，坚持开展反腐败斗争。

③第三次中央新疆工作座谈会

2020 年 9 月 25 日至 26 日，第三次中央新疆工作座谈会在北京召开。 习近平在讲话中指出，保持新疆社会大局持续稳定长期稳定，要高举社会主义法治旗帜，弘扬法治精神，把全面推进依法治国的要求落实到新疆工作各个领域。 要全面形成党委领导、政府负责、社会协同、公众参与、法治保障的社会治理体制，打造共建共治共享的社会治理格局。

习近平强调，要以铸牢中华民族共同体意识为主线，不断巩固各民族大团结。 新疆自古以来就是多民族聚居地区，新疆各民族是中华民族血脉相连的家庭成员。 要加强中华民族共同体历史、中华民族多元一体格局的研究，将中华民族共同体意识教育纳入新疆干部教育、青少年教育、社会教育，教育引导各族干部群众树立正确的国家观、历史观、民族观、文化观、宗教观，让中华民族共同体意识根植于心灵深处。 要促进各民族广泛交往、全面交流、深度交融。 要坚持新疆伊斯兰教中国化方向，实现宗教健康发展。 要深入做好意识形态领域工作，深入开展文化润疆工程。

习近平指出，发展是新疆长治久安的重要基础。要发挥新疆区位优势，以推进丝绸之路经济带核心区建设为驱动，把新疆自身的区域性开放战略纳入国家向西开放的总体布局中，丰富对外开放载体，提升对外开放层次，创新开放型经济体制，打造内陆开放和沿边开放的高地。要推动工业强基增效和转型升级，培育壮大新疆特色优势产业，带动当地群众增收致富。要科学规划建设，全面提升城镇化质量。要坚持"绿水青山就是金山银山"的理念，坚决守住生态保护红线，统筹开展治沙治水和森林草原保护工作，让大美新疆天更蓝、山更绿、水更清。

习近平强调，要统筹疫情防控和经济社会发展，做好"六稳"工作、落实"六保"任务，持之以恒抓好脱贫攻坚和促进就业两件大事。要健全完善防止返贫监测和帮扶制度机制，接续推进全面脱贫与乡村振兴有机衔接，着重增强内生发展动力和发展活力，确保脱贫后能发展、可持续。要加大政策支持力度，创新体制机制，坚持就近就地就业和有序转移输出就业有机结合。要大力推动南疆经济社会发展和民生改善。要多层次、全方位、立体式讲好新疆故事，理直气壮宣传新疆社会稳定的大好局势、人民安居乐业的幸福生活。

习近平指出，我们党的初心使命就是为包括新疆各族人民在内的中国人民谋幸福，为包括新疆各民族在内的中华民族谋复兴。各级党委要对标新时代党的治疆方略，自觉在思想上政治上行动上同党中央保持高度一致。要坚持不懈强化理想信念教育，突出政治训练，常态化识别干部政治素质，确保各级领导权始终牢牢掌握在忠诚干净有担当的干部手中。要加大培养培训力度，研究制定新疆干部队伍培养培训规划，着力培养一支理论功底扎实、政策把握到位、实践能力强的干部队伍。要把建设一支对党忠诚、德才兼备的高素质少数民族干部队伍作为重要任务常抓不懈。要树立鲜明用人导向，对政治过硬、敢于担当的优秀少数民族干部，要充分信任、坚定团结、大胆选拔、放手使用，表现突出的可以直接破格提拔使用。

习近平强调，新疆各族干部是值得信任、有战斗力的。对他们要政治上激励、工作上支持、待遇上保障、生活上关心、心理上关怀，研究采取有效措施，稳定新疆干部人才队伍。要弘扬民族精神和时代精神，践行胡杨精神和兵团精神，激励各级干部在新时代扎根边疆、奉献边疆。

习近平指出,做好新疆工作是全党全国的大事,必须牢固树立全国一盘棋的思想,完善党中央统一领导、中央部门支持指导、各省市支援配合、新疆发挥主体作用的工作机制。 中央新疆工作协调小组要在党中央领导下,加强对新疆工作的形势研判、政策研究、协调指导、督促检查,对重大问题及时提出工作意见。 中央有关部门要各司其职,密切配合,深入调研督导,及时发现问题,帮助解决困难。 新疆维吾尔自治区党委站在一线,要履行好主体责任,抓好工作落实。 内地各省区市要切实做好涉疆工作,支持新疆稳定和发展。 各援疆省市要加强同新疆协调配合,长期坚持对口援疆,提升对口援疆综合效益。 要持续深化改革,加强维稳能力建设,不断增强兵团的组织优势和动员能力,更好发挥特殊作用。

（3）全国对口支援新疆工作会议

2010 年 3 月,第一次全国对口支援新疆工作会议召开。 第二次、第三次和第四次会议召开的时间分别是在 2011 年 7 月、2012 年 5 月和 2013 年 9 月。 最近的几次会议均是每隔两年举行一次,第五次至第七次会议召开的时间分别是在 2015 年 9 月、2017 年 7 月以及 2019 年 7 月。 第七次会议召开的地点是在新疆和田,第六次会议召开的地点是在新疆喀什,之前的五次会议均是在北京召开的。

中央新疆工作协调小组是中央关于新疆工作的议事协调机构,也是全国对口支援新疆工作会议的组织者,其具体办事机构是中央新疆办。 中央新疆工作协调小组成立于 2000 年,小组成员来自国家发改委、财政部、武警部队和国家宗教事务局等部门。 自设立时起,中央新疆工作协调小组的组长一职一直由中央政治局常委兼任,党的十八大之前组长由身兼中央政治局常委的中央政法委书记担任,中央新疆办最初设在中央政法委,主任由中央政法委办公室主任兼任。 党的十八大后有了新变化,2013 年 5 月,时任中央政治局常委、全国政协主席俞正声首次以该小组组长身份考察南疆。

2019 年 7 月 14 日至 16 日,第七次全国对口支援新疆工作会议在新疆和田召开,中共中央政治局常委、中央新疆工作协调小组组长汪洋出席会议并讲话。 他强调,对口援疆是国家战略,是实现新疆社会稳定与长治久安总目标的重要举措。 要以习近平新时代中国特色社会主义思想为指导,完整准确地贯彻新时代党的治疆方略，紧紧围绕新疆工作总目标，坚持稳中求进工作总基调，坚持新发展理念，坚持以经济发展和民生改善为基础，坚持以凝聚人心为目的，坚持全面援疆、精准援疆、长期援疆，为建设团结和谐、繁荣富裕、文明进步、安居乐业的中国特色社会主义新疆贡献力量。

第七次全国对口支援新疆工作会议指出，中国特色社会主义进入新时代，新疆工作也面临新形势新任务。对口援疆工作必须认真总结经验，坚持问题导向，不断提高综合效益。要突出抓好干部人才援疆，做到精准选派、科学使用，最大限度发挥作用。要务实推进产业援疆，帮助受援地发展特色产业、绿色产业，拓展产品销售渠道，强化兵团向南发展产业支撑。要坚持民生优先，聚焦脱贫攻坚和扩大就业，资金项目更多向基层倾斜，解决群众最关心最直接最现实的利益问题。要着力促进各民族交往交流交融，支持内地与新疆各族群众多走动，推动新疆少数民族群众到内地交融发展。要扎实做好文化教育援疆，深入推进文化润疆工程，构建各民族共有精神家园。要把援疆工作作为锻炼和培养干部的平台，健全考核评价机制，加大关心关爱力度，让真情奉献、敢于担当者有干劲、有舞台。

（4）对口援疆的成效

经过各方面艰辛努力，新疆工作取得了重大成效。新疆经济社会发展和民生改善取得了前所未有的成就，各族群众的获得感、幸福感、安全感不断增强。

一是经济发展持续向好。2014年至2019年，新疆地区生产总值由9195.9亿元增长到13597.1亿元，年均增长7.2％。一般公共预算收入由1282.3亿元增长到1577.6亿元，年均增长5.7％。基础设施不断完善，所有地州市迈入高速公路时代。

二是人民生活明显改善。2014年至2019年，新疆居民人均可支配收入年均增长9.1％。建成农村安居工程169万余套、城镇保障性安居工程156万余套，1000多万群众喜迁新居。城乡基本公共服务水平不断提升，社会保障体系日趋完善，实施全民免费健康体检，农牧区医疗设施条件明显改善，乡镇卫生院和村卫生室标准化率均达100％，居民基本医疗保险参保率达到99.7％。

三是脱贫攻坚取得决定性成就。2014年，新疆共有建档立卡贫困人口77.9万户、308.9万人，贫困村3666个，贫困县32个。截至2019年，全疆累计脱贫 292.32 万人、退出 3107 个贫困村、摘帽 22 个贫困县，贫困发生率由 2014 年的 19.4％降至 1.24％。 其中，南疆 4 地州累计脱贫 251.16 万人、退出 2683 个贫困村、摘帽 16 个贫困县，贫困发生率由 2014 年的 29.1％降至 2.21％。"两不愁三保障"突出问题基本解决，贫困家庭义务教育阶段孩子因贫失学辍学实现动态清零，贫困人口基本医疗保险、大病保险参保率均达 100％，易地扶贫搬迁任务全面完成，贫困群众生产生活条件得到大幅改善。

四是中央支持和全国对口援疆力度不断加大。 2014 年至 2019 年，中央财政对新疆维吾尔自治区和兵团的转移支付从 2636.9 亿元增长到 4224.8 亿元，年均增长 10.4％，6 年合计支持新疆 2 万多亿元。 19 个援疆省市加强全方位对口支援，累计投入援疆资金（含兵团）964 亿元，实施援疆项目 1 万余个，引进援疆省市企业到位资金 16840 亿元，中央企业投资超过 7000 亿元。总的来看，新疆呈现出社会稳定、人民安居乐业的良好局面，为迈向长治久安奠定了坚实基础。

3.2 重大工程对口支援

重大工程对口支援虽然经常会被研究者提起，但真正深入探讨的文献并不多。 实际上，重大工程对口支援基本等同于全国对口支援三峡库区。 然而，由于三峡库区涉及湖北和重庆两地，完整且直接的统计数据较少，资料收集困难，学者们很难从宏观上对该问题进行全面分析。

3.2.1 全国对口支援三峡库区移民工作

（1）三峡工程前期的移民对口支援

1992 年 3 月，为了支持三峡工程建设，国务院办公厅发布了《关于开展对三峡工程库区移民工作对口支援的通知》（以下简称《通知》）。 《通知》指出，三峡工程库区移民，涉及湖北、四川两省 19 个县（市）。 这些县（市）多数地处贫困山区，移民数量大，安置任务艰巨。 做好三峡库区移民工作，不仅是湖北、四川两省的任务，也需要各地区、各部门的广泛支持。

《通知》要求，各地区、各部门的对口支援要从实际出发，在安排基本建设、技术改造和其他投资开发项目以及在横向经济合作、引进外资、人才培训、干部交流等方面，对三峡工程库区各县（市）移民工作给予重点支援。国务院各部门在安排计划时，要结合三峡工程库区移民工作，多安排些项目。其他省、自治区、直辖市的有关部门，要在互惠互利的基础上，积极开展与三峡工程库区各县（市）的经济、技术合作。 对口支援要有组织、有计划地进行，工作要扎实，讲求实效。 对口支援的协调工作，由国务院三峡工程移民试点工作领导小组负责。 各地区、各部门可派人到三峡工程库区考察，了解情况，选择对象，协商对口支援办法。 三峡工程库区各县（市）也可根据当地需要与可能，自找对口支援单位。 湖北、四川两省及其有关部门和地区要按照开发性移民方针，充分利用当地资源，积极配合国务院各部门的支援活动，做好本省、本部门、本地区的支援三峡工程库区移民规划，并在安排资金、物资、技术和干部的支援上，适当予以倾斜，认真抓出成效，带头把对口支援三峡库区移民工作做好。

国务院发出对口支援三峡工程库区移民工作的号召后，全国各地采取多种形式帮助三峡库区搬迁安置移民、发展经济。 三峡工程开工 8 年之际，全国各地对口支援三峡库区投入的资金已达 93.27 亿元。

20 世纪末，共有 21 个省、自治区、直辖市，10 个大城市和国务院有关部委加入了对口支援三峡库区的行列（1997 年，重庆直辖市正式设立）。 支援方根据三峡库区移民搬迁和社会经济发展的实际需要，采取无偿援助和项目合作相结合的办法。 据统计，截至 2000 年，全国各地无偿援助三峡库区社会公益类项目达 10 亿元，帮助库区援建希望小学 541 所，培训人才 3700 多人次。 经济发达地区，特别是东部地区则本着"优势互补、互惠互利、长期合作、共同发展"的原则，通过经济项目合作，帮助三峡库区发展经济。 到 2001 年初，全国各地对口支援三峡库区的经济合作项目达 1910 个，已到位资金 82 亿多元；三峡库区累计已搬迁移民 32 万多人，迁建调整工矿企业 609 家。 移民搬迁进度满足了三峡工程建设进度的要求。

（2）百万移民搬迁安置阶段的对口支援

2008 年 3 月，国务院颁布了《全国对口支援三峡库区移民工作五年

（2008—2012）规划纲要》。 该规划指出，16 年来，全国 20 个省（区、市）、10 个大城市以及国家 50 多个部门和单位积极开展对口支援工作。 截至 2006 年底，对口支援共为三峡库区引进资金 318 亿元，其中社会公益类资金 26 亿元，经济建设类资金 292 亿元。 支援方通过接收安置外迁移民和劳务合作，促进了库区移民搬迁和就业；通过援建基础设施，改变了库区城乡面貌；通过开展产业合作，加快了库区经济发展；通过支持社会事业发展，推动了库区人口素质的提高和社会的进步；通过人力资源开发和信息交流，促进了库区改革开放和机制创新。 对口支援工作对库区经济发展和社会稳定起到了重要作用。 1992 年至 2007 年，三峡库区生产总值由 152 亿元增加到 1646 亿元，地方财政收入由 8.86 亿元增加到 112 亿元。 库区的交通、通信、水利等基础设施支撑能力显著增强，教育、卫生、文化等社会事业不断进步，特色优势产业稳步发展，生态环境得到改善，城乡面貌发生了巨大变化，人民生活水平逐步提高。

2008—2012 年对口支援工作的目标是：把三峡库区的发展、移民的生活安置作为一项重点工作切实抓紧抓好，努力使库区群众基本生活有保障、劳动就业有着落、脱贫致富有盼头，同心同德建设和谐稳定的新库区。 有关省市援助库区公益性项目资金总额不少于 5 亿元，重点帮助解决影响移民生产生活的行路、上学、就医、饮水、用电问题；帮助库区引入经济合作项目不少于 300 个，引入项目合作资金不低于 300 亿元，形成一批具有特色的优势产业；接收移民劳务不少于 5 万人次，基本解决移民零就业家庭问题；结合移民迁建安置，建设一批社会主义新农村示范点。 通过对口支援，推进库区经济社会又好又快发展。 经过库区广大干部群众和支援方的共同努力，用 8—10 年的时间，使库区自我发展能力显著提高，公共服务和城乡居民生活达到或接近全国平均水平，实现经济繁荣、社会和谐、生态良好、人民安居乐业。

该时期的支援重点是：突出以人为本，重点解决人力资源开发、社会事业发展、基础设施建设、优势产业培育和生态环境保护等影响库区发展的根本性问题。 其具体措施包括：强化劳动力培训，提高人口素质，发挥库区劳动力资源丰富的优势，增强持续发展能力；促进劳动力转移就业，缓解库区环境压力；解决库区教育落后、医疗卫生条件差、文化设施薄弱和科技水平低等问题，提高基本公共服务水平，推动库区经济社会协调发展，促进移民稳定安置；在支持交通、水利、电力等大中型基础设施建设的同时，着力搞好关系农民群众切身利益的小型基础设施建设，改善库区农民的基本生产生活条件；重点发展劳动密集型农产品、绿色食品加工等特色优势产业和旅游等服务业，增加就业岗位，促进移民安稳致富；重点引入先进适用的技术、工艺、设备，提高水污染防治、生态建设的效益和水平，支持监管能力建设，保障三峡工程和长江流域的生态安全。

自 1992 年党中央、国务院做出开展全国对口支援三峡库区移民工作的重大决策以来，三峡库区城乡面貌和居民生活水平发生了根本性变化。2012 年，三峡库区地区生产总值为 4986 亿元，人均为 129583 元，扣除物价因素，分别比 1992 年增长了 15.9 倍和 14.7 倍。全国对口支援三峡库区工作为库区经济社会发展做出了较大贡献，2008—2012 年，为三峡库区引进资金总额达 1049 亿元（其中：社会公益类项目资金达 23 亿元，经济建设类项目资金达 1026 亿元）。库区基础设施和社会事业蓬勃发展，城乡面貌焕然一新，人民生活水平显著提高，百万移民已从搬迁安置转入安稳致富的新阶段。

3.2.2 全国对口支援三峡库区合作工作

三峡库区百万移民搬迁安置任务如期完成，标志着全国对口支援三峡库区工作进入了新阶段。继续开展全国对口支援三峡库区工作，有利于加快库区移民安稳致富，增强库区经济发展活力，促进库区社会和谐稳定；有利于加强库区生态环境保护，保障三峡水库水资源安全；有利于探索建立新型区域合作关系，对口支援双方携手共促区域协调发展；有利于传承全国一盘棋的优良传统，弘扬社会主义制度集中力量办大事的优越性。

为做好新时期全国对口支援三峡库区工作，进一步创新对口支援工作机制，加强对口支援合作，2014 年 7 月国务院颁布了《全国对口支援三峡库区合作规划（2014—2020 年）》。该规划的主要目标是：通过规划实施，努力使库区群众基本生活有保障、劳动就业有着落、脱贫致富有盼头，同心同德建设和谐稳定的新库区；支持每个县（区）至少形成 1—2 个特色优势产业，明显提升库区生态农业、旅游业、商贸物流业等产业发展水平和竞争力；对口支援双方政府积极组织开展劳务合作，基本消除移民家庭零就业现象；努力使库区自我发展能力显著提高，公共服务和城乡居民生活水平达到或接近全国平均水平，与全国同步建成小康社会，实现经济繁荣、社会和谐、生态良好、人民安居乐业。

《全国对口支援三峡库区合作规划（2014—2020年）》的规划范围：支援方包括21个省（区、市）、10个大城市、国家有关部门和单位；受援方包括三峡库区19个县（区），即湖北省宜昌市夷陵区、秭归县、兴山县，恩施土家族苗族自治州巴东县，重庆市巫山县、巫溪县、奉节县、云阳县、万州区、开县、忠县、石柱土家族自治县、丰都县、涪陵区、武隆县、长寿区、渝北区、巴南区、江津区，具体结对关系如表3-5所示。

表3-5　库区受援县(区)与支援省(区、市)、市对口支援合作结对关系表

库区受援县（区）	重点结对支援省（区、市）、市
夷陵区	黑龙江省、上海市、青岛市
秭归县	江苏省、武汉市
兴山县	湖南省、大连市
巴东县	北京市
巫山县	广东省、广州市、深圳市、珠海市
巫溪县	吉林省
奉节县	辽宁省
云阳县	江苏省
万州区	上海市、天津市、福建省、南京市、宁波市、厦门市
开　县	四川省
忠　县	山东省、沈阳市
石柱土家族自治县	云南省、江西省
丰都县	河北省
涪陵区	浙江省
武隆县	江西省、云南省
长寿区	广西壮族自治区

库区受援县（区）	重点结对支援省（区、市）、市
渝北区	安徽省
巴南区	河南省

注：1. 湖北省对口支援本省三峡库区各县（区），重庆市对口支援本市三峡库区各县（区）。

2. 江津区属对口支援范围，未明确重点结对支援省（区、市）、市。

3.2.3　全国支援三峡库区的成效

全国对口支援三峡库区合作工作实施多年，取得了显著成效。以重庆库区为例，截至 2018 年底，全国对口支援累计引入资金（包括物资折款）1815.6 亿元、合作项目 1768 个，其中经济建设类项目资金为 1770.7 亿元，无偿援助资金为 44.9 亿元。

（1）产业扶持

百姓安稳致富，产业兴旺是关键。多年来，为发展库区经济，各支援省区市坚持输血与造血并重，大力支持库区产业发展。为提升重庆万州区自我发展能力，上海市累计为万州区无偿提供资金 1.37 亿元建设三峡移民就业基地，建成标准厂房 23 万平方米；南京市实施产业援助，引入一批高新企业落户；厦门市积极鼓励和引导辖区企业到库区投资兴业，由厦门冠音泰公司投资兴建的电子产业项目已实现产值近 6 亿元，提供就业岗位 400 个。

在以盛产榨菜而闻名的涪陵，沿乌江行驶 20 多公里，就是知名的化工城——白涛街道。浙江省对口支援涪陵，积极进行产业帮扶。温州市的华峰集团落户涪陵，从生产高分子材料的原料己二酸，到生产高分子材料聚氨酯树脂和氨纶，品种不断丰富，实现基地化生产，有力地推动了涪陵区新材料产业发展。随着第三期工程建成投产，这家企业的己二酸年产能已经达到 54 万吨，成为全球最大的己二酸生产基地。2020 年实现产值 200 亿元、利税 30 亿元。

此外，国盛基业集团在涪陵建设的 12 万平方米现代商业综合体和 5 万平方米义乌模式专业市场，成为涪陵城区重要核心商圈。正凯集团年产 120 万吨食品级 PET 高分子新材料项目在 2020 年春节前竣工投产，计划总投资 36

亿元，达产后可实现年产值 120 亿元。 源源不断地"输血"为涪陵区发展注入了新动力。

产业扶持，不仅要"引进来"，还得"走出去"。 近年来，重庆云阳县的产品在江苏"卖得俏"，正得益于对口支援的助力。 依托江苏省的扶持政策，云海药业、万力药业、旭达药业以及 "天生云阳"农产品顺利进入江苏大市场，累计在江苏省销售价值约 6 亿元的云阳县产品，并以每年近 20％的速度快速增长。 江苏省内市场正在成为云阳县本地企业发展的重要支撑，尤其是中药饮片及中成药方面，销往江苏省内市场的占云阳县销售收入的 1/3。通过扶持云阳企业发展，有效带动了云阳县中药材种植等特色农业发展。

（2）人才培训

对口支援，不仅要扶资，更要"扶智"，为库区长远发展提供智力支撑，留下人才资源。 人才的交流学习不仅仅停留在技术层面，理念、机制的革新也创造了不一样的动力。

2014—2018 年，辽宁省支援奉节 1000 万元培训经费，组织 1697 人次赴辽宁参加党政干部、文化、科技等培训，2.4 万人次在奉节参加技能提升、产业扶持等培训；上海市组织教育、医疗、农业科技、烹饪专家赴万州开展医疗救助、学术讲座、现场技术指导等活动；云南省先后对武隆、石柱 1200 余名移民开展实用技术培训；吉林省连续 15 年举办巫溪县干部和移民致富带头人培训；福建省教育厅连续 18 年每年定向招收万州库区大学生 20 余名；浙江省先后组织 72 人次干部赴浙挂职锻炼、295 人次致富带头人培训；重庆市三峡库区对口支援办公室组织全市 200 多名基层干部到杭州、青岛、昆明等地学习；等等。

对口支援不但给库区带来了资金、技术、品牌，而且通过各类人员和致富带头人培训及远程教育等多种形式，输入了沿海省市先进技术、理念和经济社会发展成功做法，为库区注入了新的观念、新的信息、新的机制。 这使库区群众增长了技能知识，提高了增收致富能力，提升了库区人力资源整体水平。

（3）基础设施建设

基础设施建设和公共服务完善是地区自我发展的基石，对口支援带来的基础设施改善为库区以后的发展铺好了"跑道"。

上海市将万州区作为上海市黄浦区职工疗养目的地,将沪万航线加密到每天一班。 宁波市连续两年安排财政专项资金1500万元对甬万直航进行航线补贴,并将万州确定为全市职工疗养目的地之一。

在巫山新县城,当地把最亮丽、最繁华的一条路命名为"广东路",用来表达巫山对广东省人民无私援助的感谢。 广东省的援建还在当地创造了多个"第一"——第一部程控电话、第一条硬化公路、第一座通往乡镇的国家电网变电站、第一个工业园区……2019年8月16日,由广东省援建机场连接道项目的巫山机场正式通航,巫山正在实现"水陆空铁"综合交通枢纽的梦想。

20多年来,一大批重点交通建设项目在库区相继完成,学校、医院、卫生院、图书馆、福利院、广电中心、科技中心、培训中心、市民广场等一大批社会公益项目顺利推进。 在上海市的援助之下,万州上海中学迎来发展的春天,校容校貌焕然一新,宽敞明亮的教学楼、功能齐全的科技楼拔地而起。1.2万平方米的塑胶运动场,2300平方米标准规范的学生食堂应需而生。 教学楼窗明几净,每间教室均配有互联网、多媒体、电子白板等先进教学设备;科技楼宏伟壮观,实验室、微机室、美术室、音乐室、图书室、阅览室、天象馆等一应俱全,设施完备。 办学条件提升了,学校教育教学质量节节攀升,万州上海中学成为三峡库区家喻户晓的明星中学。 从起初在校700多名学生到目前在校学生超过5000人,走出了一条在移民搬迁和上海市对口支援中完善壮大之路。

这些项目的建设有效改善了库区基础设施条件,完善了库区公共服务功能,社会事业稳步提升。 2014—2018年,共实施基础设施和公共服务项目1261个,投资超过10亿元。

(4)精准扶贫

近年来,各对口支援省区市和各大城市党委政府围绕实现整体脱贫的总体目标,把支持脱贫攻坚放在对口支援工作的重要位置,在精准施策上出实招,在精准推进上下实功,在精准落地上见实效,有力地促进了三峡库区脱贫攻坚的顺利实施。

万州区曾是国家级重点扶贫区,各对口支援省区市安排无偿援助资金1.7

亿元，助推万州脱贫攻坚，重点用于太安、长岭、熊家、燕山等乡镇的精准扶贫工作，惠及贫困人口近 5 万人。

山东、天津、四川等省区市优先安排解决"两不愁三保障"的脱贫项目和资金问题，帮助引进企业投资农业扶贫项目，通过举办专门的扶贫展销会、洽谈会等活动，帮助库区百姓致富。

广东省精准帮扶、精准发力，对口支援巫山县实施扶贫项目 100 余个，帮助 700 余贫困户、2000 余名贫困人口完成易地扶贫搬迁；补助农村危旧房改造 500 余户、1862 人，解决库区群众安全住房保障困难等问题。

2014—2018 年，辽宁省援助资金 1.38 亿元，用于对口支援奉节县基础设施项目、产业发展项目、移民小区帮扶项目 44 个（项）。比如，安排资金 1300 万元打造奉节县草堂社会福利院项目。该项目建设用地 13.1 亩，建筑面积 8000 平方米，供养贫困失能人员 280 人，实现贫困家庭失能人员"应养尽养"，可释放贫困家庭劳动力 400 人以上，减少贫困家庭经济负担 1000 万元以上，解决贫困家庭后顾之忧。

2018 年，奉节县贫困户全面实现"两不愁三保障一达标"，稳固 128 个贫困村、12.3 万人脱贫成果，实现 7 个贫困村销号，2176 户、7570 名贫困人口脱贫，全县贫困发生率从 2014 年的 13.5％降至 0.99％。通过对农业产业进行扶持，带动了更多贫困群众持续增收脱贫，为有效贯彻落实乡村振兴战略和巩固脱贫攻坚成果探索了新路径。

3.3　灾后重建对口支援

重大灾害救助和灾后重建是一项系统工程，采用对口支援的方式能够充分发挥制度优势，在最短的时间内使灾区恢复生产生活。中国历史上发生过的重大灾害次数并不少，进入 21 世纪之后，让国人特别难忘的就是 2008 年汶川大地震。汶川大地震之后，国内学术界掀起了一股研究对口支援的浪潮，涌现出一大批中英文学术成果。2010 年，青海玉树发生大地震之后，也采用了对口支援的办法，不过相关文献较少。所以，本书主要基于汶川大地震灾后重建对口支援展开分析。

3.3.1 灾后重建的需求

2008 年 5 月 12 日，汶川大地震发生后，地震波及四川、甘肃、陕西、重庆、云南等 10 省（区、市）的 417 个县（市、区），总面积约 50 万平方千米。其中，四川更是遭受了毁灭性的打击，各方面损失惨重。[①]

经济损失情况——四川省受灾工业企业为 16280 家，直接经济损失为 997.8 亿元，需异地重建企业为 847 家。支柱产业和重点企业损失较大。东方汽轮机、中化蓝星机械等一批骨干重点装备制造企业受损严重，规模以上机械装备企业直接经济损失超过 130 亿元。什邡、绵竹、北川、汶川、平武等重灾区工业基础设施基本全部被摧毁。

人员伤亡情况——全省共有 68712 名同胞遇难，17921 名同胞失踪，445 万人受伤，其中伤残 7000 余人；新增"三孤"人员 1447 人，其中孤老 635 人、孤儿 630 人、孤残 184 人。

城乡公共服务设施和基础设施损失情况——此次地震中共有 347.6 万户农房受损，其中 126.3 万户需要重建、221.3 万户需要维修加固；有 173.2 万套城镇住房受损，其中 31.4 万套需要重建、141.8 万套需要维修加固；纳入国家规划的 39 个重灾县共有 3340 所学校、1738 个医疗机构需要恢复重建；造成农民失去宅基地 12307 亩，涉及 4.5 万农户，损毁耕地 17.6 万亩，其中约 1.2 万户、4.7 万人的 5.6 万亩耕地全部灭失；造成 152 万城乡劳动者失业、失地。此外，北川县城、汶川县映秀镇等部分城镇和大量村庄几乎被夷为平地；基础设施严重损毁，交通、电力、通信、供水、供气等系统大面积瘫痪。

---

① 四川省人民政府新闻办公室：《"5·12"汶川特大地震灾后恢复重建情况通报》，人民网，http://society.people.com.cn/GB/41158/9257980.html；刘铁：《对口支援的运行及法制化研究：基于汶川地震灾后恢复重建的实证分析》，西南财经大学 2010 年博士学位论文，第 15—16 页；国务院抗震救灾总指挥部灾后重建规划组：《汶川地震灾后恢复重建总体规划》（国发〔2008〕31 号），中华人民共和国中央人民政府门户网站，http://www.gov.cn/wcdzzhhfcjghzqyjg.pdf。

除上述数据列举的直接损失以外，地震还对受灾地区生态环境造成巨大损害或构成严重威胁。 如大量文化自然遗产遭到严重破坏，森林被大片损毁，野生动物栖息地丧失与破碎，生态功能退化。 地震引发了崩塌、滑坡、泥石流、堰塞湖等严重次生灾害，特别是潜在的地质灾害风险加剧。 据四川省国土资源厅调查，四川省受灾地区地质结构恢复和稳定需要 8—10 年时间。

由此可见，四川省所要面临的灾后重建任务是非常艰巨的。 那么，灾区政府和群众是否具有灾后恢复重建的能力呢？ 我们可以来看一组数据：根据《汶川地震灾后恢复重建总体规划》确定的目标和重建任务，经测算，汶川地震灾后恢复重建资金需求约为 1 万亿元；① 经四川省评估测算，认定恢复重建资金需求为 1.7 万亿元；② 据统计，四川省 2007 年实现 GDP 10505 亿元，比上年增长 14.2%，地方财政一般预算总收入为 1395.7 亿元。③ 经比较发现，四川省灾后恢复重建资金需求为四川省全年 GDP 的近 1.7 倍，是全年财政总收入的 12 倍。 显然，四川省是无力单独承担起灾后重建任务的。 尽管会有一些企业、个人等社会资本参与灾后重建，但政府毕竟要发挥主要作用。 另外，从中央对地方转移支付来看，地震发生后，国务院设立了 740 亿元的灾后恢复重建基金，2008 年中央财政实际支付抢险救灾资金 384.37 亿元，拨付灾后恢复重建资金 698.70 亿元。④ 即便如此，实际上仍然难以满足灾后重建的需求。

3.3.2 中央对灾后重建对口支援的安排

为了充分发挥"一方有难、八方支援"的帮扶精神，尽快帮助地震灾区完

---

① 国务院抗震救灾总指挥部灾后重建规划组：《汶川地震灾后恢复重建总体规划》（国发〔2008〕31 号），中华人民共和国中央人民政府门户网站，http://www.gov.cn/wcdzzhhfcjghzqyjg.pdf。

② 参见 2009 年 3 月 8 日四川省人民政府副省长魏宏在中央电视台梅地亚中心就"5·12"汶川地震抗震救灾和恢复重建答中外记者问。

③ 国家统计局：《2007 年统计公报》，国家统计局网站，http://www.states.gov.cn/tjgb/。

④ 《关于 2008 年中央和地方预算执行情况与 2009 年中央和地方预算草案的报告》，第十一届全国人民代表大会第二次会议，2009 年 3 月 16 日。

成恢复重建任务，2008 年 6 月 11 日，国务院印发了《汶川地震灾后恢复重建对口支援方案》，确定了对口支援实施的具体事项。 在该方案中，共确定东部、中部地区 19 个省市作为支援方，并根据国家地震局提供的汶川地震烈度区划和四川省提供的受灾县市灾情情况，确定四川省 18 个县、市以及甘肃省、陕西省受灾严重地区作为受援方。 此外，方案还明确提出了两个具体要求：一是对口支援省市每年对口支援实物工作量按不低于本省市上年地方财政收入的 1% 考虑；二是对口支援期限按 3 年安排。① 据此，共有 18 个省市与四川省形成了对口支援结对关系（见表 3-6）。

表 3-6 灾后重建的支援方与受援方

支援方	受援方
山东省	北川县
广东省	汶川县
浙江省	青川县
江苏省	绵竹市
北京市	什邡市
上海市	都江堰市
河北省	平武县
辽宁省	安 县
河南省	江油市
福建省	彭州市
山西省	茂 县
湖南省	理 县
吉林省	黑水县
安徽省	松潘县
江西省	小金县
湖北省	汉源县

---

① 国务院办公厅：《汶川地震灾后恢复重建对口支援方案》（国办发〔2008〕53 号），新华网，http://news.xinhuanet.com/politics/2008-06/18/content_8391394.htm。

续　表

支援方	受援方
重庆市	崇州市
黑龙江省	剑阁县

资料来源:《汶川地震灾后恢复重建对口支援方案》(不含四川之外的灾区)。

根据中央统一部署,此次灾后重建对口支援要坚持"硬件"与"软件"相结合、"输血"与"造血"相结合、当前和长远相结合,调动人力、物力、财力、智力等多种力量,优先解决灾区群众基本生活条件。 对口支援的内容和方式有:

提供规划编制、建筑设计、专家咨询、工程建设和监理等服务。

建设和修复城乡居民住房。

建设和修复学校、医院、广播电视、文化体育、社会福利等公共服务设施。

建设和修复城乡道路、供(排)水、供气、污水和垃圾处理等基础设施。

建设和修复农业、农村等基础设施。

提供机械设备、器材工具、建筑材料等支持。 选派师资和医务人员,提供人才培训、异地入学入托、劳务输入输出、农业科技等服务。

按市场化运作方式,鼓励企业投资建厂、兴建商贸流通等市场服务设施,参与经营性基础设施建设。

对口支援双方协商的其他内容。

3.3.3　灾后重建对口支援的成效

"5·12"汶川特大地震发生后,按照国务院批准的汶川地震灾后恢复重建总体规划,四川省委、省政府坚持"规划先行、民生优先、科学重建、尊重自然",有力、有序、有效地推进灾后恢复重建,于 2010 年 9 月底成功实现"三年重建任务两年基本完成"的目标。 截至 2011 年 3 月底,纳入国家灾后恢复重建总体规划的 29692 个项目已完工 92.4％,完成投资 7871 亿元,占概算总投资 8658 亿元的 91％;未纳入国家灾后恢复重建总体规划属于省定灾区县需恢复重建的 13647 个项目,已完工 81.6％,完成投资 1052 亿元。

汶川地震恢复重建是一个巨大的系统工程。在幅员 10 多万平方公里的土地上，短短两年多时间，投放了近 8000 亿元的巨量资金，完成了 27564 个项目，灾后恢复重建工作取得了重大阶段性胜利，灾区在重建中不断崛起，曾经山河破碎的灾区已发生了翻天覆地的变化。这一人间奇迹的产生，离不开自党中央、国务院的正确领导，离不开全国人民特别是 18 个对口援建省和港澳特区的支持，更离不开四川各级党委、政府以及人民所做出的巨大努力。

在这次恢复重建中，对口支援是中央做出的一项决策。实践证明，这项决策是完全正确的。经过将近 3 年时间的重建，目前灾后重建的成果举世瞩目，其中对口支援发挥了重要作用，做出了突出的贡献。

在中央做出这项决定之后，各对口支援省市"讲政治、顾大局"，在第一时间派出大量有责任心、有能力、有经验的干部到灾区一线工作。那个时候，他们冒着余震、滑坡的危险在实地进行勘测、选址，开展各项灾后重建的前期工作，这对整个灾后重建的及时启动发挥了重要作用。

关于极重灾区和重灾区的恢复建设，无论是居民住房还是学校医院，抑或是道路供水等基础设施，这些骨干工程都有对口支援省市的贡献。支援方的及时介入，极大地增强了灾区人民重建家园的信心，点燃了灾区人民对未来的希望。

对口支援省市，坚持规划先行、统筹安排灾区的各项建设任务；坚持民生先行、优先考虑灾后重建中的民生问题；坚持着眼长远、增强灾区发展能力和发展后劲，与灾区合作建设了一批产业恢复和产业集聚的园区；他们坚持高标准，对资金、物资进行严格管理，在灾区重建中创造了许多鲜活的经验，不仅带去了人力、财力、智力，还带去了东部地区的先进理念，与当地群众结下了深厚的友情。

对口支援是在中国特色社会主义制度条件下做出的一种安排，也是一种创举。对口支援在灾后重建中充分体现了东、中、西部经济的合作、文化的交流、理念的融合，对口支援促进了全国各族人民的团结，为我们贯彻落实"两个大局"的战略思想，实施先富帮后富，逐步实现共同富裕探索了成功之路。

3.4 重大疫情对口支援

重大疫情，属于突发性公共卫生事件，近 20 年来我国已经发生过多次。但是，采用对口支援的办法来应对疫情大约是最近 10 年才开始的。从学术界的相关研究来看，由于疫情与公共卫生和应急管理密切相关，所以许多学者都没有从对口支援的角度来切入这个议题。也就是说，探讨疫情的文献虽然很多，但基本上都属于公共卫生和应急管理的范畴。另外，由于这个议题与我们后面要谈的卫生健康对口支援（医疗对口支援）密切相关，考虑到常态化的医疗卫生对口支援主要涉及边疆民族地区，所以我们决定单独用一节来谈这种临时性的重大疫情对口支援。

3.4.1 重大疫情对口支援的缘起

从我国的实践来看，重大疫情对口支援主要有两次运用：2009 年底的甲流疫情和 2020 年的新型冠状病毒肺炎疫情。前者较少被人提及，后者则是众所周知。

2009 年，甲型 H1N1 流感从美国蔓延而来，在疫情防控过程中，我国再次在全国范围内启用对口支援政策。到 2009 年下半年，我国甲流患者骤增，聚集性疫情明显增多，重症与危重病例持续增加，死亡病例不断出现，甲型 H1N1 流感病毒已成为我国流感的主要流行株，医疗救治任务十分艰巨。为统筹东、西部地区医疗救治资源，2009 年 11 月 13 日，卫生部办公厅发出《关于加强甲型 H1N1 流感医疗救治工作的通知》（卫发明电〔2009〕245 号），决定建立甲流医疗救治省际对口支援机制。根据要求，各省级卫生行政部门组织制定了本辖区不同地区间、大型综合医院与基层医疗机构间、医疗机构不同专业间的对口支援办法。同时，各市卫生行政部门制定本辖区内不同地区间、大型综合医院与基层医疗机构间（三级支援二级、二级支援一级、乡镇支援村级）、医疗机构不同专业间的对口支援方案。

按照卫生部的部署，甲型 H1N1 流感医疗救治省际对口支援机制的具体安排如下：

北京市对口支援内蒙古自治区、河南省、新疆维吾尔自治区（含新疆生产建设兵团）；

天津市对口支援河北省；

辽宁省对口支援宁夏回族自治区；

上海市对口支援黑龙江省、云南省、西藏自治区；

江苏省对口支援陕西省、甘肃省；

浙江省对口支援贵州省、青海省；

山东省对口支援安徽省；

湖北省对口支援山西省；

广东省对口支援江西省、广西壮族自治区、海南省。

除了卫生部安排的省际对口支援之外，一些省市的卫生厅也在省内开展了对口支援工作。以黑龙江省为例，2009 年 11 月初，黑龙江省卫生厅从 45 所城市三级医院选派高素质医务人员，对口支援省内基层医院，开展为期一个月的甲型 H1N1 流感诊治指导工作。派驻专业包括呼吸内科、传染科、重症医学科、急诊科。此次对口支援面向黑龙江省内 116 所基层医院，包括 66 所县医院，以农业人口为主的区、政企合一的区医院以及农垦、森工系统基层医院。支援医生将负责指导受援医院甲型 H1N1 流感医疗救治工作，早期识别和筛查重症病例，按照医疗机构预检分诊管理办法，进一步规范门诊、急诊的接诊流程，指导医务人员做好甲型 H1N1 流感病例与不明原因肺炎等疾病的鉴别诊断，指导重症、危重症的治疗。

3.4.2 重大疫情对口支援的典型实践

（1）新冠肺炎疫情对口支援政策

2019 年 12 月底，在湖北武汉出现了新型传播病毒，并在 2020 年 1 月出现了大规模暴发。由于正值春运，病毒迅速向全国各地传播。据武汉市委宣传部消息称，在 12 月 30 日武汉市卫健委收到相关诊断报告并下发《关于做好不明原因肺炎救治工作的紧急通知》后，31 日上午国家卫健委专家组便抵达武汉，并展开相关检测核实工作。到 2020 年 1 月 4 日，便已出现了 41 名确诊患者，并追踪到 121 名密切接触者。 在 1 月 11 日出现了首例死亡病例。 1 月 17 日，新增确诊病例 17 人。 至此，COVID-19 确诊感染者开始增加。 到 1 月 22 日，湖北累计确诊患者已达 444 人，且有 17 人死亡。 1 月 23 日，武汉市宣布"封城"。 到 1 月 24 日，湖北各地开始出现确诊病例。 截至 1 月 25 日，湖北确诊人数突破千人，并在全国各地出现了确诊情况，疫情开始迅速扩散，确诊数量开始快速增长，全国进入了一级响应状态。 在 1 月 28 日全国集中医疗人员驰援武汉但疫情未能及时得到控制，且湖北各地市出现复杂多元的疫情后，国务院在 2 月 7 日宣布建立"一省包一市"对口支援机制。

2020 年 2 月 7 日"一省包一市"政策宣布之后，2 月 10 日又进一步对对口支援结对关系进行了修改。 最终的对口支援结对名单如下：

重庆、黑龙江——孝感

山东、湖南——黄冈

江西——随州

广东、海南——荆州

辽宁、宁夏——襄阳

江苏——黄石

福建——宜昌

内蒙古、浙江——荆门

山西——仙桃、天门、潜江

贵州——鄂州

云南——咸宁

广西——十堰

天津——恩施

河北——神农架林区

这份调整后的对口支援结对安排较之 2 月 7 日宣布的名单更具针对性和科学性，支援省份由 16 个上升为 19 个。 据相关报道，对口支援省市中有部分在对口支援关系确立前就已经展开了相应的自发性支援，如江西在 2 月 6 日已派 135 人的医疗队支援湖北随州市，宁夏于 1 月 28 日已派首批医疗队

135 人支援湖北襄阳市，内蒙古首批医疗队于 1 月 28 日前往湖北荆门市支援，贵州省于 1 月 27 日派出了首批医疗队 137 人支援湖北鄂州市，等等。

（2）各地对口支援政策响应情况

在对口支援关系确立后，各支援方纷纷积极响应号召。这次重大疫情对口支援主要是开展特殊医疗人员、医疗物资等援助。但除了医疗支援外，其他的物资支援亦是同步响应了起来。

①各地医疗支援情况

2020 年 2 月 11 日、12 日两天时间，各对口支援省区市纷纷派出百余人医疗队前往受援地进行医疗支援。截至 2020 年 2 月 26 日，重庆市共派出 560 余名医护人员、黑龙江省共派出 316 名医护人员支援湖北省孝感市的病人救治工作；湖南省累计派出 1333 名医疗人员、山东省累计派出医务人员 1500 余人支援湖北省黄冈市；江西省累计派出 9 批医疗队共计 1221 人支援湖北省随州市；海南省共派出专业医护人员 273 人、广东省共派出 6 批次 566 人支援湖北省荆州市；辽宁省先后派出专业医护人员 416 人、宁夏回族自治区共派出216 人支援湖北省襄阳市；江苏省共派出专业医护人员 341 人支援湖北省黄石市；福建省对口支援湖北省宜昌市 274 名专业医护人员；浙江省共派出 164 名专业医护人员、内蒙古自治区派出 159 名医护人员支援湖北省荆门市；山西省共派出专业医护人员 700 余人分别支援湖北的仙桃、天门、潜江 3 个县级市；贵州省对口支援湖北省鄂州市医疗队已有 859 人；云南省先后派出医疗队 498 人支援湖北省咸宁市；广西壮族自治区支援湖北省十堰市共计 345 名医护人员；天津市共派出 122 人（包括 5 名呼吸科和病毒学专家）支援湖北省恩施州；河北省先后派出 20 余名检测医疗队支援湖北神农架林区（做病毒检测）。

为了使支援队伍快速有效地投入病区开展工作，采用了整建制接管院区的方式。前去支援的医疗队不仅有呼吸科、心肺科、病毒科等有着抗击"非典"经验的专业医生和护士，还带着个人防护装备以及支援地所急需的医疗设备。由于支援地与受援地的医疗系统此前大多并无交流往来，为避免出现管理混乱以及稳定支援医疗队"军心"，具体的工作衔接采用了支援医疗队成建制地去接管一个指定院区的方式。

②物资支援情况

除了专业医疗队的支援外，各支援方还慷慨地运输了大批生活物资前往受援地区。 由于COVID-19具有超强的传播性与易感人性以及致死性，我国在没有有效治疗药物、没有有效治疗办法的情况下，实施了全国范围的居家隔离，以减少人群流动来最大限度地控制病毒的传播扩散。 因此，作为重灾区的湖北各地在实施"闭门闭户"的居家隔离后，人们的基本生活物资供应便出现了一定困难。 为避免广大人民群众在居家隔离期间，因为缺少生活物资而产生不必要的恐慌，经地方政府根据对口支援关系进行协同合作，受援地区为支援地区开启绿色通道，支援地区组织运输了大批生活物资。 如黑龙江的3000吨大米、山东的2000多吨新鲜蔬菜水果、内蒙古的100多吨马铃薯、辽宁的100多吨大白菜、吉林的8吨人参、四川的50余吨儿菜和折耳根、贵州的12吨"老干妈"香辣菜以及200吨蔬菜、广东的90吨藕、海南的11车蔬菜等。 在支援医疗人员、医疗器械的同时，也相应地解决了疫情重灾区的居民居家隔离期间的基本生活物资供应问题。

3.4.3　重大疫情对口支援的政策效果

到2020年3月底，各地支援医疗队历经50多天的艰苦奋战，完成了抗击疫情的任务陆续返乡。 "一省包一市"的重大疫情对口支援政策是在援疆、援藏、汶川地震灾后重建等对口支援政策的经验基础上，针对突如其来的疫情制定的应对政策。 根据疫情期间相关媒体的报道，对口支援政策的实施对于湖北疫情防控以及民心的稳定有着显著效果。

①增强了民族情感和国家归属感

疫情期间各民族、各地区人民自发的民间互动彰显中华民族在灾难时的大团结。 疫情暴发后在民间引起了一定的恐慌，特别是疫情严重地区，人民群众对自己生命健康的担忧与日俱增，仅从各地区口罩一夜之间被抢购一空便可以体现出来。 虽然突如其来的疫情打破了人们的生活节奏，甚至人们被关在家里不准出门，但人们的团结友爱精神也在这样的特殊时期得到了淋漓尽致的展现。 各地区人民通过微博、微信公众号等社交平台纷纷隔空为湖北人民加油打气，在相关报道的评论区相互鼓励，还有将各地特色美食拟人化的鼓励漫画；结对关系省区市人民群众自发组织向湖北受援地捐赠蔬菜水果等生活物资，甚至将家中多余的口罩等防护物资纷纷慷慨支援给湖北各地。在民间自发的线上线下互动中，强烈的民族情感以及民族团结精神充分体现了出来。

对口支援政策在激发了全国同胞强烈的民族情感的同时，也增强了全国人民对祖国的认可和归属感。当疫情在全球大暴发期间，中华同胞通过各种途径了解到国外其他国家应对疫情的措施，甚至有部分外媒直言称"像中国那样组织其他同样存在疫情的省份去援助湖北这样的政府行为在我们看来是不可思议的，在我们国家也是很难存在的"，国内网民对于"此生无悔入华夏，来世还做中国人"的呼声充斥在微博、微信等媒体平台各种疫情报道的评论区中。而在国外的华人华侨，当他们所在国家疫情暴发后，纷纷向我国驻外大使馆申请回国。即使回国机票在这特殊时间已达 10 多万元一张的天价，也瞬间被抢买一空。民族自豪感以及国家归属感在这特殊时期得以明显增强。

②医疗支援 "生力军"力量得到快速投入

在支援医护上岗方面，做到了切实的高效。据湖北各受援地市官方日报的相关追踪报道，各地的支援医疗队在抵达目的地后，由于成建制接管一个指定院区的方式省却了许多管理上的烦琐环节，基本在第二天甚至当天下午各支援医护人员便投入岗位当中，所携带的医疗物资，如呼吸机等也在抵达的第二天就投入病人救护当中。通过对各地医疗队抵达后一个月的病情治疗数据进行分析，发现仅第二周便体现出较为明显的干预效果，一个月后各地区的疫情得到有效控制，并使防控风险处于稳步下降状态。这说明了对口支援政策对于湖北各地市疫情防控起到了重要的积极作用。

③疫情防控效果显著

病死率与新增治愈人数的数据变化情况能够较为直观地体现湖北各地市的疫情防控效果。根据湖北省卫健委的数据统计，2020 年 2 月 10 日，湖北除武汉市外，天门、潜江、鄂州市、荆门市四地病死率高于 3%，最高病死率为3.83%；仅咸宁市、黄石市与十堰市病死率低于 1%，最低病死率为0.2%。除武汉市外新增治愈人数为 256。各地支援医疗队抵达后，2 月 13

日，湖北除武汉市外新增治愈人数为320，而病死率在各地的变化不明显。 2月25日，即支援医疗队到达两周后，根据湖北省卫健委统计数据，除武汉市以外其他地市的病死率均低于1.7%，新增治愈人数达725。 到3月1日，实现了全省14个市州无新增病例，9个市连续多日无新增死亡病例，病死率除武汉外均低于0.5%。 3月12日后，除武汉市以外其他地市均未出现死亡病例。 自各地对口支援医疗队到达目的地31天后，在历时一个月的医疗支援干预下，湖北省取得了除武汉市以外地区零病死率的卓越成绩，疫情防控的效果是显著的。

3.4.4　重大疫情对口支援存在的不足

在COVID-19疫情"阻击战"中，我国无疑取得了举世瞩目的胜利，"一省包一市"对口支援政策在这场"阻击战"中起到了坚定人民"抗疫"决心、防止疫情在国内全面扩散的重要作用。 但由于疫情的突发性与特殊性，也存在着一些不足。

（1）一线医护人员后勤保障工作落实不到位

据媒体对支援医护人员的相关报道，医护人员在医院艰难"抗疫"的同时，所处的生活条件也是极为艰苦的。 在医护人员的生活保障方面，仅考虑了共性的饮食与住宿，对于性别差异的特殊需求没有考虑到位，如女性医护人员的卫生需求等。 在饮食方面，许多一线医护人员吃着当地餐饮店自发为医护人员提供的免费盒饭，医护人员的"元宵饭"仅仅是一些泡面与小面包等。 对于穿防护服的医护人员来说，连最基本的生理需求都难以得到满足。这反映了在前来支援的医护人员的生活保障方面存在着一定的不足。

除了防疫工作期间医护人员的后勤保障工作有所不足外，支援任务结束返乡后在医护补助金发放上也存在一些问题。 如，陕西省安康市某支援医院领导的抗疫补助金明显高于一线医护人员；江西某医院克扣了医护人员的抗疫补助金；甘肃省兰州市某医院要求一线医护人员退还发放的抗疫补助金，等等。 还有的地方出现了一线医护人员的抗疫补贴远低于行政人员的补贴，抗疫补贴按照行政等级发放的现象。 这些现象的背后反映了对口支援政策在给予支援医护人员相应的保障方面存在不足。

（2）一线医护人员长时间处于超负荷工作状态

疫情期间医护人员工作强度的表现主要包括工作压力和心理压力。 据相关媒体报道，在工作压力方面，所有的一线医护人员均保持着长时间高强度作业，每日大都需要上班至少 4 小时，甚至连续 8 小时不间断工作，连喝水上卫生间的空隙都没有。 问卷调查结果显示，医护人员每天的平均工作时间长于 8 小时，近 40％的医护人员连续工作了一个月没有休息。 在心理压力方面，一线医护人员面临着极大的感染风险，每日受到患者的痛苦和死亡等众多负面情绪影响。 问卷调查结果显示，60％以上的医护人员睡眠质量受到较大影响，甚至有 34.37％的医护人员出现了中度以上的睡眠障碍。 虽然国务院于 2020 年 2 月 11 日在《关于改善一线医务人员工作条件 切实关心医务人员身心健康的若干措施》中明确指出，"要保障医务人员的充足睡眠和饮食，满足医务人员单间休息的条件"，但仍有相关报道表明存在医务人员在过道席地而眠的情况。

（3）对口支援关系建立缺乏配套制度规范

地方政府在经济建设等政府合作方面有着较多的联动机制，但在医疗系统方面较为缺乏。 对口支援关系的建立实际上发布了两次，第二次才最终建立。 2020 年 2 月 7 日，国家卫健委发布了一份对口支援的结对名单，3 天后又重新公布了一份对口支援结对名单，在第二份名单中增加了 3 个支援省，且结对关系也做出了一些合理性的调整。 对口支援政策内容简单，只是绑定了相应的结对关系，指出支援省市能做多细就做多细，给予了支援省市极大的自主权，但是也反映出在某些方面需要改进，如支援医护配比、支援省市与受援省市的责任与义务、一线医护的补助抚慰规定等。

3.4.5 优化重大疫情对口支援政策的建议

（1）完善重大疫情对口支援后勤保障制度

健全的后勤保障制度能够让一线"抗疫"人员免除后顾之忧，更加全身心地投入防疫工作。 对于一线"抗疫"的医护人员来说，他们既是战士，也是普通人。 重大疫情支援不同于其他支援，工作人员顶着巨大的健康风险以及心理压力从事着"抗疫"工作。 后勤保障工作应做到：为"抗疫"医护人员设立专门的后勤线，确保优先满足一线医护人员基本的营养、休息等生理需求；细化一线医护人员的后勤物资供应，区分男女不同的物资需求；一线医护人员的"抗疫"补助应做到专款专用，区分一线医护人员与后勤和行政人员的补助机制。 为一线医护人员提供充分的后勤保障，不仅是满足他们正常的需求，还能较大地鼓舞士气。

（2）改善一线医护人员的人力资源配置方案

在医疗对口支援政策的干预下，一线医护人员依然普遍存在超负荷工作情况，暴露了在医院抗疫的一线医护人员配比上存在一定的不足。 根据各省卫健委数据，各援鄂医疗队的医护比为 1：2.5，而一些发达国家的医护比则达到了 1：4 以上。 疫情期间每日所要面对的患者远大于平时，再加上穿防护服等要比平时花费更多的时间。 这种人员配置方案使得一线医护人员在工作时生理上所必需的饮水、上厕所情况存在一定困难，且所有投入的医护人员都在超负荷工作。 因此，进一步改善人力资源配置势在必行。

（3）建立健全全国性卫生系统重大疫情应急联动机制

建立全国性卫生系统的应急联动机制，可使面对重大疫情时各地方医疗系统做到"有制可依"，及时反应。 从疫情暴发到政策出台，我国依然是靠着"摸索经验"的方式，全国卫生系统没有一套对应的应急处理机制。 对口支援政策虽及时有效地起到了一定的作用，但过程中也出现了不少问题。 像卫生部门这样的特殊部门，有着承担人民群众生命健康风险的责任，在突发性卫生事件发生时，每节约一分钟决策时间就会挽救许多生命。

此次疫情援助是一场特殊的对口支援行动。 它在暴露我国一些地市医疗条件匮乏的同时，也反映了我国医疗资源的不平衡发展事实。 借助此次对口支援行动，将两地的医疗系统形成一个联动机制，甚至在全国范围内建立起医疗系统的联动机制，这无疑会让我国在下一次应对类似重大公共卫生事件时，能够快速而高效地推出应急处理办法，从而使人民群众的生命健康得到更坚固的保障。 因此，以此次 COVID-19 疫情为案例模板，建立一套全国性卫生部门的紧急预案是很有必要的。

（4）设立重大疫情支援物资临时处理机构

全国各地在建立卫生系统的疫情联动机制的同时，还应建立一套成立临时支援物资处理机构的同步应急预案。 支援物资的妥善处理是对"抗疫前线"最好的支持。 在重大疫情期间，支援物资作为最重要的后勤保障，对稳定灾区民心有着重大的作用，有利于疫情防控工作的良好开展。 若支援物资处理不当，在互联网如此发达的当下，极易引起谣言，使当地乃至全国民众对政府的防疫工作产生怀疑。 这不仅会打击政府的公信力，甚至会造成民众恐慌。 考虑到重大疫情并非每年都有，甚至百年一遇，而支援物资的处理具有特殊时期的特殊性，物资处理机构应是一个临时性机构。 虽是临时机构，却是在重大疫情期间才启动的特殊机构，有着应急预案的类似效果。

在重大疫情的特殊时期，当地所有的支援物资统一由一个专门机构处理，可使得支援物资在专门处理机构的协调下能够有效地投入防疫工作中。虽然各地有红十字会这样的公益组织可以承担接收支援物资的职责，但其没有物资分配与发放的职能。 这也是疫情期间，湖北红十字会备受争议的主要原因之一。 "收"与"发"的职能不在同一个机构，在特殊时期难免会存在决策不及时的情况，导致支援物资不能及时投入防疫工作中。 而为此专门设立的临时机构，可同时拥有"收"与"发"的职能，由该机构统一部署，能够在一定程度上提高特殊时期的行政效率。

4 对口支援的重点领域

对口支援的领域涉及方方面面，比如教育、医疗卫生、科技、产业、就业等。 其中，既有相关中央部委和国企按照中央统一部署开展的，也有地方政府在府际对口支援中开展的。 本章选择教育对口支援、医疗对口支援和科技对口支援三个重点领域进行专题探讨。

4.1 教育对口支援

如何开展教育对口支援，将发达地区的师资力量、教学设备以及教育经验等引至欠发达地区，提高欠发达地区的教育水平，是中国教育现代化的一个重要议题，也是实现教育强国的必经之路。 中华人民共和国成立以来，国家有关部门出台了一系列帮助西部地区发展教育的政策和措施，取得了较为丰硕的成果，西部地区办学水平、师资队伍、学科建设等方面都取得了较大进步。 但是，东西部高校之间的巨大差距依然存在。 在分析我国教育对口支援的概况基础上，本节以我国高等教育对口支援实践为例，讨论当前我国高等教育对口支援的运行机制，并以破解当前存在的问题为出发点，探索优化我国教育对口支援运行机制的路径，试图构建起新时代教育对口支援的长效运行机制。

4.1.1 教育对口支援的概念与类型

教育对口支援，就是指在国家和各级政府的统一领导下，组织经济文化发达地区对口扶持和帮助民族地区、经济欠发达地区的教育文化事业，促进当地教育发展的一种援助模式[①]，是我国现有正式教育制度安排之外实行的一种补充性教育制度[②]。 我国教育对口支援政策蕴含着教育机会均等的价值追求，它的实施有助于实现我国贫困地区人民的教育机会均等，是提高个人素质、实现自我发展和获得平等机会的重要前提和基础。 可以说，教育对口支援是一种大规模、大范围的中国教育扶贫新形式。 从支援的教育类别上看，主要有基础教育、高等教育以及职业教育三种类型；从具体的操作形式上看，主要有选择教师和教育管理人员到贫困地区任教、挂职，帮助贫困地区学校提高教育教学质量和管理水平，向受援学校无偿提供闲置的教学仪器、设备、教具、图书资料等，帮助改善办学条件等；从支援的模式上看，有全国的教育支援、东部发达省份对口支援西部教育和东西部高校对口支援、省（区）内的教育对口支援三种。 总之，教育对口支援制度突破了传统科层制的垂直性问题，促进了区域间教育的交流互动，为教育发达地区向欠发达地区提供经验与帮助开辟了合法渠道，是实现我国教育均衡发展的重要途径，对于促进当地经济社会发展，缩小地区差异意义重大。

本书将教育对口支援的主要类型归纳为基础教育对口支援、职业教育对口支援、高等教育对口支援三大类。 这一划分，也正好契合了从教育历史角度对于教育的划分。

（1）基础教育对口支援

基础教育是向每个人提供并为一切人所共有的最低限度的知识、观点、社会准则和经验的教育，是整个教育体系的基石。 我国从法律上多次提及了基础教育相关概念，2001 年国务院颁布的《关于基础教育改革与发展的决

---

① 宝乐日：《对口支援西部地区民族教育回顾与展望》，《内蒙古师范大学学报》（哲学社会科学版）2010 年第 1 期，第 126—130 页。

② 李延成：《对口支援：对帮助不发达地区发展教育的政策与制度安排》，《教育发展研究》2002 年第 10 期，第 16—20 页。

定》明确指出了基础教育的范围和功能。 学前教育、义务教育和高中教育都属于基础教育，基础教育为提高全民族的基本素质培养奠定基础，以通识教育为主，而非专业或专门人才培养的教育。 结合基础教育以及对口支援的概念，我们认为，基础教育对口支援是教育对口支援的重要内容，是发达地区对西部欠发达地区的学前、小学以及初高中学校进行援助，从而促进受援学校教育可持续发展的一种援助模式。 从援助的本质来看，基础教育对口支援就是支援方与受援方因为政策的强制性以及现实需求的迫切性而建立的具有针对性和实效性的开展帮扶或援助的稳定关系。 在实践中，这种关系主要体现为三大层面：一是宏观层面东西部地区间基础教育学校与有关部门之间的援助关系；二是中观层面西部等欠发达地区自有的基础教育学校之间建立起的结对帮扶关系；三是微观层面个人支援者对受援学校长期稳定的支教帮扶行为。

（2）职业教育对口支援

职业教育是指让受教育者获得某种职业或生产劳动所需要的职业知识、技能和职业道德的教育。 职业教育面向人人，以服务发展、促进就业为导向，是教育扶贫、扶志、扶智的主阵地。 因此，职业教育对口支援工作也是我国对口支援教育体系的重要组成部分。 2014年，习近平总书记就加快职业教育发展所做的重要指示中就明确指出了职业教育扶贫的重要性，要求加大对农村地区、民族地区、贫困地区职业教育的支持力度。 职业教育对口支援的主要目标是提升受援地职业教育的自我发展能力，不仅采用"输血式支援"，即从财力上加强受援各地职业教育基础设施建设，增强教学硬件的建设力度，还通过教师培训、干部交流、人才支援、远程互动等方式加强对各地职业教育人才的支持力度，培育优质的教学团队，共同开发教学共享资源，加大职业教育课程建设和人才队伍建设力度，通过造血式支援实现各地职业教育的自我发展。

（3）高等教育对口支援

高等教育是在完成中等教育的基础上进行的专业教育，是培养高级专业人才的社会活动。 高等教育学校，简称高校，是大学、专门学院和高等专科学校的统称。 它以实施高等教育为主要职能，招收中等学校毕业或同等学力或更高水平的人员及在职人员，可以分为普通高等学校和成人高等学校两类。 前者包括大学、独立设置的学院、高等专科学校和高等职业学校，后者包括广播电视大学、职工高等学校、农民高等学校、管理干部学院、教育学院、独立函授学院和普通高等学校举办的函授部学院等，类型繁多。 本章所提及的高等教育对口支援，也可理解为高校对口支援，主要指 2001 年《教育部关于实施"对口支援西部地区高等学校计划"的通知》，以及之后相关政策文件中提及的"对口支援西部地区高等学校"。 由此，结合"对口支援"概念，我们将"高校对口支援"定义为，由教育部启动，在支援高校和受援高校之间建立起一种稳定的伙伴关系，通过引进支援高校的物质与智力等方面的资源，促进受援高校发展的援助模式。

4.1.2　我国教育对口支援的政策演变

开展教育对口支援是由我国的基本国情以及面临的历史任务决定的。 基于我国幅员辽阔、人口众多、各地区间发展不平衡及差异性大等现实国情的复杂性以及西部大开发等先行先试的战略需要摸着石头过河的考虑，在制定政策时，一般很难充分考虑到各方面因素条件，拿出一揽子的政策方案，而只能采取渐进主义路线，随着社会环境的变化和实践经验的丰富，与时俱进地完善政策。 中华人民共和国成立以来，我国颁布了一系列与教育对口支援相关的政策文件，从政策内容与政策目标看，大致可以将其分为初始发展、快速发展、跨越发展、内生发展四大阶段。

（1）初始发展阶段：1949—1977 年

中华人民共和国成立后，党中央为缩小各民族间经济差距，解决区域发展和资源分布不平衡的问题，在"全国一盘棋"思想指导下，依靠计划经济体制对各种资源进行全国性调配，采取高度集中的帮扶方式，即发达地区援助少数民族地区或借助于国家拨款的措施，宏观调配全国区域间商品的流通和供求关系。 1949 年，《中国人民政治协商会议共同纲领》明确提出了"中华人民共和国境内各民族一律平等""人民政府应帮助各少数民族的人民大众发展其政治、经济、文化教育的建设事业"的民族教育工作方针，这拉开了中央协调下内地经济文化发达省市与少数民族地区之间教育对口支援和协作的序幕，从法律层面赋予其合法性。 在这一民族教育工作方针的指导下，国家有关部门对教育对口援助的一些具体内容与形式做出了规定，并不断地细化。 比如，1956 年教育部先后发布了《关于内地支援边疆地区小学师资问题的通知》和《关于抽调初中、师范教员和教育行政干部支援西藏的通知》，并在其中明确了部分省市要给予接邻的边疆省、自治区等外地师资的支持。 如，明确指出从北京、天津、河北等省市选派 27 名教师和辅导员， 长期支援西藏；并且指出要扩大一些中等师范学校的招生比例，培养一部分支援边疆省、自治区的师资。 随后，在党和国家对民族地区教育事业的重视和关怀下，1957 年，我国建立了民族地区第一所大学，即内蒙古大学。 它的筹建与招生是我国教育对口支援的重大成果，离不开当时北京大学、南开大学、复旦大学等 12 所国内著名的高等院校对其在师资力量、图书资料以及仪器设备等方面的支持。 1974 年 4 月 26 日，国务院批转了《关于内地支援西藏大、专、中师资问题意见的报告》，其中指出对西藏需求支援的师资，可以从国家机关选调干部，以及由支援西藏卫生工作的 6 个省市定区定校包干支援。

可以说，这一时期，国家有关部门以满足欠发达地区教育发展最基本需要为教育对口支援政策设计的出发点，颁布了许多关于教育对口支援的政策和措施，以援疆、援藏居多，教育对口支援双方的交流协作已经形成一定规模，拉开了教育对口支援西部民族地区的序幕。 但整体来说，此时的教育援助还存在总量少、视野窄、兜底性强的特点，援助的形式以师资、设备等直接输出为主，许多方面都处在探索期，对口支援概念也尚未被正式提出。

（2）快速发展阶段：1978—1999 年

1978 年，十一届三中全会重启了实事求是的思想路线，开启了改革开放的序幕，对口支援西部地区教育工作的支持力度不断加大，政策的数量不断增加。 1979 年，国家召开了边防工作会议，明确"组织内地发达省、市实行对口支援边境地区和少数民族地区"，标志着我国对口支援正式启动。 结成相互支援小组，专门制定计划，开展物资、技术支援协作，对口支援工作形式得到了不断丰富， 逐渐形成了多层次的支援形式，极大地推动了教育对口支

援事业的发展。 据统计，这一时期有关民族地区教育对口支援相关文件达 29
份①。 除了基础教育，高等教育尤其是医学和艺术教育支援也开始得到重
视，比如 1981 年关于"民族艺术教育"与 1983 年关于"培养少数民族高级医
学人才"等援助政策。 职业教育更是成为对口支援政策的一大特色，在教育
脱贫中发挥了重要作用，比如 1992 年《关于加强少数民族与民族地区职业技
术教育工作的意见》提到了在脱贫致富过程中加强教育的服务功能；1998 年
更进一步提出要"加强职业教育与科技、经济的结合"。 此外，在教育对口
支援形式方面，政策体现的仍然是以师资建设与经验交流为主，比如 1979
年，在新疆召开的少数民族地区医学教育工作会议提出了"关于内地省市对
口支援少数民族地区发展医学教育的试行方案"，明确了部分省市之间的对
口支援关系，并要求全国支援西藏；在此基础上，规定了内地省市高等医学院
校每年给对口支援的少数民族地区一定数量的少数民族学生招生名额，各对
口支援单位互派技术专家、教师、领导干部，相互交换有关资料、医书、教
材、标本、模型、教学设备等具体措施。 1980 年《教育部关于在部分全国重
点高等学校试办少数民族班的通知》也提出，希望通过"选派中学骨干教师"
"培训西藏现有教师和教育行政管理人员"等措施支援民族地区师资建设等。

当然，随着社会经济环境的变化，这一时期的教育对口支援也出现了新
的特色，内地省市掀起了支援贫困县教育工作的热潮，我国贫困县出现了一
批由对口市、县援建的学校，加强了高等院校之间的横向联系和少数民族地
区人才培养。 比如，1993 年国家教委印发的《关于对全国 143 个少数民族贫
困县实施教育扶贫的意见》，确定了河北、北京、江苏、辽宁、山东等省市对
口支援 143 个少数民族贫困县。 这些对口支援工作政策的颁布和实施，强有
力地推动了西部欠发达地区人才培养和教育事业的发展。 总的来看，这一时
期的教育对口支援政策仍然依靠行政力量展开，鼓励支持社会力量参与的非
常少，在 1992 年《关于加强少数民族与民族地区职业技术教育工作的意见》
中曾提过一次，为了加强农科教结合要"依靠社会各方面的力量"。

---

① 李祥:《民族地区教育对口支援政策七十年回顾与展望——基于政策要素与政策工
具的二维分析》,《西南民族大学学报》(人文社会科学版)2020 年第 2 期,第 72—80 页。

（3）跨越发展阶段：2000—2009 年

21 世纪初，国家西部大开发战略实施， 标志着我国对口支援政策上升到了国家战略高度，进入了一个跨越发展的阶段。 这一时期， 教育部特别加强了对西部民族地区高等院校的支援协作工作，在总结前期支援经验的基础上，结合当地实际情况开启了新一轮的教育对口支援。 具体而言，2000 年《关于推动东西部地区学校教育对口支援工作的通知》以及《关于东西部学校对口支援工作的指导意见》，开启并推动了本轮对西部民族地区教育对口支援的相关工作，随后，北京、上海、天津等 12 个城市先后开办了内地新疆高中班等；2001 年 5 月教育部颁布了《关于实施"对口支援西部地区高等学校计划"的通知》并于 6 月启动；2006 年又颁发了《教育部关于进一步深入开展对口支援西部地区高等学校工作的意见》，对教育对口支援工作进行了更为详细的说明，并创新地指出教育对口支援应建立长效机制，以实现教育对口支援工作长期稳定健康的发展①。 从教育对口支援成效而言，自 2001 年实施该计划以来，截至 2006 年，对口支援计划中的受援高校已达 28 所， 覆盖西部全部 12 个地区，支援高校 38 所，来自全国 12 个地区。 通过对口支援，受援高校的办学质量明显提高， 学科建设和师资队伍建设持续进步， 管理能力和国际交流能力不断提高。

观察这一时期的政策，可以发现，我国教育对口支援的主要层级开始由中央兜底转为地方政府积极发挥作用，东西部及中西部大中城市学校开始发挥更加重要的支援主体作用，社会力量也逐渐发展壮大，并参与到教育对口支援工作中来。 可以说，这一时期，在教育对口支援工作中，中央与地方、东部与西部之间的权责结构关系进一步厘清，参与主体多元化趋势开始显现。

（4）内生发展阶段：2010 年至今

2010 年开始，我国教育对口支援步入了一个新阶段，总体上形成了一个以政策为支撑、以支援与受援高校为主体、以科学管理和长效机制为保障的

---

① 解群：《我国高校对口支援政策失真现象、成因及其纠正》，《教育发展研究》2012 年第 21 期，第 16—21 页。

教育对口支援体系，参与对口支援的主体更加多元，援助双方更加注重合作共赢。 可以说，师资建设仍然是对口支援的重点，不过支援的形式越来越灵活多样，教育对口支援更加关注受援方自身教育的发展。 具体而言，2010年，教育部印发了《关于进一步推进对口支援西部地区高等学校工作的意见》，明确提出对口支援工作要从注重促进受援高校自身发展，转移到增强受援高校服务区域经济社会发展的能力上来。 2015 年，《国务院关于加快发展民族教育的决定》更是提出了"激发民族地区内生潜力"。 2017 年，教育部办公厅颁布了《职业教育东西协作行动计划滇西实施方案（2017—2020年）》，更加注意滇西的实际情况，这都体现了国家政策对于民族地区教育事业的发展具有指导意义，教育的政策支持趋向精准。[①]此外，自 2011 年，教育部启动实施了"对口支援高校申请定向培养博士研究生硕士研究生单独招生计划"，加大对西部高校师资力量的培养以来，一些政策文件均创新了师资支援的形式。 比如，2012 年、2014 年、2015 年、2017 年、2018 年均实施了教师专项计划，主题上聚焦在"组团式"智力援藏、乡村教师支持计划、万名教师支教西藏、新时代教师队伍建设改革等等。 社会力量参与教育对口支援是该阶段的一个突出特色，比如 2013 年的"扶贫志愿者行动计划"和"产教结合、校企合作"，2014 年的"联合招生、合作办学"，2015 年的"职业教育集团办学"以及 2018 年发挥社会组织在教育扶贫中的作用，等等，社会力量参与教育对口支援引来了发展高峰。

总体来说，这一阶段中央机关和地方政府仍是推进教育对口支援的主力，东西部地区的重点大学、职业院校则在其中继续扮演着重要角色，各种社会力量也更加积极地参与到民族地区教育对口支援中，形成了政府主导、社会组织和受益群体共同参与的教育对口合作共同体。 共同体中主体间发挥着相互促进、优势互补的积极作用，支受双方的合作范围和形式不断拓展，逐步向制度性安排转变，支援关系以制度形式得到有力巩固。 另外，国家从促进西部地区现代化建设大局出发，把服务当地经济社会发展作为核心目标，兼

---

① 李祥、刘莉:《民族地区职业教育政策四十年:历程回顾与趋势展望》,《江苏广播电视大学学报》2018 年第 3 期,第 11—16 页。

顾输血和造血功能。

纵观我国教育对口支援政策70多年变迁，可以发现我国教育对口支援政策处于不断变化发展之中，总体上与我国社会生态环境的变化发展是相一致的，在不同的历史阶段呈现出不同的时代特点和演进特征。首先，在初始发展阶段，由于当时中华人民共和国刚成立，一方面，我国社会整体发展水平还比较低，物资比较匮乏；另一方面，国家需要维护社会稳定，尤其是西部少数民族地区，因此，国家只有通过也只能通过中央来主导教育对口支援，支出由中央财政负担，因此教育对口支援呈现出单一化、纯"输血式支援"的特点。经历了中华人民共和国成立时期的政权巩固与社会发展后，我国在十一届三中全会上重启了实事求是的思想，改革开放战略被提出。相应地，面对教育的重要作用以及西部地区教育落后的现状，党和国家加大了教育对口支援的力度。这一时期政策数量多、内容广，但在支援动力上国家行政主导特征仍然十分显著，支援形式上仍然是以派出师资、赠出设备以及经验交流为主。这一时期密集型的政策文件使得我国西部欠发达地区的教育事业有了快速的发展，援助方由中央扩大到了内地省市，一大批对口受援的高校得到了快速发展。改革开放政策并没有缩小，甚至是扩大了原有东西部区域发展差异，因此为了实现各民族平等的价值追求，2000年国家开始实施西部大开发战略，教育对口支援正式以文件的形式被确定下来。教育对口支援在坚持以师资队伍建设为核心的基础上，拓宽了支援的范围以及形式，并且依据前两个阶段存在的支援周期性问题，提出了教育对口支援应建立长效机制的建议，并且社会力量在政策的影响下逐渐参与到对口支援中来，对口支援政策与机制渐趋科学。2010年，鉴于一些教育对口支援存在水土不服以及难以存续的问题，教育部提出了对口支援要更加注重受援方自身能力建设的问题，我国的教育对口支援呈现出新的面貌，实现了从输血式到造血式，从中央兜底到全国省市县参与，从行政主导到行政、市场、社会力量共同参与的转变。总体感受我国教育对口支援的发展，可以发现其政策演变遵循了强制性变迁逐渐向诱致型变迁转变的逻辑，其现实发展与我国对口支援战略的发展以及市场经济的完善、社会力量的崛起同步同调。

4.1.3　我国教育对口支援研究的理论进路

教育对口支援是多层次、复杂化的研究，围绕教育对口支援这一主题，已有研究从教育学、经济学、管理学等多学科视角，从宏观动因、微观主体、社会关系网络等多维视角探讨对口支援政策运行情况、影响效应以及优化路径，为研究教育对口支援奠定了理论基础。笔者认为，我国教育对口支援研究主要集中在教育对口支援基础概念研究、制度研究、成效研究以及机制研究等四大方面。

（1）教育对口支援基础概念研究

对教育对口支援定义、主体等基本概念的解读是研究的前提，许多学者对此给出了自己的观点。首先，在教育对口支援定义方面，李延成提出教育对口援助是通过把发达地区的教育资源和智力资源引入落后地区，从而促进落后地区教育发展的一种援助模式。① 宝乐日提出，教育对口援助是对口援助的一项重要内容，是党和国家帮助扶持西部地区发展民族教育的重要政策。② 解群等从政策导向出发，指出教育对口支援的实质就是让东部省份从大局利益出发，克服困难依靠自身资源条件支援相对落后的西部。③ 其次，在教育对口支援主体方面，唐德海、梁文明等人总结了东西部教育对口支援和西部边境省区内教育对口支援工程实施所取得的成效及其所积累的经验，并就影响工程可持续发展实施的若干因素提出了有针对性的应对策略，而且对教育对口支援理论进行了有价值的探索，构建了教育对口支援主体多元化等理念。④ 此外，部分学者对教育对口支援的发展方向进行了预测，认为从

---

① 李延成：《对口支援：对帮助不发达地区发展教育的政策与制度安排》，《教育发展研究》2002 年第 10 期，第 16—20 页。

② 宝乐日：《对口支援西部地区民族教育回顾与展望》，《内蒙古师范大学学报》（哲学社会科学版）2010 年第 1 期，第 126—130 页。

③ 解群、房剑森、石芳华：《走向"合作"：东西部高校对口"支援"政策透视》，《教育发展研究》2012 年第 1 期，第 13—17 页。

④ 唐德海、梁文明、阎金童：《东部—西部边境地区教育对口支援发展研究》，广西师范大学出版社 2006 年版。

对口支援转向对口合作①、对口协作②是大势所趋；也有学者指出，随着信息化时代的到来，传统教育对口支援模式存在成本过高、方式落后、沟通不畅、效益不佳等弊端，信息化教育对口支援将是一种全新的教育扶贫模式，我们应从扶贫事业的战略高度加大投入，扶持专业服务机构，建立技术含量较高的远程教育网络和高效的运行机制，完善信息化教育对口支援体系。③

（2）教育对口支援制度研究

教育对口支援制度层面的研究，主要集中在教育对口支援政策演变研究以及法制化研究两大类。在教育对口支援政策演变方面，主要采用历史阶段异质分析法，区分不同社会环境下政策的特点，并进行阶段的划分。其中，宝乐日早在2010年就回顾了对口支援西部地区民族教育工作的历史，将其分为初创、迅速发展以及飞跃发展三大阶段，并对对口支援教育工作的成效进行了分析，做出了展望。④ 李祥选取了中华人民共和国成立70周年来民族地区教育对口支援的相关政策为研究样本，认为其演变可以划分为兜底、追赶、跨越、内生四大阶段，在演进过程中呈现出政策主体多元化、政策工具差异化、运行机制内生化等特征，但也暴露出其政策主体责权边界不明、政策工具运用失衡等问题，并提出了相应的建议。⑤

（3）教育对口支援成效研究

教育对口支援成效研究主要包括绩效评估和困境分析两大部分。教育对口支援绩效评估在对口支援的研究中是一个颇具争议的话题。当前该类研究大都采用了定性研究的方法，定量研究的运用还比较少。例如，高大海、王成端等以"激励为主，引导为先"的指导思想以及"模糊评价，突出特色"的

---

① 于永利：《对口支援向对口合作的演进研究》，复旦大学2014年硕士学位论文。

② 周晓丽、马晓东：《协作治理模式：从"对口支援"到"协作发展"》，《南京社会科学》2012年第9期，第67—73页。

③ 郑刚、汤晨：《信息化环境中创新教育对口支援模式探析》，《西北民族大学学报》（哲学社会科学版）2013年第6期，第180—184页。

④ 宝乐日：《对口支援西部地区民族教育回顾与展望》，《内蒙古师范大学学报》（哲学社会科学版）2010年第1期，第126—130页。

⑤ 李祥：《民族地区教育对口支援政策七十年回顾与展望——基于政策要素与政策工具的二维分析》，《西南民族大学学报》（人文社会科学版）2020年第2期，第72—80页。

评价原则，构建起了由 3 个一级指标、14 个二级指标及相应的观测项目构成的，比较现实、可操作的一套评价指标主体框架。[①] 杨富指出，在高等教育对口支援工作趋于常态化的趋势下，建立科学有效的绩效评价体系是保障对口支援西部高校工作有效和谐运行的关键。 高等教育对口支援工作绩效评价体系应以 5 年（一轮对口支援时间）为时间段，从师资队伍水平、人才培养质量、科研服务能力和学校管理水平等四个方面筛选评价要素和评价指标，按重点本科高校、普通本科高校、专科院校三个层次构建评价体系，保障高等教育对口支援工作的高效运行。[②] 与教育对口支援绩效评估相对应的就是当前教育对口支援存在的困境，许多学者对此进行了研究，归纳起来大致有法律法规不完善、激励制度欠缺、支援主体单一、监督机制不完善等。 总体来说，已有关于教育对口支援成效研究的方法较为简单，内容上也大都是以个别地区为例，关于全国现状概括的较少。

（4）教育对口支援机制研究

教育对口支援机制是教育对口支援成功落地的关键，也是教育对口支援研究不可或缺的内容，当前已有较多的研究从教育对口支援运行机制、协作机制、法制化、互动机制、管理体制机制、激励约束机制等方面展开了一定的研究。 其中，在对口支援运行机制的研究中，部分学者对对口援助实施前、实施中、实施后所涉及的推动、监管、保障的管理机制、激励机制、绩效考核与监督机制、目标机制、动力机制、约束机制等运行机制做出了相关阐述。例如，毕国堂探讨了从目标、动力和监督三个方面构建教育对口支援运行机制[③]；梁文明对广东与广西教育对口支援工程的运作方式和管理方式进行研究，提出教育对口支援运行机制的构建包括目标机制、动力机制和约束机

①　高大海、王成端、朱强:《高等教育对口支援绩效评价的指标设计研究》,《世界教育信息》2010 年第 12 期,第 33—35 页。

②　杨富:《高等教育对口支援工作绩效评价体系构建研究》,《西藏教育》2013 年第 11 期,第 25—27 页。

③　毕国堂:《关于构建高等教育对口支援长效运行机制的研究》,《科技信息》2009 年第 4 期,第 383—386 页。

制；①郑刚则提出通过创新工作体制、完善激励措施、优化资源配置、健全评估监督体系等举措，创设良好的政策环境，构建起对口支援工作的长效机制。② 在对口支援的协作机制研究方面，部分学者提出要从对口支援向对口协作转变。 如周晓丽、马晓东提出，对口支援必须实现向协作发展的转变，并提出对口支援由政治动员向制度激励转变、实现支援目标和项目既定性向协商对接机制的转变、培养对口支援双方的信任资本、建构协作领导等有效协作机制。③ 教育对口支援机制是教育对口支援的关键方面，要提升教育对口支援的质量和效益，需要从多层次、多主体和多方面等角度系统地构建和完善教育对口支援机制。 因此研究教育对口支援机制非常重要。

（5）教育对口支援实践经验研究

一些学者通过观察我国教育对口支援的实践，提出了一些典型的对口支援模式，主要有基础型支援、协作型支援、组团式支援等。 其中，杨立昌和杨跃鸣等人通过对台江县民族中学组团帮扶的案例研究，提出了发挥党组织统领优势、优化组团帮扶机制、植入优秀文化和先进管理理念、深化学校改革释放活力、激发师生斗志、培养本土优秀管理教师队伍、做好后勤保障的"组团式植入"教育对口支援新机制和新模式④。 张晨结合上海对口支援喀什"七步法"的实际案例，指出各地在推进职业教育东西协作、对口支援等工作中，应该重视需求与供给相结合、工作与当地实际相结合、软件与硬件建设相结合、远近结合等四大原则，从而提高协作和援建工作的有效性。⑤ 杨富基于教育对口支援实践的丰富和发展、工作的长期性、理论研究的深入，提出了

① 梁文明：《广东—广西教育对口支援运行机制研究》，广西师范大学 2003 年硕士学位论文。

② 郑刚：《建立教育对口支援长效机制的政策分析》，《中国教育学刊》2012 年第 7 期，第 17—20 页。

③ 周晓丽、马晓东：《协作治理模式：从"对口支援"到"协作发展"》，《南京社会科学》2012 年第 9 期，第 67—73 页。

④ 杨立昌、杨跃鸣、曹薇：《后脱贫时代教育对口支援机制创新研究——基于"组团式植入"帮扶案例分析》，《凯里学院学报》2020 年第 2 期，第 86—93 页。

⑤ 张晨：《"职业教育东西部扶贫协作"中的问题与实践研究——以上海对口支援喀什地区为例》，《教育发展研究》2018 年第 7 期，第 46—51 页。

"高等教育对口支援"的概念，并在深入研究基础上构建了作用机制模型，提出深化内涵和意义的认识、强化保障措施、突出受援高校核心能力培育、加强长效机制和理论研究等建议。[1]总体来说，与丰富的教育对口支援实践相比，关于实践的总结与归纳的研究还较少。

4.1.4 我国教育对口支援的现实图景与优化路径

由于教育对口支援较为复杂，在此我们以沪疆教育对口支援为例来展开探讨，希望从案例研究中找到具有普遍意义的东西。

（1）教育对口支援的主要措施

全国支援新疆，是党中央、国务院的一项重要举措，对于促进新疆的社会稳定、经济发展和社会事业的发展具有重要意义。1996年10月，中央组织部和国家人事部下达为新疆选派干部的任务后，上海市援藏援疆工作领导小组通过市委组织部、市人事局专门设立了选派援藏援疆干部办公室。2010年5月17日，第一次中央新疆工作座谈会的召开，吹响了中央和国家机关、中央企业及19省市开展对口支援新疆的号角。第二次中央新疆工作座谈会则具体提出了要将教育援疆作为重中之重。上海市积极响应两次会议精神，充分发挥科教大省的优势，截至2019年6月底，已经派出9批教育对口援疆队伍，在新疆喀什地区开展对口教育支援，重点对巴楚、莎车、泽普、叶城4县以及喀什市部分学校进行帮扶。通过援疆的教师和干部的不断努力，东部的优秀教育资源源源不断地深入西部并提高了受援地的教师水平，由此造就一批带不走的教师队伍，丰富了当地办学内涵，形成"组团式"教育援疆的上海模式。具体而言，上海市教育对口援疆的经验可以归纳为以下几点。

一是坚持加大力度和注重内涵相结合，持续改善教育基础设施条件。注重对接需求，加快职业高中、普通高中、双语学校的建设速度，有针对性地加强双语幼儿园建设力度。注重强化功能，在开展基本建设时加强规划、明确定位、拓展功能，项目交付使用后积极协助做好后续运行工作，充分发挥项目

---

① 杨富：《高等教育对口支援概念与机制研究》，《黑龙江教育（高教研究与评估）》2018年第4版，第61—65页。

建设的最大功能和效用。 "十二五"期间，上海对口支援喀什地区教育项目约 80 个，安排教育资金接近 16 亿元，约占上海援疆资金总数的 18%，大力支持教育设施建设和教学设备添置。

二是坚持队伍建设与人才培养相结合，着力提升教育自我发展后劲。 强化教师培训培养，"十二五"期间，上海选派优秀援疆教师超过 120 人，由上海支持开展的各类培训项目覆盖人数达到 8000 人以上，在提升当地学校学生培养质量、师资队伍建设、学科建设、学术交流合作等方面发挥了积极作用。组织两地学校干部开展双向互派挂职、两地教师开展带教活动，每年召开研讨会，增进双方交流。 加强人才培养力度，进一步提高新疆定向学生培养质量，帮助喀什地区培养各类急需人才。 引入职业教育专家、行业专家、企业技术与管理骨干、德育专家等组建联盟专家库，共同开发和建立高效的就业渠道。

三是坚持创新机制与搭建平台相结合，不断深化教育帮扶合作。 进一步探索教育共建共管机制，选派校长及管理团队对口管理一所中小学校，提升学校管理水平、教师队伍教学能力、教育教学质量，进一步发挥学校共建共管合作模式的示范、引领、辐射作用。 不断完善职业教育与产业发展对接机制，充分发挥沪疆两地职教联盟作用，紧密对接喀什产业发展的需求，建立服装、燃气、机电三个专业分会，实现优质教育资源和先进教育经验广泛共享。依托喀什师范学校建设喀什地区双语教学研究中心，主要承担上海市对口支援喀什地区的莎车、泽普、叶城及巴楚 4 县少数民族中小学教师双语强化培训工作。 积极推进"千校手拉手示范校"工作，上海 5 个区 30 所中小学与喀什 4 县 58 所中小学已建立了结对关系。

四是坚持政府引导与社会参与相结合，积极凝聚各方力量。 完成多部校本教材的开发，启动开发新疆"三史"教育校本教材研究，在 180 多所小学1000 多个班级推广双语教育动漫教程，提高了学生学习汉语的兴趣和效率，惠及 4 万多名学生。 借助"喀交会"、上海少年儿童国际艺术节、职业技能大赛等平台，鼓励两地学生交流才艺、切磋技艺，加强各民族文化共享互动。动员各类企事业单位、基金会、慈善机构、爱心人士、志愿者等各方力量，设立奖学金、奖教金等，面向喀什 4 县各级各类教育提供帮助，形成上海市教育援疆工作新合力。

总体来说，上海立足对口支援"七省二十地州"框架，与对口地州签署基础教育互助成长协议，通过教材及教学方法吸收、改革项目合作研发与实施、师资培训及专家咨询指导、专业人员和干部挂职学习、共建职教联盟等途径，不仅向对口地区辐射上海基础教育和职业教育教改新举措、新经验，也为对口地区培养一支"带不走的队伍"。上海9批援疆教师经过多年的对口援建工作，形成了比较全面、系统、成熟、可复制的高校援建思路和做法，有效地推动了新疆喀什地区的教育发展，强化了师资队伍建设，加强了教育教学管理，提升了教育教学质量，探索出了组团式、规模化、引智援的特色高校援疆之路。

（2）教育对口支援存在的主要问题

教育对口支援是由中央人民政府和支援省市以及教育主管部门，用行政手段制定援建计划并组织实施的。这种以政府为主导，通过政治动员、行政指令、任务分配的方式启动和实施的政策模式，在短期内有助于快速集中多种资源，调动多方力量开展工作，在教育对口支援中取得了良好的效果。但是，随着对口支援的深入推进，这种运行模式的弊端也逐步显现出来。

①缺少必要的法律保障

政治动员不管是作为引发革命的杠杆，还是作为一种社会治理工具，在中国社会都发挥了效用。①教育对口支援工作是一项政策性强、涉及面广、影响持久的重要任务，是我国行政体制内生的上下级命令服从式行为决策与执行模式的现实运行，形式上主要是基于政治动员运用行政调控手段强制在东部高校与西部高校之间建立的对口支援关系，实质是一种非常态下国家交给支援高校的政治任务。②由于对口支援并不是基于高校之间内在需要产生的，政治动员在其中扮演了一个非常重要的角色，但是政治动员产生的是暂时性的影响，而对口支援需要的是长期的动力，因此需要从法律层面将教育

---

① 周晓丽、马晓东：《协作治理模式：从"对口支援"到"协作发展"》，《南京社会科学》2012年第9期，第67—73页。

② 付娟：《我国高校"对口支援"政策：成效、问题与优化策略》，《浙江师范大学学报》（社会科学版）2018年第2期，第101—106页。

对口支援变成一种责任义务。 目前，我国启动支持对口支援的法律依据是以
《民族区域自治法》为主导，包括国家有关部门和地方政府颁行的法律法规、
政策性文件等。 然而，这些法律、法规和政策性文件都没有明确界定支援方
和受援方应当履行的义务和享有的权利。[①] 此外，涉及教育对口支援的行政
部门较多。 从纵向看，既有中央人民政府，又有支援方与受援方政府；从横
向看，既有教育系统，又有民族系统，还有组织系统。 各部门为了推进对口
支援工作，往往从工作的角度出发，纷纷出台相应的法规或政策，导致"政出
多门"的现象，既缺乏协调性，又导致各项法规或政策之间不同程度地存在着
矛盾和冲突。

②社会力量参与不够

教育对口支援是在没有固定专项经费的情况下，通过行政指令、政治动
员的方式启动和实施的。 据了解，除了教育部、财政部及各省级政府划拨的
部分资金外，教育对口支援经费主要来自支援方，尤其是承担具体援建任务
的支援学校，他们不仅要从紧张的办学经费中抽出部分资金，而且还要抽调
教师、管理人员开展对口支援工作。[②] 长期下去，支援方的工作动力可能会
因利益失衡而受到影响，容易产生"帮扶疲劳症"。 由于受计划经济模式的
影响，在对口支援过程中重视政府作用、忽视市场机制，没能通过适当的财政
税收政策予以鼓励和引导，让社会资源充分参与到对口援疆的事业中来。 另
外，援疆资源配置不合理，对口支援的精准度不够。 一方面，上海援疆项目
的经费和物资一般都是交由受援单位或者学校自由支配，很多学校会将这部
分资金投入电教、校舍等能够让社会看到，短期内能有显著成果的硬件设施
上；另一方面，上海援疆周期是3年，援疆干部在考虑援助方案时，往往也是
以提供周期短、见效快的项目为主，这样容易导致援建项目的针对性不强，教
育资源配置效率低下。

---

① 郑刚、吴小伟：《教育对口支援法治化现状与路径选择》，《当代教育论坛》2013年第4
期，第14—18页。

② 郑刚：《完善教育对口支援政策模式的构想》，《中国民族教育》2015年第12期，第
49—50页。

③缺乏科学有效的评估监督机制

科学有效的评估体系和监督机制是对口支援工作可持续协调发展的保障。目前，我国大多数教育援疆经费和物资等援助资源的使用还缺乏规范化的监管与反馈机制。援疆项目的援助经费和教学物资等不是交由主管教育援疆工作的部门调配和管理，而是直接交由受援单位或学校，由他们自由支配，支援方不能及时掌握援疆经费和物资的使用情况，无法统计使用效率，影响了下一步援助方案的制定。为使援助发挥最大效用，规范经费和物资使用，保障中央支持新疆经济社会发展政策落到实处，上海、喀什两地有关部门跨越地域，加强协作配合，共同建立起"两地三方"①援疆监督保障工作机制，有力地推动了援疆工作廉洁、高效、规范运行。这是创新对口支援监督机制的一种有益探索。但是，由于联席会成员都有自己的本职工作，工作精力、时间有限，加之这种程序性的报告周期很短，对于大型援建项目的监督影响并不大。在评估和监督机制不健全的情况下，支援、受援双方在开展工作时随意性较大，使得原本紧张的教育资源使用率不高，甚至可能造成极大的浪费。

（3）教育对口支援的优化路径

①建立教育对口支援工作的法律机制

建立健全教育对口援疆工作的法律机制是完善对口援疆工作体制机制建设的基础，在全面贯彻落实教育对口援疆举措、科学规范援疆工作运行、保障援疆工作顺利开展等方面发挥着基础性作用。鉴于教育对口援疆工作的长期性、复杂性和艰巨性，必须充分发挥法律的强制性、稳定性、公信力和权威性，确保援疆工作有法可依，保障对口援疆政策实施的连贯性、科学性和规范性。一方面，国家应该在修订《中华人民共和国民族区域自治法》《中华人民共和国教育法》等法律时，增加更多明确细化的相关法律条款，明确对口支援在国家战略层面上的重要地位，把对口支援从政治任务转变为法律义务。②

---

① 《上海、喀什构建"两地三方"援疆监督保障工作机制》，清廉网，http://www.qinglianwang.cn/6/20003.html。

② 代小菊：《民族贫困地区教育对口支援政策研究》，《中国成人教育》2010年第12期，第47—48页。

另一方面，立法机关要制定专门的援疆工作法律或者各种国家规章制度来确保援疆工作的规范运行。[①] 应在法律中明确规定援疆工作的目标、期限、具体任务和实施程序；明确援建双方各自的职责和权利义务；规范援疆资源的来源、管理和使用办法；明确奖励补偿制度、责任追究制度和绩效评估制度；制定引导、促进和规范非公有制企业参与援疆工作的优惠措施等，为援疆工作创造良好的法制环境，为援建双方的行为提供科学的指导。 相关执法部门也要做到执法必严、违法必究，针对援疆工作中出现的违法行为要高度重视、严肃处理，切实维护法律的权威。

②健全教育对口支援工作的财政补偿机制

对口支援政策的实施是以各支援省市人力、物力、财力、智力的单边付出为实质内容的。[②] 援疆工作虽然能提升援建方的美誉度和知名度，但是在市场经济条件下，使援建方完全处于经济负收益的行为是不理性的，也是难以持久的。[③] 因此，要健全教育对口援疆工作的补偿机制，适当弥补援建方的利益损失。 首先，建立中央与地方的财政补偿机制。 中央财政要考虑不同援建省市收益和支出成本差异，通过提高均衡性转移支付系数等方式，逐步增加对援建省市的转移支付；建立补偿资金投入机制，落实中央对援建省市的专项补助经费，加大对援建省市的支持力度；完善对口援疆工作补偿标准体系，科学量化补偿标准，以对新疆区域发展的贡献值为基础，根据各援建省市的收支差，分别制定不同层级的补偿标准；鼓励新疆和援建省市借助对口协作、产业转移、项目互助、人才联合培养等方式建立横向补偿关系。 其次，充分发挥市场机制下合作共赢对援建方的积极补偿作用。 按照资源共享、优势互补、项目共担的原则，加强政府与企业的合作，借助市场规律整合援建省市和新疆在"一带一路"经济带背景下与沿线国家相关的可带动的优势资源，带动非公有制企业，实施合作办学推进计划、留学教育计划、人才联合培养推

---

① 顾华详：《国家对口援疆制度与机制设计研究》，《湖南财政经济学院学报》2015 年第 2 期，第 18—33 页。

② 郑刚：《完善教育对口支援政策模式的构想》，《中国民族教育》2015 年第 12 期，第 49—50 页。

③ 解群：《中国高校对口支援政策分析》，华东师范大学 2012 年博士学位论文。

进计划、师资培训推进计划等，合力打造优势教育产业、产学研相结合的研究中心等，通过教育产业获得一定的经济收益，弥补援建省市的收支差。 最后，多渠道加大对援疆干部的补偿力度。 健全边远地区附加津贴制度和干部生活补偿福利制度，借助节日慰问、休假探亲、住房补贴、子女中高考优先录取、为配偶提供工作岗位等制度加大对援疆人才的补偿照顾力度。

③创新教育对口支援工作的激励机制

激励机制是激发援建双方积极性，提升政策执行效率，促进援疆工作长效开展的强大动力源。 针对当前对口援疆工作中政策运行机制僵化、缺乏竞争和活力等弊端，需要建立创新性的激励机制来充分调动援建双方的积极性、主动性和创造性，形成推动对口援疆工作深入持续开展的强劲动力。 一方面，要创新对援建省市的激励机制。 针对援建省市，中央要设立推动对口援疆工作的专项奖励资金和专项地方补助资金，并完善援疆成效与资金分配挂钩的激励约束机制，从税收、经费划拨、项目申报、学校发展等方面加大对援建省市的经济激励力度。 同时，要定期召开全国对口援疆动员大会、表彰大会、总结大会等，对先进的援疆省市予以嘉奖，并借助媒体宣传表彰先进援疆省市，加大精神激励力度。 另一方面，要创新援疆人才队伍的激励机制。要综合运用政治激励、精神激励、物质激励等多种激励手段，发挥正向激励的长效作用，充分调动援疆省市和干部的工作积极性，提高援疆工作效率。

④完善教育对口援疆工作的评估监督机制

政策评估监督能够有效地监督和反馈政策执行过程，是提高政策运行质量和效益的有力保障。 目前对口援疆工作中，由于评估监督机制的不完善，政策实施的随意性、盲目性、功利性较强，政策资源的浪费等现象时有发生。因此，要建立健全对口援疆的评估监督机制，突出绩效导向，加强监督。 一要确立公正严格的评估价值取向，拓宽评估主体，将内部评估和外部评估有效地结合。 目前对口援疆工作的评估主体主要是政府，这样容易造成评估的主观性和封闭性，降低评估的科学性。 因此，需要构建多元的评估主体，让包括个人、团体、组织等在内的利益相关者参与援疆工作评估。 二要扩大评估监督的范围，全面、系统、全程地覆盖援疆工作全过程和全体工作人员。三要建立科学完善、明确具体的评估标准。 可采用定性与定量相结合的方法来系统地设立援建方对援建地教育发展贡献状况的评估框架，并结合不同援建方的角色定位和援建重点来设计分类指导的评估内容，合理设计各个评估指标的权重和分值。 四要出台有关对口援建绩效评估的政策文件，确定评估周期、评估标准、评估方法、评估内容、评估主体、评估结果运用、责任追究等，保证评估工作的科学化、规范化和制度化。 借助完善的援疆工作评估监督机制来督促援建双方更加科学合理地制定援疆项目、公正透明地使用援疆资源、深入严格地执行援疆政策，切实提高对口援疆的工作实效。

4.1.5 新时代我国教育对口支援新趋势

近年来，我国的教育对口支援工作呈现出以下发展趋势。

（1）精准化：以问题和需求为导向深化教育对口支援

党的十八大以来，我国党中央高度重视对口支援工作，将扶贫开发放在了国家治理的突出位置，取得了阶段性成果。 在 2013 年 11 月，习总书记提出了"精准扶贫"的重要思想，由此，精准扶贫成为全面建成小康社会决胜阶段的重大任务和指导我国扶贫工作的重要方针。 经过多年的对口支援实践，各地政府不断加大对中国西部和西南山区等贫困落后地区教育的投入，贫困地区的教育水平得到了显著提高，当地的社会经济发展水平也不断增强，然而脱贫工作随着时间的推移和社会的发展难度越来越大，见效越来越慢，对于一些深度贫困地区必须突破常规的思维办法，针对问题与需求，更加精准地提供帮扶。 对于教育对口支援来说，必须创新对口支援的内容与形式，依据受援地的实际情况，开展特色扶贫工作。 教育是提高个人技能与素养的关键路径，对于实施精准扶贫具有十分重要的意义。 对此必须要引起重视，一方面，从宏观层面来看，必须明确职业教育精准扶贫的定位，在创新精准扶贫的模式下，在开展对口支援前，对当地的社会经济环境进行调查，了解当地的特殊产业、企业的需求等，从而设立相应的专业，引进先进的技术，培养当地发展需要的人才，以更好地开展教育的精准扶贫工作；借助政府的导向作用，利用自身制定的激励机制以及政府政策吸引企业积极参与，保证教育精准扶贫的实现。 另一方面，从微观层面看，在开展教育对口支援的时候，要以需求为导向，在开展对口支援前，展开受援地教师需求摸底调查，包括了解所需支援的教师数量、教师所在学段和任教学科等，尽可能实现供需精准匹配；在对口支援过程中，要细化受援地教师培训的细则，进一步明确培训内容、方式、具体考核办法等，精准提升受援地教师发展水平。 总之，在教育对口支援、精准扶贫工作进入中后期时，需要更加精细地找出问题与需求，实现精准化对口支援。

（2）本土化：以特色与实用为导向培育技能人才

随着我国教育对口支援进入内生发展阶段，受援方自身教育能力的发展成为关注的重点。 从以往东部地区支援西部地区的教育实践来看，支援方的一些经验到了受援地区时还存在水土不服的现象，比如一些技能课程设置与当地的企业用人需求并不匹配。 对口支援是一个系统的工程，教育、医疗、经济、科技等需要协同推进，因此结合产业对口支援的背景，重点关注产业发展需求的人才，并依此开展职业教育是一种积极的手段。 职业教育面向人人，以服务发展、促进就业为导向，着眼于长远发展，目的主要是让贫困的人获得一技之长，为以后的生存打下基础，不仅具有本土性特征，同时还具有永久性、输血式特征，是教育扶贫、扶志、扶智的主阵地。 在开展职业教育的过程中，需要更加注重职业教育的实用性与技能性。 比如，内地中职班，对于它的支援需要根据学校教育资源与教学特色，因地制宜地开展本土化、特色化的实习实训，切实加强内地中职班学生的职业技能和就业竞争力，让内地中职班学生成为发展家乡经济的技术骨干，为当地培养一批留得住的人才，激活受援高校自身发展的潜力。

（3）多元化：以社会力量参与为导向鼓励优质民办教育参与

从我国教育对口支援的政策演变来看，对口支援的主体在制度上已经呈现出由单一转向多元的特点，社会力量参与对口支援的政治与社会空间越来越大，然而出于种种原因，在我国现有的教育对口支援实践中，社会力量参与教育对口支援发展还不成熟。 党的十九大报告明确指出，要动员全党全国全社会力量，坚持精准扶贫、精准脱贫，要求坚持大扶贫格局，注重扶贫同扶志、扶智相结合，深入实施东西部扶贫协作，解决区域性整体贫困，做到脱真贫、真脱贫。 2020 年 4 月，教育部办公厅发布《关于进一步组织动员民办教育机构积极参与教育脱贫攻坚战的通知》，提出"实施结对帮扶行动计划，支持各民办教育机构面向未摘帽 52 个贫困县开展脱贫攻坚结对帮扶活动"。通过对口援助的桥梁纽带作用，联系优质民办教育资源开展帮扶共建，带动贫困地区特色项目开展和教育教学质量提升，缩小教育差距，是教育扶贫的应有之义。此外，在高校教育对口支援方面，除了支援、受援高校双方以外，还可以引入第三方机构，建立"支援高校—受援高校—第三方机构"的合作模式。具体而言，支援高校结合受援高校的特色和优势，积极牵线搭桥，将与本校合作的高校、科研院所、企事业单位、海外资源、校友资源等引荐给受援高校，实现资源共享。受援高校结合支援高校的兴趣和优势，积极促成支援高校、受援高校与当地企业、政府、海外高校的合作。

（4）信息化：以互联网技术为工具创新教育对口支援形式

教育对口支援主要是东部发达省份对西部贫困地区的支援，出于地域等原因，往来的过程中往往存在成本过高、方式落后、沟通不畅、效益不佳等弊端，要消耗不少直接和间接成本。在信息化时代，以电子计算机和网络技术为主要标志的教育信息化，不仅架起了贫困地区分享发达地区教育资源的有效通道，而且还创造了信息化教育扶贫这一全新的对口支援模式。[①] 如果能在教育对口支援上推广信息化教育，必然能节约大量成本，使双方的沟通更加全面、高效、便捷。2020 年，由于新冠肺炎疫情的暴发，线上教学、远程教育已经得到全国性推广。教育对口支援可以乘着这股东风，把丰富的数字资源分享给学员，让更多的优质教育资源延伸到贫困的乡村，实现师资培训和职业技能培训的远距离传播，提高贫困地区的教育发展水平。未来，我们应从扶贫事业的战略高度加大投入，扶持专业服务机构，建立技术含量较高的远程教育网络和高效的运行机制，完善信息化教育对口支援体系，从而构建起信息化教育对口支援的全新教育扶贫模式，促进教育资源的共享和教育机会的扩大，为贫困地区经济发展提供丰富的人力支撑，提高对口支援的整体成效。

---

① 郑刚、汤晨：《信息化环境中创新教育对口支援模式探析》，《西北民族大学学报》（哲学社会科学版）2013 年第 6 期，第 180—184 页。

4.2　医疗对口支援

医疗对口支援，与教育对口支援一样，始终是对口支援的重点领域。 最近几年，医疗对口支援的概念逐渐被卫生健康对口支援的概念代替，但其本质并没有发生变化。 所以，我们依然采用医疗对口支援的说法。

4.2.1　医疗对口支援的背景

我国经济发展不平衡，医疗资源分布不均的问题长期存在。 近年来，医院规模不断扩张，就诊人数逐年增加，许多医院的体量越来越大，其影响力也不断扩大。 2014 年，复旦大学医院管理研究所调查了全国综合排名前 100 的医院，发现：省会城市的医院占 95％以上，东部地区的医院占 78％，其中北京、上海、广州 3 座城市就占了 52％。[①] 医院发展水平不均衡的同时也产生了资源分配不均衡的问题。 国家高度关注边疆少数民族地区医疗保健问题，将医疗保健对口支援视为我国医疗改革的重要工程。 这是缓解卫生人力资源不均衡和区域发展不平衡的一项重要举措，体现了社会主义国家共同发展的卓越性。

1983 年，卫生部和国家民族事务委员会在制定的《关于经济发达省市对口支援边远少数民族地区卫生事业建设的实施方案》中，明确要求培养少数民族地区医疗、卫生、教学、科研和医技等各种专业技术人员，逐步扩大技术骨干队伍，从而使其成为少数民族地区的医疗和卫生工作骨干；帮助发展新技术，解决技术疑难，尽快改善这些地区的医疗和卫生技术状况，提高专业卫生技术水平，提高科学管理水平。

贫困地区县级医院的服务能力是影响健康扶贫效果的关键因素，提高县级医院的服务能力，让贫穷人口生大病的时候不需要离开县城，在当地就可

[①]　井鑫、张莉、张喆：《医疗对口支援的问题及应对策略》，《中国医院院长》2016 年第 13 期，第 70—71 页。

以满足其医疗需求。 唯有如此，才能有效地减轻贫穷人口医疗成本，减少贫困人口因病返贫的问题。 我国先后开展了"万名医生支农工程"，由各省对口支持东、西部地区医院，并群体性援助新疆和西藏，这些举措在深度贫穷地区的医疗服务能力提高方面取得良好成果。 近几年来，党中央和国务院发布了精准扶贫、健康扶贫等相关文件，并提出了进一步要求，使全国三级医院和贫困地区的县级医疗机构也建立了对口扶贫关系，提高贫困地区县级医院医疗服务的能力。 目前，医疗对口支持政策基本上实现了县级以上医疗院所的全面覆盖。

4.2.2 医疗对口支援的形式与做法

医疗对口支援的形式繁多，其中最常用的是医联体模式。 建设医疗联合体是推动医疗保健供给侧结构性改革的一条重要路径。 公立医院面向社会大众，承担着为群众服务以及为群众提供更高质量健康保障的重要任务。 近几年，国内公立医院一直响应国家推进扶贫发展的号召，积极参与医联体的建设。 这种以顶级医院为主导的县级和乡镇医院的发展，有利于推进分级医疗落地、资源转移和进一步下沉。 医联体的组织形式分为紧密型、半紧密型、松散型三种。 与这三种形式相对应，根据合作范围不同，医联体的具体表现形式包括医院托管、区域医疗合作、远程医疗平台等等。 紧密型医联体是指联合体内医疗机构由核心医院直接举办或者通过购买、兼并等多种形式由联合体直接经营管理。[1] 医联体内所有医疗机构的人、财、物实行统筹管理，在核心医院和其他各层次医院、基层社区卫生服务中心之间，形成利益共同体和责任共同体，以实现优质医疗资源的合理流动。[2] 半紧密型医联体是指在联合体内部医疗机构资产所属关系不变的前提下，医联体核心医院与各医疗机构签订经营管理合同，负责医联体内所有医疗机构的运营管理。 松散型医联体模式较为普遍，它是指联合体内核心医院与其他医疗机构无经营管理

---

① 方鹏骞、林振威、陈诗亮：《医联体联动模式及其核心医院改革前后综合效益分析——以武汉市为例》，《中国医院》2014 年第 7 期，第 14—16 页。

② 裴炯华：《紧密型医联体经验分享》，《医药经济报》2013 年第 2 期，第 1—2 页。

上的联系，仅仅采取合作联营的模式，在技术、设备、人才培训等方面共享资源，共同发展。 这种医联体的作用主要是核心医院向下级医院提供专家和技术支持，实现联盟内的信息互认、转诊等，但在人员调配、利益分配等方面相对独立。①

目前，我国将卫生工作重点放在农村，农村卫生工作一直处于薄弱的环节，由于中国医疗资源比较分散，农村地区医疗资源较少，居民面临看病难的问题。 近几年来，我国开展了城乡医院的对口支持工作，以增加农村医疗资源，缓解乡村居民就诊难的情况。 医院对口支持工作以城市大型医院的医疗资源为主，扶持农村及贫困地区各类医院。 近几年来，我国城乡医院的对口支援工作逐渐达到高潮，但各医院具体的做法各不相同。 对于市级以上的医院而言，县级医院是其扶持的具体对象，扶持的主要理念是以技术支援为主，以设备援助为辅；采用的主要方法包括定点扶持、邀请进修、专人指导等；具体实施计划包括长短期相结合的辅导，利用合同的签订来对双方医院的扶持任务、时间、方式进行具体明确，确保援助计划能够正常实施；具体方法有选派大医院医务人员在基层医院中进行技术支持，与基层医院合作进行有关医学研究，邀请基层医院的相关医疗人员去大医院进修，组织大医院的医疗队伍定期巡回救助，等等。 市级医院对口支持乡镇卫生院的具体做法，主要是派出资历较高、具有医疗经验的各科主治医生和住院医生，分析每个乡镇卫生院需要的具体医疗资源，进行对口支援。 具体包括门诊病人的诊治、住院病人的管理、对病人的辅助检查、对医生的辅助检查；行医带教，定期举行专题学术演讲，就乡镇卫生院的情况提出合理、有效的管理意见。

除此之外，从时间跨度开看，一般来说，对口支援有长期援助和短期援助。 长期援助注重学科建设、疾病预防和治疗能力的培养以及长期的合作网络建设。 短期援助主要通过集中救治一批病人、捐赠硬件设施设备等方式来提高当地医院的医疗水平。

---

① 方鹏骞、林振威、陈诗亮：《医联体联动模式及其核心医院改革前后综合效益分析——以武汉市为例》，《中国医院》2014 年第 7 期，第 14—16 页。

4.2.3 医疗对口支援的发展进程

（1）初始阶段（1949—1978年）

1958年，中央批转了卫生部党组《关于动员城市医疗力量和医药卫生院校师生支援工矿、农村卫生工作的报告》，大力支持工农业的生产建设。1959年，卫生部发布了《加强人民公社卫生工作的几点意见》，这一意见有利于农村卫生工作的发展与进步。1965年1月，毛泽东主席批准卫生部《关于组织城市高级医务人员下农村和为农村培养医生问题的报告》，要求高级医生下乡，培养当地医生。

1965年，中央批转了卫生部《关于城市组织巡回医疗队下农村配合社会主义教育运动防病治病工作报告》。同年，卫生部发布了《组织巡回医疗队有关问题的通知》和《关于认真做好城市组织巡回医疗队下农村工作的通知》。1965年9月，中央批转卫生部党组《关于把卫生工作重点放到农村的报告》，要求抽调城市医疗人员对农村进行长期驻守、巡回医疗，要求常保持1/3的城市医疗卫生技术人员和行政人员在农村。在这个过程中，部分城市医院和基层医院之间自发形成了现代城乡医院的对口支持雏形，取得了良好的成效。

（2）建立阶段（1979—2012年）

自党的十一届三中全会以来，农村家庭联产承包责任制为农村发展带来新的机遇，中共中央要求农村各部门为农民和农业的发展提供相应的服务。

在此背景下，1983年卫生部下发《关于组织城市医疗卫生机构支援农村卫生事业建设若干问题的意见》，鼓励医务人员到农村推进农村卫生事业的发展。1991年，国务院批转了卫生部等部门的《关于改革和加强农村医疗卫生工作请示》，指出由于各种原因，农村医疗卫生事业受到削弱，要求各县、乡、村三级医疗卫生机构建立逐级技术指导关系，形成一个系统的技术指导网。1991年9月，卫生部发布了《关于进一步加强城市医院支援农村卫生事业建设的意见》，要求当地卫生行政部门统筹规划所辖地区内的卫生事业工作，建立、完善及固定技术合作与逐级指导关系，逐步形成双向转诊制度。

1997年，卫生部发布了《关于开展卫生下乡支农活动的通知》，首次明确规定二、三级医院应确定对口支持对象，5 年不变，使对口支持关系更加稳定。 1997 年和 2002 年，中共中央、国务院两次以文件形式明确提出要建立城市卫生机构对口支持农村制度，要求城市卫生技术人员在晋升主治医师和副主任医师之前，必须分别到农村累计服务 1 年。 这一规定激励了城市卫生技术人员去农村进行服务，使得对口支持不断走向制度化。 2003 年，卫生部与解放军总后勤部、财务部、农业部等部门联合发布了《关于城市卫生支援农村卫生工作的意见》，使支援单位与受援部门之间签署协议，确定支援部门与受援部门的对口关系，并明确支援部门的目标、任务、方式、时间、权利和责任，使支援部门的任务更加清楚。

2005 年，卫生部、财政部、国家中医药管理局联手启动"万人医师援农村卫生项目"，由中央财政支持，组织中西部地区中高级医务人员到县医院和乡镇卫生院进行医疗卫生服务和技术培训。 随后，中央财政又对国家医疗队的巡回医疗项目、县医院的骨干教师培训项目提供了资金支持，城乡医院的对口支持已被纳入我国重大社会建设工作计划。

2006 年，党的十六届六中全会表决通过了《中共中央关于建设社会主义和谐社会的若干重大问题的决定》，明确提出了加强城乡对口医疗和卫生服务资源的统筹整合，并明确提出了加快建立对口卫生支持医疗制度的具体建议。 对口政策支持救助泛指本国的一个地方向本国经济发展实力弱的某方或一方国家提供援助，其对口政策支持行为主要包括自然灾难应急救助、经济困难救助、医疗困难救助、教育助学救助等。

2009 年，卫生部、财务部、国家中医药管理局共同下发《城乡医院对口支援管理办法（试行）》，使对口支援的管理"有章可循"；中共中央、国务院《关于深化医药卫生体制改革的意见》提出，城市大医院要与县级医院建立长期稳定的对口支援和合作制度。 同年，国家出台了《城乡医院对口支援工作管理办法》，提出了对口支援的具体实施办法，对口支援成为新医改的一项重要任务。

（3）巩固与发展阶段（2013 年至今）

国务院办公厅在《深化医药卫生体制改革 2013 年主要工作安排》中明确指出，建立健全城市医院对口支援县级医院的长期合作帮扶机制，这些机制对于新时代医疗卫生事业的改革具有重要的指导作用，有利于城乡医院的对口支援工作打开新局面。 2013 年，国家卫生与计划生育委员会的成立，有利于发挥大中型城市医院的优势，进一步促进基本医疗服务的均等化，实现医疗资源平衡化的目标。

2014 年，国务院再次在指导意见中提出，需要加强对县乡基层医院的帮助，通过提高基层医院的医疗水平，给老百姓带来更好的医疗服务。 区域对口支持主要面向较为贫困的地区，如西藏、新疆、甘肃、青海。 医疗保障政策通常与区域对口支持的总体政策相结合，如援疆政策对医学技术、人才、装备等领域的支持。 目前，我国有多家医院成立了援藏医疗队，这是各级医院对区域对口支持政策积极回应的结果。

此外，国家卫生计生委还先后下发了《深化城乡医院对口支援工作方案（2013—2015 年）》《关于进一步深化城乡医院对口支援工作的意见》《关于印发全面提升县级医院综合能力工作方案的通知》《城市三级医院对口支援县医院考核指标体系》等一系列文件，并提出了相应的目标：力争到 2020年，建立起一定的城乡医院对口支援格局，既包括多个层次也扩大覆盖面，使民众更方便地享受到优质的医疗服务。 目前，城乡医院对口支援工作进入新阶段，取得了一系列的成就。

4.2.4 医疗对口支援的现状与成效

医疗对口支援工作开展以来取得较大成就。 从健康扶贫来看，深度贫困地区和卫生健康服务都是需要重点加强的地方，而三级医院对口帮扶贫困县县级医院起到了很重要的作用，能够为当地提供平时不能享受的医疗服务。我国卫生健康对口支援工作采取的一系列积极措施，取得了较大的成就，民众的"看病难看病贵"的问题也得到了有效解决。 截至 2018 年底，我国三级医院已派出超过 6 万人次的医务人员参与贫困县县级医院管理和诊疗工作，门诊诊疗患者超过 3000 万人次，管理出院患者超过 300 万人次，住院手术超过 50 万台次。

(1)形成基本的城乡医院对口支援工作格局

党中央和国务院一直重视贫困地区的发展状况，医疗卫生工作是贫困地区薄弱的地方，且关系到民众的身体健康，所以医疗对口支援具有重要的意义。随着医疗对口支援工作的不断开展，形成了基本的对口支援工作格局。现阶段城乡医院对口支援工作格局可以用"两横、两纵、一结合"来概括，"两横"即"万名医师支援农村卫生工程项目"和原卫生部组织的"县级医院骨干医师培训项目"，"两纵"即"东西部地区医院对口支援"和"国家医疗队巡回医疗项目"，"一结合"即军地结合。①

（2）建立"一对一"帮扶关系

除了深入推进万名医师支援农村卫生工程、县级医院骨干医师培训项目等工作，2016 年以来，国家卫健委同国务院扶贫办等部门印发《加强三级医院对口帮扶贫困县县级医院工作方案的通知》和《关于调整部分地方三级医院对口帮扶贫困县县级医院对口关系的通知》，确定 963 家三级医院与 834 个贫困县的 1180 家县级医院建立"一对一"帮扶关系。近 10 年来，江苏省先后派出 68 家三级医院对口帮扶陕西省的市级医院和县级医院；浙江省先后派出 48 家医疗卫生机构来对口帮扶贵州的县级医院、疾控中心等。这不仅有利于群众看病，而且有利于医院的长远发展。除此之外，其他省市也积极参与和行动。截至 2018 年底，我国通过派驻人员的传、帮、带，帮助县医院新建临床专科 5900 个，开展新技术、新项目超过 3.8 万项，实现了国家级贫困县远程医疗全覆盖；超过 400 家贫困县医院成为二级甲等医院，30 余家贫困县医院达到三级医院医疗服务水平。②

（3）以"组团式"方式开展援疆援藏

自 2015 年起，国家卫健委与中组部联合印发《关于做好"组团式"援藏医疗人才选派工作有关事项的通知》。"组团式"援疆援藏是卫生方面援疆援藏工作的进一步深化，有利于发挥合力的作用，更好地助力新疆、西藏的卫生事业发展。到 2018 年底，全国三级医院已派出 2 批共 315 名专家支援新疆8 所医院，累计诊疗患者 9.32 万人，手术 1.08 万台次，实施新项目近 500

---

① 焦雅辉、王斐：《深化城乡医院对口支援 提升县医院综合能力》，《中国医疗管理科学》2015 年第 1 期，第 5—10 页。

② 《我国卫生健康对口支援工作综述》，《光明日报》2019 年 2 月 15 日。

个，急危重症抢救成功率达90%；派出4批共699名专家支援西藏8所受援医院。 目前已有332种"大病"不出自治区、1914种"中病"不出地市、常见的"小病"在县域内就能得到及时治疗。

（4）积极探索建立分级诊疗制度

分级诊疗制度对于优质资源的下沉具有重要的意义，部分城乡医院也对此进行了积极探索，建立了适合本地情况的分级诊疗制度。 有的医院采用了托管、兼并的形式，还有的医院成立了医疗集团和医疗服务联合体。 这些举措对于优质资源的进一步下沉具有重要意义。

4.2.5　医疗对口支援存在的问题

随着医疗对口支援工作的不断开展，医疗对口支援正逐渐进入深水区，对口支援的工作目标也越来越具体，但是面临的挑战也越来越多。 对这些问题进行总结，有利于完善相关机制，促使医疗对口支援工作不断深入和持续开展。

（1）相关政策有待进一步落实

国家关心农村的医疗卫生工作，也鼓励通过医院开展医疗联合体，通过这种方式增强医疗机构的服务能力，但是实际效果却并不明显。 除此之外，国家还通过颁布相关的政策和项目工程来支援农村的卫生工作，如2005年实施的"万名医师支援农村卫生工程"、2016年发布的《"十三五"深化医药卫生体制改革规划》。 城市医院派遣医生去支援贫困地区和基层，但是政策的整体落实程度还是不够。 有研究发现，除支援西藏和新疆外，其他下乡政策没有落实。

（2）对口支援医院数量少

相比于北上广深的三级医院，一些经济不太发达地区的省三级医疗机构服务能力较低，但是省三级医疗机构也要对口帮扶省内贫困地区的县级医疗机构。 省三级医院的数量较少，而需要对口帮扶的贫困县医院较多，很难做到一一对应，自然会出现一个省三级医院负责几个贫困县医院的情况，这必然会导致省三级医疗机构的资金、人员的压力增大，资金、人员不足的问题凸现。 这些都亟待解决，否则必然会影响医疗对口支援工作的效率。 除此之外，对口支援的任务也比较重，承担对口支援任务的城市三级医院需要安排人事、宣传、教育等多个部门的人员承担相应任务，进一步加剧了城市三级医院人手不足的问题。 所以，需要采取有针对性的措施来减轻支援医院各方的压力。

（3）受援医院需求不明确

由于支援重点不明确，存在支援单位的资源不能很好地助力当地医疗水平提高的现象，从而导致了医疗资源的浪费。 由于对医疗对口支援工作的主要目的认识不清，支援医院和受援医院将增加基层医疗机构的经济利益作为支援的主要目的，没有考虑受援地区的具体需求。 而贫困地区面临的情况不同，加上自身的医疗服务能力不同，需求也不一样。 "调研发现，支援医院下派人员以主治医师为主，管理、质控人员少，受援医院也未能大胆任用派驻人员担任医院副院长或科室负责人等管理职务。 受援医院一般只有普外科、综合内科、妇产科、儿科等科室设置，而支援医院一般分科较细"[①]，如上海的支援医院医生的技术水平很高，但是受援地区医院的硬件条件有限，缺乏相应的人才和设备，难以对支援医生起到有效的辅助作用，支援人员难以开展专科性较强疾病的诊治，既无法发挥有效的作用，也造成了支援人员的浪费。 这意味着派遣具有一定年龄和经验的医生去援助基层医院，虽然具有很大的优势，但并不一定有利于支援工作的有效开展，其中的关键是没有明确受援医院的实际需求。 因此，了解受援医院的实际需求，有针对性地进行支援对于医疗支援工作的效率是意义重大的。 除此之外，双向转诊工作受限，支援医院与受援医院之间的双向转诊处于较低的水平，患者转诊到三甲医院后，不愿意再回到受援医院接受治疗，双向转诊变成单向接诊，既增大了三甲医院的医疗压力，又造成受援医院医疗资源的浪费。

（4）人才引进和培养困难

贫困地区的自我医疗水平在短期内很难得到提升，而人才引进不足是一个很重要的原因。 人才问题制约了县医院医疗服务能力的提升，一些医院吸

---

① 向国春、顾雪非：《对口支援对提升深度贫困地区医疗服务能力的效果探析与思考》，《中国农村卫生事业管理》2020 年第 1 期，第 19—23 页。

引和培养人才的体制、机制不完善。 除此之外，也受其他客观因素的影响，一是本地的医学生毕业人数比较少，二是很多毕业生因为家乡的贫困和就业机会较少而选择去经济较发达的地区就业。 这必然会带来一系列消极影响，如医生队伍难以及时更新，年轻医生的数量比较少，难以派出医生去外面学习交流，将先进的技术和管理经验带回来。 部分县医院的重症医学科和外科是医疗服务中比较薄弱的环节，这意味着一些县医院很难开展这类难度较高的医疗手术。 因此，受援地区的医院面临医生数量不够和医生技能有待进一步提高的双重困难。

除此之外，对基层和受援地医院的医生人才的培养不够，以至于在支援医生开展具体医疗活动的时候，他们无法起到配合与帮助作用。 医疗对口支援是一项系统性的工程，资金的使用、医院人员的派遣都存在相应的随意性，缺乏长远的规划，容易使对口支援工作效率下降，应该重点针对受援医院人手不够和技能薄弱的科室派遣医务人员。 同时，由于缺少对对口支援的人员和工作进行考核的体系以及科学的激励机制，难以使对口支援成为一种长效机制；受援医院难以摆脱对对口支援医院的依赖，一旦脱离支援单位的帮扶就会陷入原来的状态。 除此之外，不能仅仅局限于对医师的培训，应同时加强对医院管理层的培训。

（5）经费和硬件不足

我国政府启动的"万名医师支援农村卫生工程"和由原卫生部组织的"县级医院骨干医师培训"的补助标准多年没有变化，存在与实际发展状况不相符的地方。 对于对口支援的任务，目前支援医院能够基本完成，但是财政方面对医院的补偿依然不够，医院需要进一步获取政府的财政支持。 多数省份自行组织的对口支援没有稳定的经费，导致支援工作难以长期开展，不能进一步形成常态化的医疗对口支援机制。 而且支援人员的费用也是由受援医院承担的，但当地的医疗机构没有相应的经费来对支援人员提供一定的补助和支持。 支援医院需要承担支援人员的福利、补贴，这在短期内支援医院能够承受，但是随着支援工作的长期开展，这会给支援医院的资金带来不小的负担。 除此之外，一些地区的经济状况不发达，对医院的财政支持力度有限，导致医院的发展水平有限，其硬件条件难以达到医药卫生体制改革规定的目标。

（6）社会力量参与不够

医疗对口关系关系到区域间的平衡和社会发展的公平。所以，相关部门在承担相应职责的同时，绝不应该仅仅局限于某一部门，应该有全社会的参与。社会的支持不应该仅仅局限于资金的支持，最重要的是使整个社会对贫困地区医疗问题有较多的关注，使得有更多的人关注医疗对口支援工作，并能够有所投入和付出。这对于医疗对口支援工作的长期发展有着极大的作用，有利于在全社会营造一种公平的氛围，对于社会的稳定繁荣发展具有重要意义。医疗对口支援是一项关系到全社会发展的重要项目，离不开社会力量的支持。但是现在的医疗对口支援以行政命令为主，政府在其中起到主要的推动作用，而市场在其中发挥的力量有限，容易使受援地域对支援地区的医疗机构形成依赖，不利于当地提升自我医疗水平，从长远来看，难以达到对口支援的实际效果。除此之外，地区之间的企业需要加强交流与合作，使企业共同服务于对口支援工作。

4.2.6 医疗对口支援进一步完善的途径

针对以上的梳理，医疗对口支援的问题主要体现在政策落实不到位，社会力量参与不够，对口支援医院数量少而且任务重，支援医院对于受援医院的需求不了解和不明确，受援医院在人才引进和培养、经费和硬件方面存在不足等一系列困难。进一步细分之后，主要体现在政府层面、支援单位和受援单位层面：政府层面即对医疗对口支援工作的经费支持力度不够，对社会力量参与医疗对口支援的引导有待加强，支援医院数量较少；支援单位层面即支援医院对于受援医院的需求了解不够到位；受援单位层面即在人才引进和培养工作方面需要进一步完善。在进一步明确医疗对口支援中各主体存在的问题之后，有针对性地采取相应的措施，通过不断地改革和完善，真正提升医疗对口支援的水平。

（1）加强组织领导

组织领导对医疗机构的对口支援工作的开展具有重要作用。医疗对口支援的具体权责主体，在各方面的安排上起到重要的指导作用，处于统筹全局的地位。 所以，各省市相关部门应成立城乡医疗卫生机构对口支援领导小组，负责城乡医疗卫生机构对口支援组织、指导和协调工作，各县（市、区）应在12月底前将需要支援的医院、支援的专业和人数上报给上级有关部门。 支援单位和受援单位都要明确好各自单位的相应职责，做好对口支援的协调工作，相关政府部门应该在其中起到推动作用，院长需要承担起相应的工作职责，队员需要积极地投入和付出。 除此之外，应该还有相应的团队做后盾。 只有医疗对口支援的组织工作和领导工作到位，才能有序高效地推进医疗对口支援工作。 所以，组织领导工作是医疗对口支援工作的关键，需要保证组织领导工作的高效有序。

（2）加大资金支持力度

国家相关部门应进一步提高对口支援项目的补助标准。 除了国家给予相应的支持以外，各省级财政应该有相应的专项资金支持，尤其要对重症、外科手术等临床专科予以重点支持，同时提供必要的设备，真正提升对口支援医院的对口支援能力以及县医院的医疗水平。 做好对口支援服务职务体系建设的相应工作，并将其纳入区域卫生规划和医疗机构设置规划中，设立专项经费对支援医院给予补偿，对医生进行补助，确保对口支援医生保持热情和动力，提高对口支援工作的效率。

（3）明确受援医院需求

政府相关部门在了解支援单位和受援单位的具体情况之后，应对医疗卫生机构间的对口支援进行指导，确保支援单位与受援单位之间有效衔接，最大限度地符合支援医院与受援医院之间的具体情况。

支援医院应根据受援医院的具体需求，有针对性地采取相应的帮扶措施。 加强各方面的支援，做到立体化、全方位的支援，努力与受援医院形成紧密的协作关系，在学科建设、人才培养、医院管理等方面全方位支援，强化专科发展能力，在康复科、脑卒中、病理科等重点专科领域，补空白、建团队，指导康复医学科医护人员推广新技术，为县级医疗机构专科建设提供帮助。 除了团队帮扶和定向培养之外，区域卫生信息平台的建设是一个重要工作，可以开展各种网上工作，如远程医疗、培训和教学等，这些网上支援方式丰富了支援形式，提高了医疗对口支援的效率。 在支援工作具体开展之前做好相应的调研工作，了解当地医院的具体需求，根据需求来安排对口支援工作的具体内容，使对口支援工作高效开展。尤其要针对县乡两级医疗机构的薄弱环节，通过对口支援单位之间的联系、科室之间的沟通和交流等方式进行对口支援，更有针对性地弥补贫困地区的医疗短板问题。

国家对于了解受援医院的具体需求也有相应的要求。2019 年，我国对口支援工作明确要求：对口帮扶的三级医院要根据县医院的需求，既要派诸如院长、副院长和护理部主任等岗位的管理人员，还要根据县医院发展需求派出学科带头人。此外，人口较少的深度贫困地区的县医院存在一些临床岗位比较薄弱的地方，要求支援的三级医院先派出人去补充这些医疗力量比较薄弱的临床岗位，使这些科室能够基本运转，以满足群众的医疗需求。除此之外，要积极探索符合需求的工作方式和内容，形成可推广的经验和做法。

（4）做好人才引进、培养和管理工作

做好人才引进工作。人才是医院未来发展的核心，贫困地区的医院应该制定适合本地情况和医院自身需求的政策，提高毕业生去贫困地区从事医疗工作的待遇，使其在职称评定和各项奖励面前享有优惠，同时加大定向培养的力度，达到吸引人才和留住人才的目的。

注重人才的培养工作。培养人才是医疗对口支援工作的重点，人才培养工作应贯穿于整个支援工作的全过程。应对当地的医护人员加强培训，建立医院卫生技术人员定期进修培训制度，健全继续教育制度，采用不同的培训形式，如临床教学、讲座、业务培训、教学查房等，注重内容的丰富性，激发培训人员的兴趣。上级医院应根据对口医院的实际情况制定适合自身发展的科研管理方法等，提高受援医疗机构卫生人员的业务能力和综合能力，增强当地医院的自我发展能力，使其能够满足当地医院的需求，确保对口支援工作的持续开展。同时考虑到受援医院存在的医疗任务较大、人员不足的现状，培训方式应注重当地的实际，注重培养效率的提高和方式的灵活性，使接受培训的医生能够及时回到工作岗位开展工作，保证当地医疗工作的正常运转。

加强对医院人员的管理和奖励。对支援医生的队伍和数量要做好安排，加强管理；对于受援单位的规章制度，支援医生应加以重视，并主动服从和遵守，确保医疗对口支援工作的有序开展。支援医生要主动承担相应的医疗任务，如有病休假或者出差应该履行请假手续，且须书面报请派出单位和受援单位分管领导批准。 对于做出贡献的医师，支援医院应给予表彰和奖励；对于不服从安排的医师，可以根据医院的规定做出降职和不再担任相应职务的处分。 除了派遣医生医护人员之外，还可以派遣一些管理人员，将好的管理经验进行分享，实现科学化管理；通过专家的临床带教和教学查房、培训，使医疗质量管理组织更加健全；建立起规范化的科室管理制度，完善医疗技术标准和诊疗规划。 进行对口支援政策的宣传，避免受援医院对支援的依赖，不断提升当地医院的自我管理水平。

（5）加强统一规划

用统一的规章制度来明确各主体的责任，并规范其行为。 加强国家有关部门与各省市医院以及各支援医院之间的工作协调，保证各部门之间信息的互联互通，使各省市医院能够发挥合力，建立配套制度和体系，如绩效考核和奖惩机制，以保证医疗对口支援工作的高效开展。

对口支援工作的长期开展，离不开社会力量的参与，应从整个社会大环境的角度看待医疗对口支援工作，使用各种方式加强宣传，使更多的人认识到医疗对口支援工作的重要意义，并进一步在行动上支持医疗对口支援工作，树立对口支援的典型，引导更多的社会力量加入对口支援工作，发挥企业的优势，鼓励支持地区间企业的合作。

（6）完善分级诊疗模式和建立双向转诊体系

医疗联合体的建立，不仅密切了支援单位和受援单位之间的联系，而且对于优质资源的下沉和医疗卫生服务效率的提高具有重要意义。 除此之外，托管也是一种重要的形式，有利于建立一种责任共同体。 2009 年，《中共中央国务院关于深化医药卫生体制改革的意见》提出，建立城市医院与社区卫生服务机构的分工协作机制。 2013 年，党的十八届三中全会决定指出："完善合理分级诊疗模式，建立社区医生和居民契约服务关系。"这意味着国家对分级诊疗模式的重视和认可。 下一步要进一步完善和健全分级诊疗模式，从而更好地发挥其功能。 所以，在对口支援工作中应加快分级诊疗制度的推行，建立起畅通的转诊渠道。 政府应在其中发挥积极的作用，引导建立以患者为中心的就医制度；同时充分利用信息技术的优势，积极开展远程会诊的工作，大力推进支援医院远程会诊系统的建设和管理，扩大支援医院优质资源的辐射作用，提高受援地区医疗机构的服务能力，使其能够及时、准确地获取最新医疗动态及治疗计划，从而提高就诊效率，更方便地为疑难重症病人进行双向转诊。 同时通过分级医疗确保患者能够享受到多层次的医疗服务，实现"大病进大医院，小病进小医院"，缓解"看病难、看病贵"的情况。但是，分级医疗并不意味着病人都去大医院进行治疗，因此要在此基础上确保患者的双向就诊，积极主动地引导患者去基层医院就医，在减轻支援医院压力的同时充分利用基层的资源，努力形成"基层首诊、分级医疗、双向转诊、急慢分治"的就医格局。 这一格局的形成能够很好地满足新城镇的医疗服务体系的需要，这对于全面建成小康社会是极为必要的。

4.3 科技对口支援

科技是第一生产力，科技也是导致发达地区与欠发达地区经济差异的一个重要因素。 科技对口支援，对于受援地区的经济社会发展具有重要意义。

4.3.1 科技对口支援的定义与内涵

公共医疗、基础教育、财政转移等基础性公共服务援助，通过打破经济发展过程的阈值效应[①]，提高劳动生产率，实现经济聚集[②]，存在显著的正向效应。 但长期使用基础性对口援助政策，使得其边际效用不断降低。 因此，如何继续维系受援地区经济的高质量增长，使其由"输血"转向"造血"成为对口支援政策的发展趋势。 为此，科技对口支援应运而生，成为对口支援的主要组成内容。 经济结构主义者认为，经济增长的重要因素在于产业结构，而

---

① Azariadis C，Stachurski J，"Chapter 5 Poverty Traps". *Handbook of Economic Growth* ,2005(5):295-384.

② Kline P M，Moretti E，"Local Economic Development，Agglomeration Economies，and the Big Push: 100 Years of Evidence from the Tennessee Valley Authority". *Quaterly Journal of Economics* ,2014(1):275-331.

产业结构的转换依赖科技创新水平。① 所以，伴随着对口支援政策的深入，科技对口支援逐渐成为其主要组成部分。

明晰科技对口支援的定义与内涵是更好地发挥对口支援政策的必要前提。 具体而言，对科技对口支援定义的探究，首先应结合科技发展的规律、技术的静态结构与动态系统，以及科技与社会的关系来阐述。 即现代科技发展呈现技术科学化、科学技术化、科技系统化的趋势，两者结合日益紧密，共同受到多因素的影响，包括区域平均科技经费投入、科技人才数、科技科普程度等等。 相对应地，科技也拉动社会发展、促进经济提升、巩固政治统治。由此，根据科技规律，在对口支援过程中，支援方与受援方必须共同规划、合理配置科技资源，才能构建符合区域特色的科技体系。 然后，结合上文关于对口支援的阐述，我们认为，科技对口支援的定义应为：拥有科技优势（包含技术能力、人才数量、既有成果等）的支援方与拥有科技需求（包括落后区域经济发展、自然资源转化、国防建设等）的受援方，在相关政策、法规、合作基础上，围绕技术资源转移、技术人才培育、区域产业结构塑造、科技项目合作等内容所开展、进行的合作机制。

通过对科技对口支援定义的界定，初步明晰科技对口支援的方向。 为更好地了解科技对口支援的功能定位、主要内涵，我们将科技对口支援的内涵系统化、模型化，建立3个由内到外的科技对口支援系统，以实现受援区域科技创新体系的建构与科技创新能力的可持续发展。 如图4-1所示，科技对口支援的内涵系统主要由3个子系统组成，分别为核心系统、辅助系统以及环境系统。

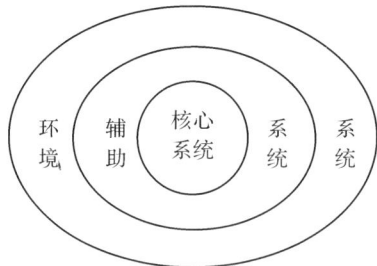

图 4-1　科技对口支援内涵系统

① Syrquin M，Chenery H B，"Patterns of Development，1950 to 1983". *The World Bank Review*，1989(3)：150-153.

具体而言，核心系统是指科技对口支援合作机制的主要内涵。该子系统的主体为直接从事科技研发、技术创新的组织机构，包括支援方与受援方开展合作的中央科技管理部门（科技部）、国家级科研单位、省级科研单位、科技协会、高新技术企业、科研院校等。子系统的目的在于通过项目合作、人才培育、技术引进、科技产品本土化生产等活动提升受援区域的"造血"功能。因此，其主要影响因素为受援区域的资源要素禀赋、科技发展需求、技术与环境协调性、区域发展定位等，只有明确各因素、达成共识，科技对口支援才能起效。

辅助系统是指在科技对口支援过程中对核心系统起到辅助支撑作用的组织活动，如金融服务、法律服务、科技中介服务等。通过金融服务，可以吸引资本市场游离资金，为产业结构建构、高新企业发展提供资金支持，譬如合肥，通过政府投资的形式引入各类高新技术企业扎根。而科技中介服务则是辅助系统的主要组成部分，其包括一系列的人才引进服务、学术交流活动服务、知识产权保护服务、科研琐事代办服务等，大幅减轻科技对口支援过程中的繁文缛节，提高科技创新效率，促进科技成果转化。

环境系统区别于核心系统与辅助系统，其更多地指向受援区域的营商环境、自然环境。如受援区域内政府对商事主体的态度、政策等，直接影响科技对口支援的可持续性。譬如沿海地区对东北地区的支援，主要以科技对口支援为主，但常常出现企业难以长久的现象，重要原因之一在于东北区域严重的官僚作风，使得沿海区域的高新企业"水土不服"。因此，环境系统并不仅仅是指科技对口支援机制，而是针对受援区域的文化氛围、法律保障程度、制度执行程度以及政府服务态度等软要素的。所以该系统的内涵更为深远，必须进行长期的学习、建设，才能保障科技对口支援机制的有序实施。

4.3.2 科技对口支援的起源、形成及其演化

作为一项具有鲜明中国特色的府际关系网络合作机制，科技对口支援是在什么历史情景下萌芽、形成与演化的？又是如何伴随时代潮流，在传统的基础上不断延伸的？为此，我们采取历史分析与政策文本分析相结合的方式，将科技对口支援从 20 世纪 70 年代末首次出现、80 年代初正式提出以来

发展变化的全过程，划分为铺垫、萌芽、发展、成型、创新 5 个阶段。

（1）第一阶段（1960—1981 年）：铺垫期

1960—1981 年是科技对口支援的铺垫期。 在这一阶段，科技对口支援尚未正式出现在政府文件之中。 科技对口支援与对口支援两个概念出现的时间相近，均起源于 20 世纪 50 年代末城市和农村之间广泛应用的工农协作、厂农协作援助模式。 但其概念的首次明确则是在《山西日报》在 1960 年 3 月 20 日所刊发的《厂厂包社对口支援——论工业支援农业技术改造的新形势》社论之中，该文章充分肯定当地经纬纺织机械厂支援人民公社所采取的"对口支援、一包到底"的措施，且这些措施主要以技术支持、人才培训、生产基地建设等科学技术方面的援助为主。 由此可知，此时对口支援约等于科技对口支援。 此后 3 月 23 日《人民日报》在全篇转载时强调：如何看到厂社对口协作的主流，扶植其健康发展、壮大是我们的一项政治任务。 然而，接下来的近 20 年间，对口支援概念提及较少。 直至 1978 年，为解决城乡之间、区域之间的发展失衡及全国资源配置不均等问题，中央提出"全国一盘棋"的指导思想，依靠计划经济体制，对全国资源进行配置，此时虽然未明晰对口支援政策概念，但源于 20 世纪 50 年代末城乡间的支援协作体系已形成一定规模。

因此在 1978 年 1 月 26 日的第三次全国农业机械化会议总结报告中，时任国务院副总理余秋里，在谈及农机工业改组调整时强调，应坚持对口支援政策，组织基础好的省市援助基础差的地区设备与技术。 随后在 1979 年 4 月 25 日至 5 月 11 日的全国边防工作会议上，中央人民政府首次明确提出对口支援政策，时任中共中央政治局委员、中央统战部部长乌兰夫，在大会上做《全国人民团结起来为建设繁荣的边疆巩固的边防而奋斗》的报告时指出，为加快民族地区经济社会发展，国家将对边境地区、少数民族地区，增加资金、物资、技术的投入。 此时，对口支援政策仍未明晰具体实施贯彻方法与支援地区等方面。 但可发现，科技对口支援在铺垫期是对口支援政策的主要内容，甚至是对口支援政策的起源。

（2）第二阶段（1982—1991 年）：萌芽期

1982—1991 年是科技对口支援机制的萌芽期。 在铺垫阶段后期，对口支援政策逐渐以资金、物资等起效快、直观性强的政策为主，但在 1979—1981

年的 3 年运用过程中，中央人民政府发现仅以资金、物资等支援难以彻底推动受援地区发展。 因而，在 1982 年的经济发达省、市同少数民族地区对口支援和经济技术协作工作座谈会上，中央人民政府在总结前期经验的基础上，提出应充分挖掘民族、边防区域的生产潜力，把技术支援协作放在首要位置，并明确负责部门为中央经委、计委、民委，且建议适当放宽部分经济管理政策。 由此，科技对口支援机制正式登上历史舞台。

随后，在 1984 年 9 月的全国经济技术协作和对口援助会议上，中央拓宽科技对口支援领域，将经济技术合作范围放大至全国。 同年 10 月，正式颁布实施《中华人民共和国民族区域自治法》，其中，将对口支援政策划为区域自治的主要内容，但未对科技对口支援机制予以明确的法律支撑。 而在 1986年 3 月颁发的《关于进一步推动横向经济联合若干问题的规定》中，国家首次将对口支援与企业发展相联系，进一步拓宽科技对口支援领域。 之后在 1991年 12 月下发的《关于进一步贯彻实施中华人民共和国民族区域自治法若干问题的通知》中，中央再度明晰了关于对口支援民族、边防区域的具体方针，即国家将适当增加对民族自治区的投入，但民族自治区也应在法律框架下，制定相应的优惠政策，以吸引发达区域的企业过来开发资源、兴办工厂，优化经济结构。

总之，在萌芽期，科技对口支援已受到中央人民政府的重视与支持，多次出现在重大文件中，其政策内涵也因此被不断延伸、丰富。

（3）第三阶段（1992—2000 年）：发展期

1992—2000 年是科技对口支援机制的发展阶段。 在此阶段，科技对口支援的领域、地区、内容及方式均出现新变化，使其政策内涵得以快速丰富、成长。 具体而言，科技对口支援机制开始涉及自然灾害、重大工程等方面，支援区域由民族、边防地区逐渐扩展到中西部地区，传统的单线支援转为双线支援，开始将教育、医疗等领域纳入科技对口支援范围，更为关注受援地区发展的稳定性、结构优化性、可持续性。 具体而言，1992 年中央下发的《关于开展对三峡库区移民工作对口援助的通知》中，首次将重大工程纳入科技对口支援机制领域，把三峡库区移民安置区作为受援区域，要求各省市在项目合作、技术交流、市场开发、就业支持等方面进行援助。 同年 10 月，中央印发《关于对全国 143 个少数民族贫困县实施教育扶贫的意见》，提出为支撑民族贫困区发展的可持续性，首次将教育工作纳入援助列表。

此后 1994 年 7 月，在中央主导的第三次西藏工作座谈会上，对口支援政策的支援方快速扩张，将 13 个中央部委、29 个省区市、6 个计划单列市以及部分国企均纳入援藏工程，但此时仍以资金、物资支援为主，以科技支援为辅。 而在 1996 年 7 月颁发的《关于组织经济较发达地区与经济欠发达地区开展扶贫协作的报告》中，国务院办公厅在进一步明确东、西部省区市对口援助关系的基础上，要求发达地区不仅应支援资金、物资，更应开展多层次、多渠道、多形式的经济技术合作、人才引进培养，实现资源的高效配置，主要以支援区域生产效益强的企业去带动、援助受援区域生产同类商品企业的方式，来提高受援区域整体生产水平。 在此阶段，科技对口支援的基本格局得以明确，对口支援与技术协作进一步深化，从初期的资金、物资等"硬件"帮扶，扩展到人才、技术、管理方法、教育培训等"软件"援助。 同时在支援战略上，也开始提倡由"输血型"项目向促进区域内生发展能力的"造血型"项目转变。 在支援方式上，也由财政资金拨发转向市场机制的运用。

随后 1998 年长江流域发生特大洪涝灾害，中央人民政府组织多个省区市分别开展物资援助、教育援助、医疗援助，使得科技对口支援机制内涵快速拓展，将教育、医疗等领域正式纳入其中。 而 2000 年的西部大开发战略，提出建立市场化的跨地区企业协作机制，进一步促进了科技对口支援机制方式的转变。

（4）第四阶段（2001—2009 年）：成型期

2001—2009 年是科技对口支援机制的成型期。 科技对口支援机制在发展阶段已形成基本格局，在此基础上，在成型期进一步扩展、完善、成型。 先是在 2001 年 5 月 10 日，教育部下发《对口支援西部地区高等学校计划的通知》，要求北大、清华等 13 所东部高校采取"一对一"方式，对西部 13 所高校实施全方位的支援。 同年 6 月，原卫生部动员全军百所医院，以其技术优势对口支援西部贫困地区的县级医院。 随后 12 月，中央将阜新确定为全国首个资源枯竭城市转型试点市，首次将资源枯竭地区纳入对口支援范围，且明确要求各地除资金支持外，更要注重资源枯竭地区的产业转型升级。 次年 1 月，中央印发的《中共中央、国务院关于进一步加强农村卫生工作的决定》

中，要求各大城市建立医疗对口支援制度，明确应以设备、技术、人员等科技领域的援助为主。至此，教育、医疗等方面成为科技对口支援机制的主要组成部分。

而在 2006 年 6 月中央下发的《国务院关于全面加强应急管理工作的意见》中，首次提出将对口支援运用到重大灾害与突发事件之中，并在 2008 年汶川特大地震的灾后重建、2009 年的甲型 H1N1 流感医疗救治工作过程中得以体现。总而言之，在成型阶段，科技对口支援机制的运用边界得以界定，重大灾害、突发事件、公共卫生危机等领域均属于对口支援范畴，而教育、医疗等方式属于科技对口支援机制的主要援助方式。

（5）第五阶段（2010 年至今）：创新期

2010 年至今是科技对口支援的创新阶段。在此阶段，科技对口支援机制内涵进一步深化，在对口支援政策中的占比不断提高。具体表现为面向重大灾害、民族地区、边防区域、资源枯竭地区等地的援助机制越发完善，科技产业占比逐渐升高，由对口支援转向对口协作，强调双方的互惠互利。

具体而言，在 2010 年 1 月的第五次西藏工作座谈会上，中央提出"更加注重扩大同内地的交流合作"。同年 6 月，玉树藏族自治州发生特大地震，中央组织对口支援活动，活动内容不仅以物资援助为主，更加注重项目合作、教育支持等科技性支援活动。而且，同年召开的全国对口支援新疆工作系列会议着重提出，对口支援活动应坚持互惠共赢、共同受益的理念，注重开放经济对支援的重要效果，推动产业援助、智力援助等科技性援助发展。次年 7 月，习近平同志又提出，对口帮扶应互利合作，拓展合作领域，挖掘合作潜力，提高合作水平，实现对口帮扶互利共赢。由此对口援助政策逐渐向对口协作转变。

随后的 2012 年、2013 年、2015 年，中央扩大对口支援区域，根据《国务院关于支持赣南等原中央苏区振兴发展的若干意见》《全国资源型城市可持续发展规（2013—2020 年）》《国务院关于支持沿边重点地区开发开放若干政策措施的意见》等文件，原中央苏区、东北、中部六省、沿边重点区域均被纳入对口支援区域，显著扩展了对口支援政策的内涵。而在 2016 年的"十三五"规划之中，对口支援体系得到深化与完善，科技对口支援形式更为复杂与普适。尤其是 2018 年以来的精准扶贫战略，使得科技对口支援成为扶贫的主要方式，有效地结合"输血式"和"造血式"援助方式，避免贫困地区陷入"扶贫怪圈"。 而在 2020 年暴发的新冠肺炎疫情中，全国各省区市支援湖北，实现"一省对一市"，依靠技术支持、高端人才协作等方式，有效遏制新冠肺炎疫情的蔓延，证明了科技对口支援机制的强力、有效。

总而言之，自 1960 年至今，60 多年来的科技对口支援政策发展，呈现出"比重极高—比重极低—比重较低—比重较高"的螺旋式前进路径。 在未来，其在对口支援政策中的重要性将一路上升，直至顶峰，使对口支援等同于科技对口支援，且支援变为协作，但如何规划其升级路径仍有待商榷。

4.3.3 科技对口支援的成效

（1）学界的探讨与争鸣

科技对口支援是否有效推动了受援区的经济发展、增强了其创新能力，学界对此存在争议。 首先，目前学界的研究重心较多地停留在对口支援政策成效的分析上，且以"对口援疆""对口援藏"等具体支援关系为主，也有少量从全局出发探究对口支援政策效果的研究，而在研究方法上，主要以统计描述与计量分析方法为主，辅以规范演绎。 具体而言，援助政策不仅在国内普遍运用，在西方国家也曾广泛实行。 如东西德国统一后，德国联邦政府利用财政资金援助解决区域间经济结构薄弱、人口数失衡的情况[1]，而美国、英国[2]、欧盟[3]等组织也均采用类似的支援政策以解决区域发展失衡问题。 但在西方国家，更为常见的仍是科技对口支援政策。 经济学家基本认同，在落后地区进行公共基础设施的投资可以有效推动区域经济发展[4]，促进企业、工

---

[1] 蔡玲：《德国区域援助政策对我国实施西部大开发战略的启示》，《财政研究》2000 年第 8 期，第 20—22 页。

[2] 张启春、陈秀山：《缩小中西部差距：德国财政平衡制度及借鉴》，《国家行政学院学报》2004 年第 1 期，第 84—87 页。

[3] Rober Esposti, Stefania Bussoletti, "Impact of Objective Funds on Regional Growth Convergence in the European Union: A Panel-da-ta Approach". *Regional Studies*, 2008(2): 43-51.

[4] K M Murphy, A Shleifer, R Vishny, "Industrialization and the Big Push". *Journal of Political Economy*, 1989, 97(5): 1003-1026.

人等组织、个体进行交流互动，产生溢出效应，提升社会福利①。 譬如，美国田纳西河流域管理局对田纳西河谷地区的一系列支持行为，显著提升了就业率、人均收入、经济生产效率等等指标。② 由此可见，西方学界普遍认为科技对口支援政策成效的主要影响要素，在于经济集聚的技术外部性③及社会微观经济单位互动对市场活动的拓展④。

而在国内学界，关于对口支援政策效用的研究分为两派。 一是支持派，如杨明洪与孙继琼通过实证分析证明财政援助显著促进受援区的经济增长，且存在长期均衡关系⑤。 而郑丽丽则以案例分析发现对口支援政策对民族地区内生发展能力的促进⑥。 此外，国内学者还以统计分析进一步证明对口支援政策的有效性，例如刘金山与徐明采用 2005—2014 年的县级面板数据⑦，董珍、白仲林采用 1986—2010 年的省级面板数据⑧，均发现对口支援政策显著促进了受援区的经济发展与产业优化。 王磊、黄云生则以数据包络分析法，从资源配置有效性视角论证对口支援的正向效果。⑨

---

① M Greenstone，R Hornbeck，E Moretti，"Identifying Agglomeration Spillovers：Evidence from Winners and Losers of Large Plant Openings"．*Journal of Political Economy*，2010，118(3)：536-593.

② Kline P，Moretti E，"Local Economic Development，Agglomeration Economies and the Big Push：100 Years of Evidence from the Tennessee Valley Authority"．*Quarterly Journal of Economics*，2014，129(1)：275-331.

③ Duranton G，Puga D，"Micro-foundations of Urban Agglomeration Economies"．*Socialence Electronic Publishing*，2003，4(04)：2063-2117.

④ Moretti E，"Workers Education，Spillovers and Productivity：Evidence from Plant-Level Production Functions"．*American Economic Review*，2004，94(3)：656-689.

⑤ 杨明洪、孙继琼：《中央财政补助对西藏经济发展和收入分配的影响分析》，《西南民族大学学报》（人文社会科学版）2009 年第 7 期，第 1—5 页。

⑥ 郑丽丽：《对口支援政策实施绩效及对策分析——以江西省为例》，《黑龙江民族丛刊》2012 年第 5 期，第 73—79 页。

⑦ 刘金山、徐明：《对口支援政策有效吗？——来自 19 省市对口援疆自然实验的证据》，《世界经济文汇》2017 年第 4 期，第 43—61 页。

⑧ 董珍、白仲林：《对口支援、区域经济增长与产业结构升级——以对口援藏为例》，《西南民族大学学报》（人文社会科学版）2019 年第 3 期，第 130—138 页。

⑨ 王磊、黄云生：《对口支援资源配置的效率评价及其影响因素分析——以对口支援西藏为例》，《四川大学学报》（哲学社会科学版）2018 年第 2 期，第 161—176 页。

与此相反，反对派对对口支援政策成效持质疑态度。如杨道波从法律领域出发，认为对口支援政策具有较强随意性，成效难以控制。[①] 而马栓友与于红霞、江新昶等学者则对资金援助机制进行批判，认为资金援助抑制了受援区政府的努力意愿[②]，且通过分析财政支付与区域经济收敛后的关系[③]，发现资金援助模式的成效十分有限[④]。此外，也有学者从对口支援政策的可持续性上提出质疑，例如靳薇对对口支援政策效益予以肯定，同时也指出支援极易形成制度性依赖且边际效率不断下降。[⑤] 李瑞昌则进一步批判对口支持政策，认为受援区的经济繁荣仅是昙花一现，失去支援后容易返贫。[⑥]

总而言之，目前国内学者对对口支援政策的正向效果基本达成共识，但是在资金援助模式的效益与可持续性上仍存有争议。那么，对于日益重要的科技对口支援政策，学界研究虽然较少，但基本认同其机制的效益与可持续性。例如，杨富强通过分析对口援疆政策成效，发现以教育、医疗、基建等科技性为主的援助政策有效拉动了区域经济发展。[⑦] 而李志国、杨灿等人利用三峡库区个案研究发现，科技对口支援与招商引资结合，能有效提高受援区的创新能力，显著增强其经济发展潜力。[⑧] 同时，刘碧云、蒋际谋等人也以三峡库区的对口支援政策为例，从农业科技援助角度分析，发现项目协作、

① 杨道波：《对口支援和经济技术协作法律对策研究》，《中央民族大学学报》2006年第1期，第64—69页。

② 乔宝云、范剑勇、彭骥鸣：《政府间转移支付与地方财政努力》，《管理世界》2006年第3期，第50—56页。

③ 马栓友、于红霞：《转移支付与地区经济收敛》，《经济研究》2003年第3期，第26—58页。

④ 江新昶：《转移支付、地区发展差距与经济增长——基于面板数据的实证检验》，《财贸经济》2007年第6期，第50—56页。

⑤ 靳薇：《和平解放后援藏项目社会经济效益研究》，《西南民族大学学报》（人文社会科学版）2005年第2期，第5—14页。

⑥ 李瑞昌：《界定"中国特点的对口支援"：一种政治性馈赠解释》，《经济社会体制比较》2015年第4期，第194—204页。

⑦ 杨富强：《"对口援疆"政策回顾及反思——以1997年至2010年间政策实践为例》，《西北民族大学学报》（哲学社会科学版）2011年第5期，第109—115页。

⑧ 李志国、杨灿、李慧杰：《对口支援、招商引资与区域创新能力提升——基于对口支援三峡库区的案例研究》，《科研管理》2020年第3期，第72—82页。

科技支援的科技对口援助模式可以有效提高受援区的各项经济指标。① 此外,邹环采用因子分析与双对数模型,进一步论证科技对口支援机制对于促进区域产业结构优化的效用。②

由此可见,科技对口支援机制通过技术支持、项目合作、人才引进等方式,显著提高受援区的创新能力、科技水平,进而优化其产业结构,实现经济的腾飞与发展的可持续性,弥补普通对口支援机制的制度依赖性、随意性等缺点。

（2）科技对口支援的实证数据

为了更好地论证科技对口支援的成效,在此我们以新疆阿克苏地区为例展开探讨。 阿克苏地区的对口支援省份为浙江省,双方援助关系自 2010 年开始,此时即科技对口支援机制的创新期,而浙江省作为数字大省、经济大省,率先利用技术、项目等方式协助阿克苏地区脱贫攻坚,推动经济发展,提高社会福利。 事实上,浙江省自 20 世纪 90 年代便开始对口支援新疆,1997—2010 年间,浙江省援助新疆和田地区,支援项目 87 个、资金 4 亿多元,选派优秀干部人才 335 名。 而 2010 年后,浙江省开始援助阿克苏地区和兵团第一师,截至2018 年已安排项目 1664 个、资金 135.77 亿元,选派干部人才超过 4000 人次。此后的 2019 年,浙江深化推进对口支援,发挥科技对口支援机制效用,安排援助资金 25.82 亿元,援助项目 382 个。 其中 80％的援建资金与项目均投入产业建设、教育培训、社会福利等科技领域。 具体而言,首先,在产业合作方面,浙江省与阿克苏市建立了阿克苏浙江产业园、海西浙江工业园等产业集聚区,其中浙江旅游集团还与阿克苏温宿县签订了 20 亿元投资的战略合作协议。 其次,在经济展会方面,浙江省积极协调阿克苏市企业,邀请其参加"浙洽会""西博会""农博会"等各类展会,从而推动浙江企业与阿克苏市政府、企业达成 57 个合作项目,共计 104.61 亿元协议资金。 再次,在技术支持方面,浙江省组织 45 名农业农村技术专家赴阿克苏地区进行农村人居环境整治、农产品地理标志申报等技术支持工作,培训阿克苏地区农民专业合作社带头人、科技管

---

① 刘碧云、蒋际谋、丁中文等:《东西部扶贫协作的实践与思考——以福建对口支援重庆万州为例》,《福建农业科技》2019 年第 5 期,第 52—56 页。

② 邹环:《对口合作促进东北产业转型升级的效应分析——基于广东省与黑龙江省对口合作的实证》,《经济研究参考》2018 年第 70 期,第 64—75 页。

理创新人才 600 多人次。 最后，在医疗方面，浙江援助阿克苏地区成立全国第一个跨省医联体，其中包括新技术新项目 254 例。

4.3.4 科技对口支援的运行机制

孙伟艳在对机制含义的研究中指出，运行机制是指一个系统，通过组织结构、运行流程，同外界进行资源、信息交换，以实现系统目标的方法。[①]因此，通过探究、分析科技对口支援的运行机制，可以挖掘其内在的运行逻辑与缺陷，进而提高其政策成效。 具体而言，通过前面对科技对口支援政策的历史变迁及成效的分析，我们认为，科技对口支援机制的建立包括两个互动进程，即正式机制框架的构建与非正式机制的形成（见图 4-2），前者起直接性主要效果，后者起基础性作用。

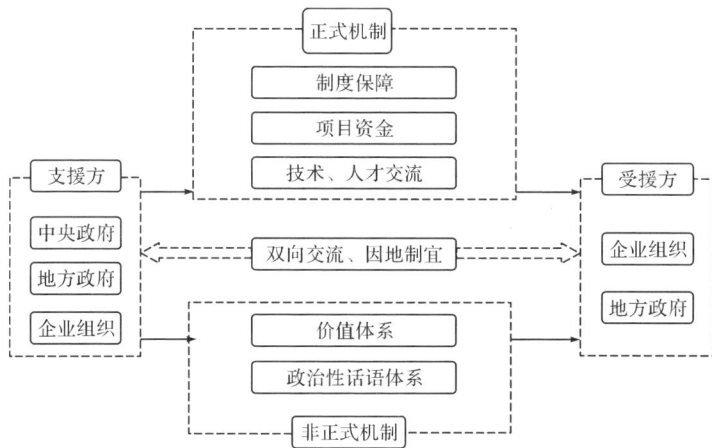

图 4-2 科技对口支援运行机制示意图

（1）正式机制

在科技对口支援机制的运行过程中，起到直接作用的是正式机制系统，而其又是由技术和人才交流、制度保障、项目资金等三个环节所构成的。

①制度保障

制度保障环节对科技对口支援起到保驾护航的引领、规范作用。 因此，

---

① 孙伟艳：《制度、体制、机制辨析研究》，《重庆社会科学》2010 年第 2 期，第 96—98 页。

其由多个子制度组成，包括组织结构制度、管理制度、激励制度、责任制度等。

具体而言，首先是组织结构制度。 组织结构制度起到中枢纽带作用，以对口援藏为例，在整个对口援藏政策的发展过程中，组织结构不断完善，中央西藏工作协调小组从初期仅包括统战部，到教育、经济和社会事业部门等机构进入，再到增设财政部、国发委、国家宗教局以及西藏自治区党委主要负责人，可见组织结构上存在中央层面的高位引领；而在中间层级，即各省市支援单位，均成立援藏工作领导小组，组长一般由省委常委担任，成员包括各职能部门的相关负责人；相应的地级市及受援区地方政府，亦会建立对口机构。由此，无论是科技对口支援或资金对口支援，均存在自上而下，强力、稳定、协调性强的组织保障。

其次是管理制度，即在组织结构确立后，双方区域均会制定管理准则，确保机构人员行为规范，履责到位。 如北京对什邡的支援，制定了《前线分指挥部工作人员行为准则》，显著提高了工作人员的纪律与效率。① 此外，在项目审批上，中央明确了支援项目的审批流程，保障项目的及时性与规范性。②

再次，社会系统天然地存在去组织化倾向③，因此需要激励制度的驱动。作为动力来源，激励制度依靠经济手段提升科技对口支援机制的效率。 在经济方面，地方政府会制定税收、信贷、土地使用等优惠政策激励社会、市场参与。 如，浙江省曾出台文件，免收支援三峡库区的企业单位的所得税，对其科研、管理人员则提供福利待遇与补助。 同时，对于各单位的科技对口支援人才，根据《关于印发〈对口支援西藏干部和人才管理办法〉的通知》等文件，相应的地方政府会给予其个人福利补贴、家属就业、子女就学等优惠，甚至会在其日后个人职称评定和职位安排方面给予一定的政策倾斜。

---

① 栾德成:《为地震灾区对口支援提供组织保障》,《党建研究》2009 年第 5 期,第 49—50 页。

② 靳薇:《西藏援助与发展》,西藏人民出版社 2011 年版,第 120 页。

③ Lynne G Zucker. *Institutional Patterns and Organizations:Culture and Environment.* Ballinger:Cambridge,1988:26.

最后是责任制度，中央要求各省市、部委对受援区开展近乎无偿的支援活动，将其升华为一项赋予发达省市的光荣政治任务与义务①，从而形成"政治晋升锦标赛"，即将援藏情况纳入对口支援单位年度绩效考核，使政治压力层层传递，把对口支援责任转换为相关人员的政治忠诚度与可靠度的标尺②，以此强化可问责性。

②项目资金

项目资金制度分为两个维度：一是资金制度；二是项目制度。 详细而言，资金制度实质为审计制度，因为科技对口支援活动是各地方政府在中央统筹部署情况下开展的，即中央对支援资金、物资进行规定。 其中支援区政府占据主要部分，虽然实际情况中也存在社会捐赠，但因缺乏制度保障，往往会发生重大问题，如新冠肺炎疫情期间，各地人民自发捐往武汉的物资出现分配缺位、分配不均、分配贪黑等现象，严重影响了对口支援政策成效。 因此，财政资金仍是对口支援的主要部分，其具备强烈的政治倾向，能够确保资金投入精准、高效。 此外，中央还会跟踪资金使用动态，支援双方政府审计局亦会采取合作审计制度，从而保证资金数量的充足、投入的高效、过程的透明。

但在科技对口支援机制中，项目制度的重要性优先于资金制度。 项目制度通常而言，往往是设立支援平台，双方政府在平台上进行互动，如北京支援西藏，充分发挥政府引导、多主体参与、平台服务、项目纽带的模式，即北京市政府带动在京高校、科研院所、龙头企业及其他社会力量，以项目合作的方式围绕技术研发、设施推广、产业引进、信息咨询等方面开展援助。 如成立拉萨首个中国工程院院士工作站，在林业生态资源高效利用方面开展技术联合攻关、产业项目落地等活动。 此外，还通过各类展示、会展，吸引龙头企业到拉萨进行项目投资，或与拉萨本地企业进行产销合作等。 因此，项目资金制度以项目领导、资金弥补的方式，实现受援区经济的可持续发展。

---

① 李瑞昌：《地方政府间"对口关系"的保障机制》，《学海》2017年第4期，第54—59页。

② 谢伟民、贺东航、曹尤：《援藏制度：起源、演进和体系研究》，《民族研究》2014年第2期，第14—25页。

③技术、人才交流制度

技术、人才交流制度是科技对口支援机制的长效保障。 对设备、生产线等硬性资源的投入，虽然短期内可以见到可观的发展增强曲线，但从长期来看，对技术人才的培育才是发展的主要驱动力。 因此在科技对口支援机制实施过程中，支援方逐渐将智力援助作为重要内容，其中包括专业人才的培训、管理干部的培训、科普知识的传达、人才引进的补贴等。 如，北京的科技对口支援，采取"请过来"和"走过去"双重手段，一方面，引导高端技术人才深入受援地区一线，开展一对一的指导服务，以此提高受援区普通农民的基础技术素养以及增强经营主体的科技意识与管理水平。 同时协助打造受援区的科技人才长效培养机制，不断拓展培养领域与方式。 另一方面，支持相关人员到支援区的龙头企业、科研院所进行参观、学习，如定期给予受援方政府培训名额，免费让其相关人员进入相关高校培训或进入龙头企业实习，抑或进入政府部门挂职，从而形成人才的双向流动制度，为受援区的"造血"功能带来新鲜"红细胞"。

此外，在技术交流制度方面，主要通过知识流动带动技术创新，进而提高区域创新能力，最终促进经济发展的可持续性。 一般而言，其有三类方式：一是通过龙头企业进驻形成产业集群，从而带动知识外溢，创造价值；二是通过技术合作，打造特色品牌促进知识流动，如北京市的密丝蒂咔公司与玉树市的囊谦县合作，根据地区特色，共同研发了黑青稞啤酒；三是通过技术转移促进知识流动，如北京在乌兰察布、赤峰两地建立了技术转移工作站，其职责为技术转移与项目对接，即工作站向受援区提供新技术、新品种等，而受援区则提供原材料、加工产品给支援区，实现两地的互动共赢。

（2）非正式机制

在科技对口支援机制的运行过程中，非正式机制系统起到基础性作用。其通过政治性话语体系、价值体系塑造支援方与受援方的心理认同，进而形成群体潜意识，以此强化科技对口支援机制的效率，降低意外发生几率。

①政治性话语体系

公共政策的顺利推行，不仅在于政策质量，更在于政策的合理性与合法性。 科技对口支援政策也不例外，其主要依赖政治学话语体系实现合法化与正当化。 其主要有三类话语：一是政治稳定话语。 对于中国这样一个地域辽阔、民族多元的国家而言，保持政治稳定是经济发展、民族复兴的前提。 因此无论在国家领导人讲话，或政策文件、媒体报道中，均反复承认对口支援的启动实施，是维护政治稳定的需要。 二是共同富裕的话语。 中国作为社会主义国家，其最基本的特点在于人民的富裕，因而仅靠政治稳定揭示对口支援的逻辑是不充分的。 中国作为地域辽阔的国家，天然地存在区域间发展失衡，所以消除这种天然不利的偶然性是国家职责的重要组成部分。 而共同富裕则是这一职责的最终结果，对口支援则是主要手段。 三是对口协作的话语。 对口支援已实施多年，中央已了解资金对口支援模式效用的消退，由此开始提倡对口协作，一方面缓解传统对口协作单方支援的尴尬境地，另一方面减轻支援方的财政压力，增强受援方的自力更生能力。 由此构成了科技对口支援的政治性话语体系，使得支援方与受援方的政府、公民均能发挥其主观能动性，促进科技对口支援机制运行的有序、高效。

②价值体系

在非正式机制中，政治性话语体系不断积累、互动，从而形成价值体系这一机制核心。 事实上，在科技对口支援机制运行的过程中，国家一方面不断凝练、输入对口支援的一整套话语体系；另一方面，价值观念作为群体潜意识不断输出，界定着支援双方的角色、职能，从而使政策合法性、合理性不断强化。 塞尔兹尼克指出，制度化最重要的意义在于向当前任务灌输科技需求外的价值观念。[1] 因此在科技对口支援机制初创时期，中央对受援区的支援政策往往采用政治话语动员，组织性低、措施少、成效差。 但在此期间，共同富裕、民族团结、政治稳定等价值观念却得到"沉淀"，由此奠定了政治合法性。 此后伴随政治话语的不断输出、强化，价值观念不再空洞，而成为一个意义框架、符号象征，使所有支援、受援的参与者都更易于感知自己的角色定位，降低其经济性思考，倾向情感上的评估，即对政治任务的响应、对义务的承担、对社会的回报等。 如在新冠疫情时期，"众志成城、万众一心""向医护人员致敬""向逆行者致敬"等宣传话语的输出，使得"一方有难，八方

---

[1] Philip Selznick. *Leadership in Administration*. Harper&Row；New York，1957：16.

支援"的价值观念得以建立，从而使所有普通民众被动员，一方面自发隔离，另一方面主动承担社区志愿活动，或进行物资的捐助。而医护等专业人员，更是主动申请支援湖北，进行技术、人才的援助，这无疑在很大程度上证明了科技对口支援机制的价值体系已然稳固。

4.3.5　科技对口支援存在的问题

虽然科技对口支援成效显著，但是实际运行过程中依然存在着一些问题和不足，亟待改进。

（1）缺乏顶层设计

对比科技对口支援的运行机制与政策成效，可以发现存在较大差距。其中最为关键的问题在于政策制定、执行过程缺乏顶层设计，指导思想模糊。具体而言，受当前我国科技发展平均水准的限制，以及科技对口支援政策实际运行时效的约束，目前顶层设计与指导思想不够清晰，设计思路更多源于往期经验凝练，因此目标指向倾向于科技扶贫、产业转移、资源开发等较低层次的目标，忽视了提升受援区的自主创新能力、经济发展可持续性、绿色环保等高层次目标价值。虽然近年来，从中央到地方都开始提倡由"输血"向"造血"功能转变的指导思想，但在实际执行过程中，因缺乏操作细则，情况往往是打着科技援助的旗号，干着资金转移的事。

此外，受传统科层制文化的影响，受援区的地方政府常出现过度干预的情况，即其在科技资源配置、知识产权保护、技术投入产出等方面过度设计，使得企业自主行为受限，直接阻碍了市场机制对科技资源的配置作用，导致一波未平一波又起，严重降低了科技对口支援的成效。而其关键就在于顶层设计的缺乏，使得下级面对模糊化的指导思想难以适从。

（2）相关立法滞后

20世纪90年代，在科学技术是经济发展重要手段的指导思想下，我国制定了当前大部分关于科技对口支援的法律条款。而此系列法律内容主要表现为重"输血"轻"造血"、重"结果"轻"过程"、重"引进"轻"培养"的工作方式，即缺乏把科技对口支援机制同受援地区的经济、资源、文化、人文等要素结合起来协同发展的思维。由此在相关法律条文上，忽视风险投资、技术产权交易等内容，只制定一些原则性的要求，如对支援人才的照顾工作，只有"给予适当照顾"这一原则性话语，而没有相关细则。另外，在法律实施方面，缺乏监督。如，在对科技专项经费的转移支付追责环节，缺乏系统的违约规定与追责方式，且大部分追责需要跨区域的上级主管部门审批、协助，实际操作难度极大，所以大部分法律措施流于形式。部分企业在受援区进行技术试验或使用未开发完整的新工艺，使得受援区的生态系统受到破坏，对此，没有相应的法律责任与义务性规制，使科技对口支援陷入前后两难的境地。

（3）激励机制不够完善

企业作为科技对口支援的主体之一，是技术创新的主要动力。因此，完善的激励机制是推动科技对口支援政策落地、促进受援区可持续发展的重要保证。但目前许多受援区地方政府对支援企业往往是口头政策多，实际支持少，注重支援企业的体量，忽视其技术创新潜力，导致大量拥有科研攻关能力的高新技术企业"来去匆匆"，难以扎根。科技对口支援项目的实施往往需要企业、科研机构、高校等多个主体合力，但科技研发作为高风险、高回报、长时间的投资项目，极易出现风险，而各主体间单位性质的差异，又使得其投入意愿分化，因此需要相应的激励机制给予协调、救济。在科研成果落地分配方面，因缺乏完善的激励保障制度，容易出现科技收益分配不均，或产学研各部门分配"过均"的情况，不利于科技项目的长效推动。在金融激励机制方面，企业作为利益驱动主体，以获得利润为主要目标，但科研攻关属于高资金项目，无论是技术研发的全流程，抑或是技术成果的转化，都需要地方政府配套财政资金补贴政策激发企业持续投入的信心。

（4）协作机制有待创新

与时俱进的协作机制是提高科技对口支援效率的重要因素，但当前的协作机制仍停留在传统的行政权力驱动上，缺乏创新。具体表现在以下五个方面：

一是信息不对称。支援方与受援方对合作信息的掌握程度不一，相关的沟通渠道也不畅通，从而发生技术运用"水土不服"的现象，如在科技扶贫过程中，出现支援的养殖技术、种植技术不适应当地环境的情况，导致扶贫成效甚微。 同时，支援双方也存在对接处室职能不对口的情况，进而深化了双方的沟通障碍。

二是组织层次不对称，即支援双方的负责部门层次不对等。 受当地经济水平、文化环境等因素影响，同一部门在不同地区拥有差异化的地位，如经济技术协作办公室、投资贸易促进局等部门，在落后地区地位较高，而在发达地区则地位一般。 由此，这些部门所牵头的工作，受到的阻力也不一致，从而导致对口支援工作的整体进度受阻。

三是双向选择不对称，这是指受援方与支援方对相关的科技援助领域存在分歧。 如沿海发达地区，援助西部城市时往往希望能在能源、资源等领域加强合作，而西部落后地区则希望在金融、旅游、教育、医疗等领域开展项目，由此造成供需不对称。 当然，受地区产业发展进度差异的限制，沿海地区产业往往是高新技术、绿色环保行业，但受援区的经济、技术、人才基础都较弱，难以承接相关高新技术的转移，从而深化了供需矛盾。

四是援助资源过于传统，即目前输出的资源主要以技术、人才、资金等"显性"要素为主，对品牌文化、管理制度等"隐性"要素较为忽视。

五是协作动力单一。 目前科技对口支援运行机制存在政府、企业、社会等多个主体，但在实际合作过程中，仍以政府行政力量驱动为主。 长此以往，势必会给合作交流工作带来负面效果。

（5）保障支撑条件不充分

科技对口支援机制的有效运行需要相关条件的保障，如人才、信息、中介、文化的支撑要素。 具体而言，首先，在当下科技对口支援过程中，缺乏高素质复合型人才。 因为科技对口支援，不仅要求技术、资源的转移，更要求这些技术能够扎根当地，所以需要搭建整个团队进行攻关。 因此相关的援助人才不仅需要精通技术，而且需要擅长管理，同时更要有奉献意识、团队精神。 其次，援助双方缺少统一权威的数据交流平台。 数据交流平台能够实现信息的实时发布、资源的有效配置，同时通过项目招标的方式吸引社会力量、市场力量进驻，提高支援效率。 最后，中介服务的缺位，不利于科技对口支援的长效运行。 科技中介主要是提供法律咨询、知识产权保护、项目申报代跑等服务，可以有效提高科学技术转化效率，使科研人才专心于技术。 但目前的中介机构大多规模较小、服务较差、能力较弱，且只提供本地服务，对跨区域的项目无能为力，从而不利于创新要素流动，削弱了科技合作成效。

4.3.6 科技对口支援的优化路径

（1）明确科技对口支援的指导思想

清晰明确的指导思想是科技对口支援机制长效运行的基石，而科技对口支援机制的核心要素为科技，因此相应的指导思想应涉及科技研发、科技人才、科技成果转化等内容。同时，相关原则也应与时俱进，伴随着生产要素的重组结果及其引发的社会关系变化结果来进行不断的调试，符合科技发展的规律。如当前的科技以数据挖掘、数据处理、区块链、5G 等新兴技术为主，那么，相关指导思想里则应添加数据保护、产权保护、隐私保护等内容。此外，当前科技对口支援更偏向于"政治性任务"，倘若能够将其明确转化为"法律性义务"，不仅有利于提高这一政策的合法性、合理性，调动多方主体的积极性，而且能减轻中央人民政府所面临的舆论压力及地方政府的隐性阻力。

由此，相应的科技对口支援机制指导思想应结合大政方针，如建设创新型国家、学习型政党及"2020 全面小康"等战略，以此阐述科技对口支援的启动条件、达标要求、权利义务、实施程序、停止条件等内容，从而使各地方政府在政策执行过程中有章可循，有法可依。并且，结合相应的发展阶段，强调科技对口支援应由行政命令转向项目合作，由单方援助转向双方共赢，实现援助理念与时代需要的匹配。

（2）完善协作机制和管理模式

政府治理绩效的提高通常依靠管理模式的精细化与多元化，即多种政策工具的灵活运用。因此完善科技对口支援的协作机制，优化其管理模式，首先需要多元管理工具配套使用，即固定战略，灵活战术。固定战略是指根据国家长远发展目标制定资源配置方案，以此建立严格完善的绩效考核制度。传统的对口支援粗放式管理，资金使用、项目落地均"野蛮生长"，因此必须建立相应的绩效考核，在旧有的审计制度基础上，添加人才、技术、理念等软性因素的成本收益分析，从而确保援助双方能够高标准地完成任务。然后，在此基础上，根据受援区的客观情况，有的放矢地进行战术运用。 即管理工具的使用要与当地条件相符，低教育素养区域强化管理力度，高素质领域弱化管理力度；否则科学性再强的政策，也难以取得成效。

例如对自然环境恶劣的受援地区，应以资金对口支援为主，以科技对口支援为辅，着重解决当地基础设施问题。 对自然环境优美、位置偏僻的受援地区，则以信息技术等手段，发展当地旅游业，抑或投入新农业技术，发展绿色环保高效种植业。 而对遭受自然灾害、医疗危机的受援区，则以科技对口支援为主，以资金支援为辅，重点援助医疗、技术人才。 在管理模式之外，还要建立援助服务平台，强化信息数据交流，吸引社会力量，完善协作机制。具体而言，建立援助服务平台，一方面是为了让援助双方能够在平台上交流信息，减轻层次、职能不对称所带来的障碍；另一方面，则是为了给社会组织、企业组织、团体个人提供平等参与援助活动的合作技术，从而构建一个"政府主导、企业协作、社会参与"的支援局面。 并且，在此局面下，个人更能发挥其监督、评估作用。 如在援助服务平台上建立人民满意度评价机制、举报机制、提问机制等，确保科技对口支援的投入资源被高效、充分地运用。

（3）创新宣传方式和宣传技巧

非正式机制是科技对口支援运行的基础，政治话语体系凝练价值观念，使其成为群体潜意识，进而界定支援双方的角色、职能，从而使政策合法性、合理性不断强化。 但目前对科技对口支援的宣传较多停留在政治口号的反复提及上，缺少相关成效的宣传。 只有增加援助成果的宣传，才能进一步提高民众对科技对口支援政策的认同感，以此减轻中央人民政府的舆论压力，提高地方政府的积极性。 所以应利用当下各类新兴的信息渠道，进行成效、口号的反复宣传，如通过抖音、微信公众号、快手等媒体，以图文并茂的方式直观地传递援助前后的变化，强化人民对"共同富裕""炎黄子孙"等共同体价值的认识。

此外，企业作为科技对口支援中的技术主体，如何激发其参与援助的积极性是提高科技对口支援效率与效用的关键。 具体而言，部分企业因利润模式而带着"原罪"，受到民主非议，如房地产企业[①]、石油公司等。 所以石油公司于 1980 年最早采纳企业社会责任概念，以应对民众对其污染环境的抗议。[②] 因此政府可以将科技援助与企业责任挂钩，建立企业声誉机制，对多次参与援助的企业利用官方媒体予以表扬，同时在相关领域的政府招标项目中给予优先考虑。 当然，对在援助过程中出现贪污腐败等重大问题的企业，也应给予批评通报与声誉指数下调的惩罚，从而建构起企业参与的内生动力机制，保障科技对口支援的长效运行。

（4）精准融合创新要素与区域禀赋

科技对口支援的保障条件不够充分，一旦抽离技术力量就容易导致受援区返贫。 为此，应精准融合创新要素与区域禀赋，提高地区创新能力水平，积聚经济发展潜力。 具体而言，结合当地特色产品、传统文化、自然资源等禀赋，建立特色产业链，打造独有产业。 如，黑龙江企业援助万州地区，结合当地的刺绣文化，创造出三峡绣品牌，同时在生产模式上通过分散式家庭作坊的模式，提高区域就业率。 但打造特色产业，并不意味着其产品能够畅销。 因此需要先延伸产业，发挥技术优势，巩固产业特色，如福建农研所对万州的援助，不仅进行枇杷种植技术的传播，而且还在万州进行品种选育与区域化栽培技术的科研攻关与运用，使其成为世界上枇杷品种资源数量最多的资源圃，其研究成果也多次获得国家级、省部级奖项。 由此提高产业的进入门槛。

除此之外，对于人才、中介等创新要素的整合、融合，也是促进区域创新能力水平提高的关键。 其中人才要素主要分为专业培训与基础教育两类。前者是指对区域内的各行业人才进行专项交流培训，使受援方人员进入支援方的先进单位组织学习；反之，支援方援助高端技术人才对受援方进行定期现场技术指导。 这类援助的关键在于交流机制的常态性与动态性，即每年固

---

① Jianjun Zhang, Christopher Marquis, "Mobilization in the Internet Age: Internet Activism and Corporate Response". *Academy of Management Journal*,2016,59(6):1-27.

② Alexandru Avram, Ana-Cristina Nicolescu, "Financial Communication in the Context of Corporate Social Responsibility Growth". *Amfiteatru Economic*,2019,21(52):623-638.

定批次的人员外派学习与专家指导，以及根据当地经济发展的受限行业要求，每年动态增加、减少相关交流领域，确保受援区经济的全方位提升。 后者基础教育类则是指对受援地区学生的教育，如沿海地区的新疆班、西藏班等，一方面，直接给予受援地区每年固定的学习名额，允许其派学生直接到支援方地区上学；另一方面，则是对受援地区的教师进行培训，使其学习先进的教育思想、教育模式，提高其教学能力。

5

对口支援的双向延伸

对口支援政策在我国实施了多年，产生了一定的积极效应。在此过程中，对口支援也开始延伸出一些新的形式和类型。我们认为，对口支援的延伸主要在两个方向上进行，即对口支援的横向延伸和对口支援的纵向延伸。对口支援的横向延伸，指的是在中央层面，对口支援政策被一些中央部门所借鉴和使用。对口支援的纵向延伸，指的是在地方层面，对口支援模式被应用到省内或市内。

5.1 对口支援的横向延伸

对口支援横向延伸的主要表现是对口帮扶、对口协作和对口合作。考虑到精准扶贫工作近年来在我国特别受中央和各级地方政府的重视，本节我们主要探讨东、西部扶贫协作问题。

5.1.1 东、西部扶贫协作实施的背景

（1）精准扶贫的指导思想

①贫困问题的产生与影响

在世界各国的发展过程中，普遍需要应对三大共性问题：贫困、人口与污

染。 其中，贫困问题是 21 世纪各国普遍面临的最严峻问题之一。 在 2000
年，联合国确定的千年发展目标就提出要消除贫困，甚至早在 1987 年，就有
10 万多人聚集在巴黎，宣称"贫困是对人权的侵犯"，从那之后的几年时间
里，不断有公众在世界各地举行相关活动，以示对贫困人群的关注和对贫困
工作的重视。 联合国也在 1992 年将每年的 10 月 17 日定为"国际消除贫困
日"。 在以联合国为主导的力量推动下，世界消除贫困问题取得了很大进
展，但据统计，贫困人口减少较显著的地区是处在东亚的中国，而其他各国的
情况则不容乐观。

从世界各国的实际情况来看，发展中国家的贫困问题较为严重。 这一问
题是多种因素共同作用的结果，比如经济基础落后、历史条件制约、人口过度
增长、自然资源匮乏、生态环境恶化、经济政策失误、经济结构单一等内部因
素。 国家经济脆弱，难以承受来自各方面的冲击，没有能力捍卫自身的经济
利益，缺乏抗风险能力，这正是国家贫困的根源所在。 同时，贫困问题也有
债务负担沉重、国际经济秩序不合理、贸易地位不利、贸易条件恶化等外部因
素影响，旧的不合理的国际经济秩序是国家经济严重滞后的主要原因之一，
也是造成国内贫困的间接影响因素。

②"扶贫"政策的源起

我国作为世界上最大的发展中国家，也面临着严峻的贫困问题。 在改革
开放初期，我国的贫困人口占世界贫困人口总数的 20％，农村贫困发生率高
达 30.7％，2.5 亿人生活在赤贫状态。 导致我国贫困问题的因素也比较复
杂，主要有历史进程、自然条件、区域差异、收入分配、家庭原因等因素。
首先，中华人民共和国成立以后，我国百废待兴，人口众多，生产效率比较低
下，长期的战争对国家建设造成了严重破坏，产业体系不完整，社会经济受到
的冲击较大，短期内无法根本解决这些问题。 其次，我国所确定的 592 个国
家重点扶贫县几乎都位于山区、高原等自然条件恶劣的地方，生产和生活条
件都较为艰难，各类自然灾害时常发生，气候条件也不利于长期稳定的生产
作业。 再次，东西部、南北方地理区位不同，国家制定的发展战略也各有差
异，导致区域间发展存在不平衡，中西部贫困问题比较突出，东部地区经济状
况较为乐观。 最后，由于当前失业问题长期存在，劳动者家庭压力又各有不

同，从而引发了失业导致的贫困问题，家庭因收入来源丧失或减少而生活水平急剧下降。

我国一直以来都致力于解决国家贫困问题，在 1986 年将"国家扶贫开发"列为国家层面的社会政策，致力于在经济和社会全面发展的进程中，实施以解决农村贫困人口温饱问题为主要目标的有组织、有计划、大规模的扶贫工程。自 20 世纪 80 年代以来，我国始终坚持"开发式扶贫"方针，即围绕经济建设，开发当地资源，发展生产，提高贫困地区自我发展的能力；同时，在政府主导下不断进行道路、水利等基础设施建设，完善生产生活条件，国家安排必要的以工代赈资金、扶贫专项贴息贷款等优惠政策，推动贫困地区经济发展。经过 20 年的不懈努力，我国农村绝对贫困人口从 1.25 亿下降为 2300 多万，农村绝对贫困发生率从 14.8％下降到 2.5％，扶贫工作取得了显著成就，贫困地区的生产生活和保障性事业得到了极大改善。

③"精准扶贫"指导思想的提出

经过前期国家开发式扶贫的努力，我国 7 亿多人口摆脱贫困，创造了世界扶贫的奇迹。当前，中国特色社会主义已经进入新时代，以习近平同志为核心的党中央，根据新时代、新特点，做出了一系列新举措、新部署；同时，在扶贫工作中也形成了新观点、新思想，其中，"精准扶贫"的理念便应运而生。"精准扶贫"的理念，是在长期工作实践中形成的。在福建宁德工作期间，习近平同志提出了"弱鸟先飞""四下基层"等观点和方法，其中也蕴含着"精准扶贫"的思路。2013 年，在湖南省湘西州花垣县排碧乡十八洞村考察时，习近平总书记提出了"扶贫要实事求是，因地制宜。要精准扶贫，切忌喊口号，也不要定好高骛远的目标"。这是"精准扶贫"第一次出现在公众视野中。党的十八大以来，习近平总书记又多次对精准扶贫和精准脱贫工作做出指示，在党的十八届五中全会上，精准扶贫作为打赢脱贫攻坚战的基本方略在国家层面提出。

精准扶贫的内涵丰富，主要是指扶贫工作要做到"六个精准"，实施"五个一批"，解决"四个问题"。即精准扶贫的基本要求是做到扶持对象精准、项目安排精准、资金使用精准、措施到户精准、因村派人精准、脱贫成效精准等"六个精准"；精准扶贫的实现途径是实施"五个一批"——发展生产脱贫一批、易地搬迁脱贫一批、生态补偿脱贫一批、发展教育脱贫一批、社会保障兜底一批；精准扶贫的关键环节是解决好扶持谁、谁来扶、怎么扶、如何退等"四个问题"。

精准扶贫的深刻内涵，也为扶贫工作做出了明确的指导性意见，要求在扶贫工作中首先做到创新传统扶贫开发路径，实施资产收益扶贫、电商扶贫新路径，较好地解决贫困农户农产品市场对接和市场开拓问题；把易地扶贫搬迁与多种扶贫举措结合起来，实现精准脱贫；把村集体经济发展状况作为衡量贫困村退出的重要指标。其次，创新传统的扶贫资源使用方式，统筹安排使用扶贫资源，有利于降低甚至消除扶贫资源重复、浪费使用现象。再次，创新传统扶贫开发管理模式，构建精细化帮扶政策体系、实施体系和责任体系，确保扶贫资源要瞄准贫困村和贫困户，实现扶贫对象有序退出，推进扶贫措施与贫困人口脱贫发展需求精准对接。最后，创新扶贫考核评估方式，将扶贫开发作为贫困地区经济社会发展实绩考核的主要内容，强化扶贫开发考核结果在干部工作考核中的运用，最大限度地杜绝"数字脱贫""被脱贫""假脱贫"现象发生。

（2）我国区域间发展差异的成因

①自然条件

1986 年，在全国人大六届四次会议审议通过的国家发展"七五"规划中，我国在区域上正式进行了政策上的划分，即按照经济发展程度，划分为东部、中部和西部三个区域，后经过调整，现基本为：东部地区包括北京、天津、河北、辽宁、上海、江苏、浙江、福建、山东、广东、海南 11 个省（市）；中部地区包括山西、吉林、黑龙江、安徽、江西、河南、湖北、湖南 8 个省；西部地区包括内蒙古、广西、重庆、四川、贵州、云南、西藏、陕西、甘肃、青海、宁夏、新疆 12 个省（自治区、直辖市）。从地区划分上来看，东部是指最早实行沿海开放政策并且经济发展水平较高的省市，中部是指经济次发达地区，西部则是指经济欠发达的西部地区。

导致东、中、西部经济发展差异的首要因素是自然条件的差异。从整体特征上看，东部地区地处沿海，地形多以平原、丘陵为主，地势平坦，季风气候，冷暖适宜，这为经济发展提供了便利的基础条件，地区潜力大，能够吸引较多的投资。而中、西部地区多地处内陆，地形以高原、山地、盆地等为主，地势起伏大，气候条件多干旱，土地也较缺乏肥力，生态环境相对较差，基础设施建设难度大。虽然中、西部地区在资源上占有优势，但山岭阻隔、交通不便等原因使其资源禀赋优势无法显现。改革开放以来，产业发展受市场机制影响大，企业对中西部的投资规模和增长速度也相对较小，经济发展速度也较为缓慢。

②历史因素

中国不平衡的区域经济发展状况由来已久，自唐朝以后，我国的经济发展重心就开始转向东部。到了宋代，经济中心已经移到了东南地区。东南地区尤以土地肥沃、水道交通便利而具有吸引力。19世纪40年代后我国近代工业首先出现在东南沿海的一些城市；直到20世纪30年代，在抗日战争特殊的历史背景下，由于西部地区地势险要，能够保证生产的安全，一些近代工业才一度出现向西移的趋势。到中华人民共和国成立初期，国家的工业集聚地也仍主要集中在东部的长三角、辽宁、天津、广州等沿海地区和中部的武汉、太原等地。由此可见，受历史事件的影响和干扰，我国各地形成的社会经济基础存在差异，这对后来的经济发展有着深远的影响，也导致各地在发展生产的方式和方向选择上出现了地域性差异。传统产业与新兴产业的发展也都受到历史因素的影响，各个地区的起步和发展速度都存在差异。

我国的四大工业基地指的是辽中南工业基地、京津唐工业基地、沪宁杭工业基地和珠江三角洲工业基地。辽中南工业基地主要是以钢铁、机械、石油化工等重工业为主。京津唐工业基地主要有钢铁、机械、化工、电子、纺织等工业，它是我国第二大综合性工业基地、我国北方最大的综合性工业基地。沪宁杭工业基地又叫长江三角洲（以上海、南京、杭州为顶点的三角地带），它是我国第一大综合性工业基地，轻、重工业都很发达。珠江三角洲工业基地（含广州、深圳、珠海、惠州、东莞、佛山、中山、江门等一系列工业城市）是以服装、电子、玩具、食品等轻工业为主。

③国家政策

国家政策是影响我国各地区发展的关键因素，从改革开放以来，我国不断出台各项促进地方发展的政策，但总体上的思路是由沿海向内陆逐步展

开。 例如，1980 年设深圳、珠海、厦门、汕头 4 个经济特区；1984 年确立 14
个沿海开放城市；1985 年建立长江、珠江、闽南三角洲地带沿海经济开发
区；1988 年设立海南省和海南经济特区；1990 年上海浦东开发；1992 年边境
城市、长江沿岸城市、内陆省会城市开放开发；1997 年设立重庆直辖市；
1999 年西部大开发；2003 年振兴东北老工业基地；2004 年中部崛起计划；
2013 年"一带一路"建设、长江经济带建设；2018 年京津冀协同发展；2019
年黄河流域高质量发展、粤港澳大湾区建设等。

从以上国家宏观实施的政策来看，东部沿海地区具有显著的先发优势，
正是利用这一系列的倾斜和优惠政策，在较短的时间内就建起了一些国际级
经济特区，开放了 10 多个沿海城市和一大批沿江、沿边中心城市。 东部率先
发展战略的实施极大地促进了东部地区的快速发展，但是因为期望的梯度转
移并没有实现，因此也拉大了与发展相对滞后的内陆地区的差距。 在发展空
间上，开放首先从沿海开始，从沿海的点（经济特区和沿海开放城市）到沿海
的片（长江三角洲、珠江三角洲、闽南三角地带、山东半岛、辽东半岛等），
再向中西部推进。 但目前中西部的开放城镇仍是点状分布（长江沿岸开放城
市、边境开放城市、省会开放城市），在开放程度上不及东部沿海地区。 国
家也在采取一些促进区域间协调发展的政策，2016 年推出的东西部扶贫协作
和对口支援更是现阶段促进中西部发展，缩小区域发展差距的重要手段。

（3）东西部的差异化发展战略

①东部率先发展战略

东部地区是最先受到国家政策鼓励的地区，以 20 世纪 80 年代的深圳特
区设立为起点，东部地区逐步形成了珠江三角洲、长江三角洲、京津冀地区三
大经济圈，为东部地区经济持续增长注入了不竭动力。 实施东部率先发展的
战略，是国家遵循区域经济增长阶段演进的规律，立足于发展大局做出的科
学举措。 东部地区在实现经济增长的同时，还在经济发展转型方面取得了显
著成效。 2006 年，在国家"十一五"规划中，提出了"坚持实施推进西部大
开发，振兴东北地区等老工业基地，促进中部地区崛起，鼓励东部地区率先发
展"，这是国家在兼顾区域协调发展的同时，也明确了各地区在国家发展中的
地位和策略，尤其是将东部地区作为改革开放的先行区域和引领地区。

东部率先发展的战略安排是非常具有科学性和系统性的,从政策内容上看具有以下几点特征:其一,东部地区率先发展的战略方向和战略坐标,是支撑和引领全国经济发展,增强我国的国际竞争力,进而使我国融入和参与更高层次的国际竞争与合作。 其二,东部地区率先发展的战略重心也是非常明确的,即在经济发展的同时,提高科技自主创新能力,调整和升级产业结构,扩大和深化对外开放,推进体制机制创新。 其三,东部地区率先发展的任务是不断增强社会可持续发展的能力,提高资源利用率,实现经济与生态共同进步。 其四,在不同的发展阶段,东部地区发展的空间重点和任务也不相同,具体是在"十一五""十二五""十三五"三个时期的差异。 从过去到现在,东部地区率先发展的成果丰硕:1952 年东部地区生产总值仅为 257 亿元,1978 年增加至 1514 亿元,1991 年首次突破 1 万亿元,2005 年首次突破10 万亿元,2018 年达到 48.1 万亿元,年均增长 9.4%,其中,改革开放以来的年均增长率为 11.3%,经济增速令世人瞩目。

②西部大开发战略

西部地区是我国面积最为广袤的区域,面积占全国的 71.4%,自然资源丰富,但其经济发展水平却始终处于相对落后状态,地区经济总量占全国总量不足三成,与东部地区更是具有非常显著的差距。 该发展差距是由于受到各种因素影响所造成的,是困扰和制约我国区域协调发展的瓶颈。 21 世纪初,我国便在"十五"发展规划中,把"实施西部大开发,促进地区协调发展"作为一项战略任务。

西部大开发战略的总体要求是要加快改革开放的步伐,利用国家支持、区域合作和地区努力三股力量,增强西部地区的自我发展能力。 同时,以点带面、以线串点,依托中心城市和交通干线,实行重点开发。 基础设施建设是重点,加强对出境和跨区铁路等新通道建设,以推动"五纵七横"中西部地区路段的建成,以及促进 8 条省际公路的完工。 在发展的同时,要注重生态保护,巩固和发展退耕还林成果,继续推进退牧还草、天然林保护等生态工程,加强植被保护,加大荒漠化和石漠化治理力度。 注重对区域水污染的预防和治理。 加强青藏高原生态安全屏障保护和建设。 要将西部地区的资源优势转化为经济产业优势,发展特色产业、优势产业,加强对清洁能源的开发和利用。 支持和引进先进的制造业、高技术产业等，提高产业技术含量。 加强和改善公共服务，优先发展义务教育和职业教育，改善农村医疗卫生条件，推进人才开发和科技创新。 利用区位优势，加强边境口岸设施建设，加强相邻的境外国家与地区的经济技术合作。

③中部崛起战略

在东部率先发展战略的指导下，东部地区发展迅速，成效显著；而后，党和政府提出了西部大开发战略，支持和引导西部地区的发展。 而中部地区没能享受以上的国家政策，导致长期未被重视，其经济发展严重落后。 为此，2004 年，时任国务院总理温家宝提出了中部崛起的发展战略，以支持中部地区的发展。 中部崛起战略的实施也起于"十一五"规划，发展重点为依托现有基础，提升产业层次，推进工业化和城镇化，在发挥承"东"启"西"和产业发展优势中崛起。 加强现代农业特别是粮食主产区建设，加大农业基础设施建设投入，增强粮食等大宗农产品生产能力，促进农产品加工转化增值。加快钢铁、化工、有色、建材等优势产业的结构调整，形成精品原材料基地。构建综合交通运输体系，重点建设干线铁路和公路、内河港口、区域性机场。加强物流中心等基础设施建设，完善市场体系。

中部崛起战略的实施过程，既是区域经济加速发展的过程，也是区域经济社会发展达到一定水平的结果，具有丰富和深刻的内涵：其一，中部崛起是推进新型工业化的过程，工业化是区域经济发展的主线，是中部崛起的必由之路。 当前，从人均生产总值来看，中部六省整体上已迈入工业化的中期阶段，部分中心城市已经进入工业化的中后期，工业化滞后成为制约中部区域经济社会发展的根本障碍。 其二，中部崛起战略要解决产业结构和劳动力结构优化的问题，工业化的本质在于实现产业结构和劳动力结构的非农化。 因此，要立足产业富区，坚持优势优先，注重发展县域经济和特色产业，形成与城市大工业体系相互适应和相互促进的差异化产业体系。 其三，中部崛起的发展目标是区域经济、社会、环境和谐发展，中部作为我国重要的商品粮基地、重要的能源和原材料基地，其发展不应该是粗放型的增长过程，要按照科学发展观、新型工业化与新型城市化的要求，依靠科技进步和创新，促进中部经济、社会和环境的和谐发展。

④振兴东北老工业基地战略

东北地区从中华人民共和国成立初期到 20 世纪 90 年代都是我国重要的工业基地，拥有完整和独立的工业体系和经济体系，为我国的现代化建设贡献了巨大力量。 但是随着国家改革开放的深入和经济体制改革等的影响加深，以及东北地区自身结构性和体制性矛盾的凸显，东北工业体系的技术逐渐落后，竞争力下降，与沿海东部地区的差距不断加大。 东北地区经济发展变得缓慢，甚至出现产业衰退等现象。 2003 年，国家从全局出发，颁发了《关于实施东北地区等老工业基地振兴战略的若干意见》，具体提出了"振兴东北老工业基地战略"。 战略实施以来，改善了东北地区的状况，推动了经济的发展，逐渐推进经济转型和建立优势产业，现已基本奠定了东北地区"全国商品粮和肉食供应基地"的地位。

振兴东北老工业基地，实现东北地区经济的又好又快发展，具体要注重以下四个方面。 其一，调整经济结构，提高服务业比重、非公有制经济增加值占地区生产总值的比重，增强自主创新能力，形成一批拥有自主知识产权、知名品牌和具有国际竞争力的优势企业。 其二，增强可持续发展能力，提高资源利用效率，扭转生态环境恶化趋势，治理辽河、松花江流域水污染和大气污染，改善海洋生态环境。 其三，提高社会发展水平，改善基本公共服务，逐步健全教育、卫生等社会保障体系，减少贫困人口，增强社会治安和安全生产能力，建设社会主义新农村。 其四，深入推进改革开放，完善社会主义市场经济体制，在体制机制创新方面取得重大突破，推动国有企业改制，形成以沿海、沿边和主要城市为重点的对外开放格局。

5.1.2　东西部协作扶贫的主要举措

（1）明确协作扶贫结对关系

全面脱贫是我国全面建成小康社会的三大攻坚战之一，任务重大，事关国家发展大局，东西部协作扶贫是脱贫攻坚的主要手段之一。 党的十九大报告指出，"动员全党全国全社会力量，坚持精准扶贫、精准脱贫，要求坚持大扶贫格局，注重扶贫同扶志、扶智相结合，深入实施东西部扶贫协作，解决区域性整体贫困，做到脱真贫、真脱贫"①，将东西部协作扶贫摆在了非常重要的位置。东西部协作扶贫政策是始于 1994 年国务院颁发的《国家八七扶贫攻坚计划》，该计划提出北京、上海、天津、辽宁、山东、江苏、浙江、广东等东部省市对口帮扶西部地区的贫困省。 1996 年，国务院扶贫开发领导小组发布的《关于组织经济比较发达地区与经济欠发达地区开展扶贫协作的报告》中明确了对口帮扶的地区间对应关系。 后经过不断调整，在 2016 年的《中共中央、国务院关于打赢脱贫攻坚战的决定》中最终确定了东西部扶贫协作的结对省市关系，即"北京市帮扶内蒙古自治区、河北省张家口市和保定市；天津市帮扶甘肃省、河北省承德市；辽宁省大连市帮扶贵州省六盘水市；山东省帮扶重庆市，济南市帮扶湖南省湘西土家族苗族自治州，青岛市帮扶贵州省安顺市、甘肃省陇南市；江苏省帮扶陕西省、青海省西宁市和海东市，苏州市帮扶贵州省铜仁市；上海市帮扶云南省、贵州省遵义市；浙江省帮扶四川省，杭州市帮扶湖北省恩施土家族苗族自治州、贵州省黔东南苗族侗族自治州，宁波市帮扶吉林省延边朝鲜族自治州、贵州省黔西南布依族苗族自治州；福建省帮扶宁夏回族自治区，福州市帮扶甘肃省定西市，厦门市帮扶甘肃省临夏回族自治州；广东省帮扶广西壮族自治区、四川省甘孜藏族自治州，广州市帮扶贵州省黔南布依族苗族自治州、毕节市，佛山市帮扶四川省凉山彝族自治州，中山市、东莞市帮扶云南省昭通市，珠海市帮扶云南省怒江傈僳族自治州"②，如表 5-1 所示。

表 5-1　东西部扶贫协作结对帮扶省市关系

东部省市	北京市	北京市	北京市	天津市	天津市	辽宁省大连市	山东省	济南市	青岛市	青岛市
帮扶地区	内蒙古自治区	河北省张家口市	河北省保定市	甘肃省	河北省承德市	贵州省六盘水市	重庆市	湖南省湘西土家族苗族自治州	贵州省安顺市	甘肃省陇南市

---

① 习近平：《决胜全面建成小康社会夺取新时代中国特色社会主义伟大胜利》，《人民日报》2017 年 10 月 28 日。

② 《中共中央国务院关于打赢脱贫攻坚战的决定》，《人民日报》2015 年 12 月 8 日。

东部省市	江苏省	江苏省	江苏省	苏州市	上海市	上海市	浙江省	杭州市	杭州市	宁波市
帮扶地区	陕西省	青海省西宁市	青海省海东市	贵州省铜仁市	云南省	贵州省遵义市	四川省	湖北省恩施土家族苗族自治州	贵州省黔东南苗族侗族自治州	吉林省延边朝鲜族自治州
东部省市	宁波市	福建省	福州市	厦门市	广东省	广州市	广州市	佛山市	中山市、东莞市	珠海市
帮扶地区	贵州省黔西南布依族苗族自治州	宁夏回族自治区	甘肃省定西市	甘肃省临夏回族自治州	广西壮族自治区、四川省甘孜藏族自治州	贵州省黔南布依族苗族自治州	贵州省毕节市	四川省凉山彝族自治州	云南省昭通市	云南省怒江傈僳族自治州

经过这次调整，东西部协作扶贫的省际结对关系相对完善，扶贫协作的格局基本奠定，新的帮扶关系实现了对深度贫困地区的全面覆盖。同时，这次结对关系中对北京和天津帮扶河北的具体任务也做了明确，拓展了东西部协作扶贫政策的深度和广度，为日后扶贫工作开展奠定了坚实基础。

（2）强化东西部产业合作

产业合作是帮助受援地区贫困人口脱贫的重要途径，承担着为受援地区造血生肌、长效脱贫防止返贫的重任。[①] 东西部扶贫协作既具有东部地区帮扶西部地区的属性，也具有东西部合作发展、互利共赢的特征。[②] 东西部扶贫协作中的产业合作是基于东西部地区资源、要素的禀赋差异和比较优势，致力于使东部地区的资本、技术引入西部地区，以求能够最大化地利用西部地区的劳动力和资源优势，同时将西部地区的特色农产品等在东部地区打开市场，进而也能满足东部地区公众的需求，为西部地区居民收入增长开辟新

---

① 天津市发展和改革委员会东西部扶贫协作和对口支援产业合作课题组，郭造林，董建欣：《全面开展东西部扶贫协作和对口支援产业合作工作的研究报告》，《天津经济》2020年第5期，第3—8页。

② 陆汉文：《东西部扶贫协作与中国道路》，《人民论坛·学术前沿》2019年第21期，第62—68页。

途径。"产业合作，优势互补"的思想，对于今后东西部地区相互合作具有非常重要的指导意义。①

首先，在东西部扶贫协作中通过产业合作实现了区域间的优势互补。这体现了"推动全国互利、协同、共赢发展的重要思想"②，产业合作改变了以往对口帮扶中所采取的缺乏持续性和长久性的"东部发达省份常常拿财政资金补贴西部贫困省份"③方式，不再是通过东部发达地区直接补贴西部贫困地区的方式，而是通过西部地区在东西部产业合作中不断增强自身"造血能力"的方式。同时，东部地区也促进了自身的经济发展和转型升级，在这种情况下，东部地区投入部分资金扶持西部地区的基础建设等公共事业就能够拥有足够的基础，这对东西部双方都是利好的，并且也是"扶贫工作尊重发展规律、调动各方发展积极性"④的重要体现。

其次，东西部地区产业合作是推进我国供给侧结构性改革的重要体现。"供给侧改革的五大任务非常明确，即去产能、去杠杆、去库存、降成本、补短板"⑤。东西部地区的扶贫协作，能够使东部地区的发展优势和西部地区的资源优势有机结合。东部地区快速发展，产业亟待向高端产业升级转型，生产标准也需要不断提高；同一时期的西部地区却面临贫困问题、产业缺乏、生产效率低的状况。在这种情况下，东部地区和西部地区的产业合作能够实现对接发展、生产互惠，东部地区可以将产业链的中上游中心转移至西部地区；同时，根据东部地区产业的需求为西部地区的生产制定质量安全标准，以保证东西部产业链的完整与高效，由此将东西部地区优势最大化，实现共同

---

① 李宁：《习总书记为何提东西部"产业合作，优势互补"》，中国经济网，http://views. ce.cn/view/ent/201607/23/t20160723_14085987.shtml。

② 何家伟：《习近平东西部扶贫协作重要论述研究》，《武汉科技大学学报》（社会科学版）2020年第2期，第164—171页。

③ 中国农村财经研究会课题组，李军国：《支持现代农业建设，推动农业发展方式转变的财政研究》，《当代农村财经》2017年第1期，第2—20页。

④ 黄承伟：《习近平扶贫思想论纲》，《福建论坛》（人文社会科学版）2018年第1期，第54—64页。

⑤ 胡志平：《供给侧结构性改革的中国特征及创新路径》，《社会科学》2017年第1期，第40—52页。

发展。

最后，东西部地区产业合作、优势互补，对深化市场体制改革具有重要的推动作用。[①] 市场对资源的配置作用，是基于比较优势理论推动发展的。[②] 在推动东西部产业合作的过程中，政府和市场的作用都有了各自的定位，政府为了促进企业的发展，需要主动去消除地方保护主义的障碍，建立起公平和一致的市场发展机制，建立良好的营商环境；企业则会根据市场资源配置的规律，选择生产效益最佳的投资选择。 因此，东西部扶贫协作中的产业合作，实质上也是发挥市场在资源配置中的决定性作用，协调政府和市场的关系，推动国家深化市场体制改革与政府职能转变的一项重要举措。

（3）加强东西部劳务协作

劳务协作是东西部扶贫协作中的一项重要举措，实施该举措的基础在于东西部产业发展成熟度与发展规模的差异，导致劳动力需求也存在差异，即东部地区产业发展规模大，对劳动力需求大，虽已吸纳了部分东部地区的劳动力，但随着东部地区产业规模的扩大与劳动力成本的上升，产业发展的劳动力需求出现了困境。 而西部地区产业规模相对较小，无法吸纳西部地区大量的劳动力资源，居民无法解决就业问题，家庭收入严重受限。 由此，通过实施东西部劳务协作政策，西部地区富余的大量劳动力可以转移至东部地区，解决就业问题，增加个人收入，提高生活质量，摆脱贫困；同时，东部地区的产业发展也能够解决用工需求，促进产业升级和转型的进一步深化。

劳务协作的实施对东西部双方都是有益的，对脱贫攻坚更是具有非常直接的促进作用。 但受制于东西部发展的差异，西部地区如何培养出东部地区产业发展所需的劳动力资源，东部地区又应当如何发挥劳务协作的优势，是东西部劳务协作中需要解决的问题。 为了提升劳务协作的工作效能，在实际的政策实施中，东西部地区也采取了有针对性的措施保障劳务协作的顺利进行。

[①] 吴国宝：《东西部扶贫协作困境及其破解》，《改革》2017 年第 8 期，第 57—61 页。

[②] 丛松日：《市场对资源配置的决定性作用：解构政府与市场》，《重庆社会科学》2014 年第 2 期，第 5—13 页。

一方面，西部地区注重对劳动力素质的提升。 首先，加大职业技能培训投入，以就业为导向，对接东部产业发展需求，提高培训的针对性，引导扶贫产业与职业培训相结合，鼓励技工学校和职业院校扩大对贫困家庭子女的招收力度，鼓励职业培训机构对待就业人员进行技能培训，确保贫困家庭中的劳动力能够掌握致富技能，提高就业能力。 其次，加强基层就业服务保障，鼓励和支持企业能够在贫困地区的基层设立培训服务，通过订单式等各种形式定向培养所需要的劳动力资源；同时，在输出地与输入地之间要建立起对接服务的完善机制。 最后，完善配套服务，在鼓励和支持贫困人口跨省务工、拓展外出就业空间的同时，也注重引导其返乡就业创业，注重帮扶，提供政策支持。①

另一方面，东部地区注重对务工人员权益的保障。 首先，劳务协作机制健全，东部地区组织企业与西部地区建立起全方位、高质量的劳务协作平台，将企业所需要的更适合贫困人员的岗位需求提供给对口帮扶的地区，引导企业将部分技术要求较低的岗位优先提供给贫困人员，并能够根据当地政策要求提供适当的岗位补贴。 其次，东部地区的当地政府定期组织企业招聘活动，组织东部地区企业到对口帮扶地进行招聘；并且在此过程中，东部地区的人力资源服务机构也会对企业进行政策解读，帮助企业在招聘员工时能享受到更多的政策优惠，引导企业加强对西部贫困员工的帮扶和保障。 最后，落实就业地的就业创业政策。 西部贫困人员到东部地区就业务工，也可以享受东部地区的优惠政策；并且，企业也会开展相应的岗前职业培训，给予贫困人员充分的培训补贴和失业保障。

（4）突出人才双向交流

东西部地区不仅在发展上有差异，而且在人力资源方面也有较大的差异。 东部地区改革开放起步早，发展快，国际化程度高，产业技术含量高，因此也集聚了大量的高水平技术人员；并且，东部地区的党政干部也拥有丰富的管理经验、先进的治理理念和敏锐的创新意识。 而西部地区在这一方面略显薄弱，在地方发展的过程中也会遇到能力不足的问题，从而不利于东西

---

① 《中共中央　国务院关于打赢脱贫攻坚战的决定》，《人民日报》2015 年 12 月 8 日。

部扶贫协作工作的开展。 因此，开展东西部人才双向流动的人才支援是推动西部地区脱贫攻坚、实现社会进步的重要举措。 在实际的政策落实过程中，对西部地区的人才支援主要是通过协作双方采取双向挂职和培训、支医、支教、支农等举措，将东部地区的先进理念、技术、人才、信息、经验等要素传播到西部地区，促进西部地区公共管理以及教育、医疗、科技事业的发展。①

一方面，党政干部双向流动提升治理能力。 东西部在对口帮扶的结对省市之间，建立了党政干部双向交流机制。 精准安排党政干部挂职锻炼的岗位，要能够安排关系地区发展的关键岗位，同时不仅东部地区的党政干部要在西部地区挂职，西部地区的党政干部也要到东部地区挂职锻炼，双方互派干部挂职锻炼，而且在时间安排上也要做适当调整，争取挂职干部能够做出成绩，在东西部扶贫协作中发挥桥梁和纽带作用。 挂职干部的双向交流促进了东西部对口帮扶的紧密联系，能够使东西部在产业开发、招商引资、项目合作、劳务输转、商贸旅游、脱贫攻坚等方面互联共通②，实现互利共赢，促进两地经济社会更好更快发展。

另一方面，技术人才双向交流推动西部地区产业发展。 东部地区借助科技、人才优势，在结对扶贫过程中加大科技扶贫力度，解决贫困地区特色产业发展和生态建设中的关键技术问题。③ 科技扶贫的投入主要包含三方面内容：其一，建立科技特派员制度，支持和引导东部地区专业技术人员在对口帮扶地区提供扶贫服务，尤其注重帮扶地区基层农业技术的推广，加强当地农民的职业化培训。 其二，东部地区技术人员的支援帮扶，也要在培养贫困地区本土人才方面发挥作用，促进对贫困地区的致富带头人的支持和培训，使贫困地区的居民也能加入东西部对口帮扶的扶贫工作中，并发挥重要作用。其三，对支援贫困地区的技术人员与贫困地区培养出的专业技术人员进行引导和激励，在政策上加大支持力度，推动适用性技术在贫困地区的转化。

---

① 常健：《东西部合作推进乡村振兴正当时》，《中国改革报》2019 年 11 月 6 日。
② 陆汉文：《东西部扶贫协作与中国道路》，《人民论坛·学术前沿》2019 年第 21 期，第 62—68 页。
③ 万健琳、杜其君：《生态扶贫的实践逻辑——经济、生态和民生的三维耦合》，《理论视野》2020 年第 5 期，第 62—67 页。

（5）广泛动员社会帮扶

东西部扶贫协作的对口支援工作仅依靠政府力量的推动作用也相对有限，发挥市场机制协调东西部资源配置和产业合作能够带来西部地区社会经济的增长，但对于西部贫困地区社会效益的提升作用也相对有限。鉴于此，盘活社会力量，激发社会的积极性，广泛动员社会力量投入扶贫支援就成为促进西部社会和谐和公平的重要举措。实施社会帮扶也是基于东西部地区非公有制经济的发展差距和志愿服务资源与社会组织发展的差异，致力于利用社会力量帮助西部地区脱贫。① 在实施东西部扶贫协作对口支援过程中，广泛调动社会力量参与其中的举措主要体现在健全社会力量参与机制和完善扶贫协作机制两方面。

一方面，健全社会力量参与机制。东西部地区均要大力支持和鼓励社会组织、个人、民营企业等参与扶贫协作，使精准扶贫与社会帮扶资源有效对接。注重发挥工商联系统组织作用，动员民营企业开展定点帮扶贫困村的精准扶贫工作。通过实施包村、包户的措施推动社会扶贫的重心向基层下移，贫困村、贫困户均能安排适当的社会力量结对，点对点帮扶。对民营企业吸纳西部地区贫困人口进行税收优惠、职业培训补贴等政策照顾，切实推行公益扶贫捐赠所得税税前扣除政策。②同时，通过政府购买服务等方式，鼓励各类社会组织开展到村到户精准扶贫，尤其是发挥志愿服务团体组织的作用，动员广大的专业社工人员服务贫困地区。对于社会捐赠等，通过专业的社会组织完善物资管理，建立信息透明化公开化机制，提高社会对扶贫帮扶的信任。

另一方面，完善东西部扶贫社会协作机制。东部地区在对口支援西部地区时，根据自身经济体量的增长不断动态调整和逐步加大对结对地区的投入力度，并通过精准的对接机制将资源投入直接用于对贫困县、贫困村和贫困户的帮扶。社会力量帮扶还体现在东部发达地区对西部地区公共基础设施的

① 朱方明、刘丸源:《坚持和完善社会主义基本经济制度,保障脱贫攻坚任务全面完成》,《政治经济学评论》2020年第2期,第43—51页。
② 单伟力、曾光:《企业扶贫捐赠所得税税前扣除政策解读》,《中国税务》2019年第5期,第43—44页。

建设上，引导东西部合作按照西部地区发展的需求共建产业园区，为民营企业的发展奠定基础；同时，对于社会组织和民营企业在投入扶贫工作中出现的困难也积极给予支持和帮扶。东西部经济发展和财政能力都是有差异的，可以通过资金支持的方式帮助缓解社会组织和民营企业资金不足的困难。

从东西部扶贫协作实际情况来看，产业合作和劳务协作具有鲜明的互利共赢特征，人才支援和社会帮扶主要是东部地区对西部地区的帮扶，但也有助于东部地区干部锻炼和人才培养。

（6）落实扶贫工作考核

我国的脱贫攻坚已经到了关键时期，国家实施精准扶贫下的东西部扶贫协作和对口支援政策的目标非常明确。为了保证政策实施能够取得良好的成效，国务院扶贫开发领导小组自 2017 年开始，每年组织开展一次考核工作。在 2017 年 8 月，国务院扶贫开发领导小组印发《东西部扶贫协作考核办法（试行）》[①]，确定了考核内容、评价体系和考核结果的应用途径，使该项工作由"软约束"转变为"硬约束"，显著提升了该项制度的规范化水平。考核小组的成员由国务院扶贫办牵头，由中央组织部、中央统战部、国家民委、国家发展改革委、财政部、全国工商联、教育部、人力资源和社会保障部、国家卫健委等国务院扶贫开发领导小组成员单位的人员组成。完善定点扶贫牵头联系机制，各牵头部门要按照分工督促指导各单位做好定点扶贫工作。对口支援的东部和西部双方省市都是考核的对象，而且也是各列标准、分开考核。

对于东部地区的考核，主要从帮扶责任的履行、帮扶工作的精准度、帮扶工作的有效性等方面展开，具体包括六个方面的内容：其一，组织领导，主要考核东部帮扶省市与扶贫协作的结对地区，在高层联席会议制度的建立，以及制度落实情况方面的成效，同时包括党政的主要负责同志在对口支援举措的研究部署、协调推进方面的工作情况。其二，人才支援，主要考核东部地区选派党政干部到扶贫地的挂职锻炼情况、专业技术人才选派情况，以及年

---

① 方珂、蒋卓余：《东西协作扶贫的制度特点与关键问题》，《学习与实践》2018 年第 10 期，第 105—113 页。

度人才支援和交流的开展情况。 其三，资金支持，主要考核帮扶地区财政援助扶贫地的资金投入情况、社会帮扶资金投入情况等。 其四，产业合作，主要考核东部地区引导、组织企业到扶贫地投资、生产情况，以及发展产业所带动的贫困地贫困人员就业、经济增长和社会脱贫情况。 其五，劳务协作，主要考核建立和完善劳务输出精准对接机制，开展职业教育、职业培训以及通过就业援助带动贫困人口脱贫情况。 其六，携手奔小康行动，主要考核东部帮扶省市组织所属的经济较发达县（市、区）等参与对口帮扶的情况，以及这些地区党政干部赴结对县（市、区）的调研对接情况，实施与贫困地的乡镇、村的结对帮扶工作情况。

对于西部地区的考核，主要从主体责任的履行、接受东部帮扶省市的工作主动性和有效性等出发，主要有六个方面的内容：其一，组织领导，主要考核被帮扶省份与东部省市建立高层联席会议制度以及落实情况，党委政府负责同志研究部署、协调推进扶贫协作工作情况。 其二，人才交流，主要考核向东部省市选派挂职的党政干部与专业技术人员的学习交流、工作履职情况；同时也考核西部地区为到本地挂职交流的东部地区党政干部和专业技术人才等所提供保障和工作任务分配等情况。 其三，资金使用，主要考核东西部扶贫协作和对口支援资金整合、管理、用途与使用效益。 其四，产业合作，主要考核为东部地区提供扶贫产业项目需求的情况，制定和落实相关对于东部地区企业落地投资的优惠支持政策情况，以及在产业项目投入与发展过程中引导本地贫困人口就业、脱贫等情况。 其五，劳务协作，主要考核提供贫困人口信息和就业意愿情况，以及与东部地区开展有组织劳务对接和贫困人口就业脱贫情况。 其六，携手奔小康行动，主要考核贫困县组织实施帮扶工作情况、贫困县党委政府主要负责同志到东部结对县调研对接情况，以及帮扶资金和项目精准聚焦贫困村和贫困人口情况。

对东西部扶贫协作和对口支援工作的考核结果分为好、较好、一般、较差四个等次，考核结果确定后，国务院扶贫开发领导小组会在每年定期向党中央、国务院报告对东西部省市的各自考核结果，并会根据工作需要选择在一定范围内通报，该考核结果作为对中西部省级党委和政府扶贫开发工作成效考核的参考依据。[①]

5.1.3 东西部协作扶贫取得的成效

东西部扶贫协作和对口支援政策实施以来，东西部有关省市的党委和政府高度重视，积极参与，东西部双方开展了多形式、多层次、全方位、宽领域的扶贫协作，聚焦脱贫攻坚，明确脱贫任务，逐步形成了以政府援助、社会帮扶、企业合作、人才支持为主要内容的东西部扶贫协作工作体系，也涌现出诸如两广协作、沪滇合作、闽宁协作等各具特色的东西对口支援帮扶模式，扶贫工作成效显著。

首先，完善了东西部扶贫协作的结对关系。对于东西部扶贫协作结对关系的调整，党中央和国家扶贫办坚持不改变原有的结对关系，维持东西部原有的支援体制和管理体系，适当调整完善扶贫协作的结对关系，最终形成了东部地区 9 个省市、13 个城市对口帮扶中西部地区 14 个省（区、市）、20 个市（州）的结对关系，实现了对 30 个民族自治州结对帮扶的全覆盖。

其次，健全东西部协作机制，明确了扶贫工作任务和目标。中办和国办印发了《加强东西部扶贫工作的指导意见》，国务院扶贫开发领导小组制定了《东西部扶贫协作考核办法（试行）》，其他各部门也出台了相应的支持性政策。东西部各省区市的党政主要领导直接负责扶贫协作工作，有力地推动了东西部扶贫协作工作。[②] 同时，以考核促进东西部扶贫协作工作的精准度，从 2018 年开始，东西部省区市签订扶贫协作协议，把扶贫协作的考核指标和要求量化，转变为可操作的工作任务，扶贫协作工作质量和成效显著提升。

再次，探索出源头扶贫的新路径和新思路，东西部扶贫协作和对口支援的关键举措是以当地产业发展为抓手带动西部地区教育的普及和针对性。产业扶贫能够吸纳西部地区大量的劳动力和贫困人口，在这些人员参与就业前，政府、企业和社会组织等力量会开展系列的职业能力提升的生产技术培

---

① 李小云：《东西部扶贫协作和对口支援的四维考量》，《改革》2017 年第 8 期，第 61—64 页。

② 黄承伟：《东西部扶贫协作的实践与成效》，《改革》2017 年第 8 期，第 54—57 页。

训教育，从而提升劳动力的知识水平和受教育水平。[1] 同时，产业扶贫带来的社会经济发展，使得当地政府能够为当地教育事业的长足发展提供资金支持。 所谓扶贫先扶智，教育是实现脱贫的有力举措，但是教育也需要政府、社会和家庭多方共同参与，家庭收入提升，适龄儿童接受教育更有保障；地方社会经济富裕，教育事业才能得到充分支持。 教育是遏制贫困发生的源头，也是提升脱贫内生力的应有之义。

最后，东西部扶贫协作形成了合力，东部地区加大了对西部地区的投入。在 2016 年至 2019 年间，东部 9 省市累计向扶贫协作地区投入财政援助资金达472.6 亿元，对比 2016 年之前 20 年的财政投入，涨了将近 4.6 倍。 同时，东西部扶贫协作在产业合作方面也取得了显著成效，累计超过 2 万家东部地区的企业到西部地区投资设厂，累计到位投资额达 6365 亿元，援建扶贫车间1363 个，推动了西部地区产业发展能力的提升。[2] 近年来，西部地区的部分省市经济增速领跑全国。

东西部扶贫协作和对口支援始终坚持互利共赢、优势互补的原则，东部地区鼓励企业在西部地区投资兴业、带动就业和发展当地产业，积极推进社会帮扶力量，形成了"万企帮万村"的帮扶机制，促进了西部地区医疗服务、教育就业和社会公益等各方面的显著进步，东西部地区在扶贫协作的过程中也形成了强大的发展合力。

5.1.4 东西部扶贫协作存在的问题

自 1996 年我国实施东西部扶贫协作以来，经不断地调整和改进，取得的成果丰硕、成效显著，对西部地区的社会经济发展和脱贫攻坚起到了非常关键的推动作用，也为区域协调发展奠定了基础。 但是，在这个过程中也暴露了一些问题，亟待后续改进。

---

[1] 许旭红:《我国从产业扶贫到精准产业扶贫的变迁与创新实践》,《福建论坛》(人文社会科学版)2019 年第 7 期,第 58—65 页。

[2] 国务院扶贫办:《对十三届全国人大二次会议第 2755 号建议的答复》,国务院扶贫开发领导小组办公室网站,http://www.cpad.gov.cn/art/2019/12/12/art_2202_108323.html。

其一，协作帮扶上被帮扶对象参与意愿不足。 一方面，西部地区长期以来发展较为缓慢，贫困人口多，生活条件差，同时贫困人口在教育文化和知识技能等方面存在很多不足的地方，受到思想观念的影响，西部地区参与东西部扶贫协作的意愿略显不足。 在东西部扶贫协作工作中，部分地区的部分民众存在对贫困户认定的认识偏差，生活方式上存在"等、靠、要"等懒惰思想。① 这对脱贫攻坚和贫困摘帽等工作造成了很大的负面影响，贫困人口主动就业、劳动致富的观念较为淡薄。 另一方面，部分西部地区缺乏主动沟通的意愿，使东西部帮扶工作出现失衡现象。 东部地区的 9 个省 10 多个市都是经济实力较强和能够主动作为的地区，但是在实际的结对帮扶工作中，个别省市并没有取得很好的成效，个别东部地区的省市在扶贫帮扶工作中落实的具体工作少，实施的举措不多，所结对帮扶的西部地区省市主动争取、主动沟通的意识相对缺乏。 这种失衡还会导致东部省市的扶持项目、扶持资金重点放在西部地区的城市地区，对县城、农村相对忽视，这对于西部地区长期可持续发展是不利的，而且也会形成西部地区经济增长与百姓收入增长不相匹配的情况。

其二，产业合作上企业参与扶贫的方式不足。 东西部扶贫协作和对口支援的过程中，企业始终都是发挥重要作用的，在对西部贫困地区的投资中，企业也是居于主导地位。② 过去 20 多年时间里，企业投资额不断增长，一方面反映了东西部产业合作成效显著，另一方面也说明在引导产业合作方面，政府的体制和机制仍存在一定局限性，未能进行更大程度的改革创新，对于东部地区扶贫的精准性认识是一个挑战和考验。 首先，目前在西部地区投资的企业已经形成了相对稳定的区位、产权、技术和产品结构，后期转型比较困难。 其次，企业在参与东西部扶贫协作的过程中，受市场机制的影响较大，缺乏外部支持，对于扶贫对象、扶贫任务与目标都比较不明确，对于如何能够切实帮到贫困地区和贫困人员也缺乏认识。 最后，东西部扶贫协作与对口支

---

① 向德平、华汛子：《改革开放四十年中国贫困治理的历程、经验与前瞻》，《新疆师范大学学报》（哲学社会科学版）2019 年第 2 期，第 59—69 页。
② 吴国宝：《东西部扶贫协作困境及其破解》，《改革》2017 年第 8 期，第 57—61 页。

援的结对关系确定的依据主要为经济发展实力，对于资源互补、产业链关系的考虑不多，也为企业投资西部地区长期持续发展带来一定的障碍。

其三，帮扶资源上整体统筹协调的机制不足。 首先，体现在资源分配的分散性，对于脱贫攻坚的聚焦性不足。 在东部地区帮扶西部地区的过程中，侧重对城市的投资建设，对西部地区农村区域的建设重视度不够，而广大的西部农村地区是贫困人员相对集中的地区，这种重城市、轻农村的帮扶思路，导致扶贫的精准性存在偏差。 其次，在投资建设的内容方面，重视对公共基础设施的建设，对于产业发展的建设不足，在产业发展方面多依靠政府引导企业的方式，但政府缺乏对产业整体性建设的投入。 同时，东部投入的力量并没有发挥出完全的作用，重视面上的扶持，针对建档立卡的贫困群众的扶持不够，除了政府投入和企业投资能够点对点进行，那些大量的民间资源、社会组织资源，在帮扶西部贫困地区的过程中不能有效地找到对接点。 最后，基层政府责权划分不明确，东西部对口帮扶工作主要在东西部省市层面的党政干部之间进行，对于县以下的基层重视不够，责权划分也不足。 在目前的东西部扶贫协作和对口支援工作中，形成了"中央统筹、省负总责、市县抓落实"的三级分工①，县级党委和政府承担脱贫攻坚主体责任，而精准到户的帮扶需进一步在乡镇和村之间、村内扶贫力量之间分工协作，但在这一方面未形成良好的分工负责机制，导致在真正面对贫困户的实际困难时，帮扶举措无法发挥作用。

5.1.5 完善东西部扶贫协作的对策建议

东西部扶贫协作和对口支援是具有我国特色的扶贫开发的重大举措，为打赢脱贫攻坚战发挥了重要作用。 为了有效解决贫困与区域发展不平衡等问题，保证东西部扶贫协作的长期进行，实现贫困人口内生力的重点培育，提高东西部扶贫协作应对风险和解决困难的能力，针对目前存在的问题与困境做出相应及时的应对和完善，以期提升东西部扶贫协作政策的效能。

---

① 刘永富:《认真贯彻习近平扶贫思想 坚决打赢脱贫攻坚战》,《行政管理改革》2018年第 7 期,第 11—17 页。

其一，聚焦深度贫困地区和贫困人员，培育西部地区内生能力。习近平总书记在脱贫攻坚座谈会上曾提出，扶贫工作要改进工作的方式和方法，不能简单地采取对贫困户给钱、给东西等做法，而是应当多采取生产奖补、以工代赈、劳务补助等方式，引导贫困地区的人民通过劳动实现脱贫致富。[①] 首先，东西部扶贫协作要聚焦深度贫困地区，重点加强产业合作与劳务协作，科学合理地制定东西部扶贫协作的合作协议书；对照国务院扶贫工作领导小组的考核办法，落实好各项举措，使扶贫任务的各项指标性任务均能比上年度有所提升；能够将扶贫力量聚焦于重点地区和重点领域，以"两不愁三保障"为基本标准指导工作，在此基础上力求更大的突破。其次，引导西部地区贫困人员改变思想观念，将扶贫与扶志、扶智相结合，让广大群众能够自觉、主动、积极地参与到脱贫攻坚工作中；支持和响应国家政策，改变坐等靠要的思维观念，为贫困人员树立起主动作为脱贫的奋斗意识，从而推动其由被动脱贫向奋斗脱贫转变；同时，也要将东部地区开拓创新、艰苦创业的精神内化为西部地区民众的脱贫奋斗精神。最后，注重对贫困人员工作技能的帮扶。改变了贫困人员的思想观念之后，亟须解决的另一个问题就是贫困人员缺乏职业技能，贫困人员长期以来接受教育和技能培训的机会都相对缺乏，东部地区在对西部地区的扶贫工作中也特别注重将提升贫困人员职业技能作为重要任务。一方面需要多方位地开展职业技能培训，另一方面也要通过专业技术人员下乡等方式，将先进、科学的生产技术教授给贫困人员。

其二，完善扶贫协作制度，强化结果导向。首先，中央扶贫工作领导小组出台的扶贫协作考核办法内容涵盖较为全面，每一项内容下的考核指标较为合理，在东西部扶贫协作工作中，要充分认识和理解考核指标的实际意义，东西部自身要建立起对扶贫工作的动态督促和考核机制，通过细化、分解指标任务，优化考核办法，在实际工作中应当集中力量获得较显著的扶贫成效，而不是一味地追求数据方面的提升。其次，要加强东部企业在西部贫困地区投资扶贫的政策扶持，使企业在政策优惠方面获得更大收益，以激发企业积

---

① 习近平：《在深度贫困地区脱贫攻坚座谈会上的讲话》，新华网，http：//www.十6xinhuanet.com / politics /2017－08 /31 / c_1121580205.html。

极性，降低企业生产成本。企业作为市场主体在扶贫工作中力量巨大，同时也需要保障投资人的合理权益，进而对扶贫投资发挥重要推动作用。但西部地区相对于东部地区而言，投资环境还不是特别完善。因此，一方面需要东部企业在产业定位、区位选择和用工计划方面更多地向西部地区的重点扶贫区域倾斜；另一方面，西部地区也要为企业的经营和生产提供政策保障和支持，尤其是在金融政策方面的受益。最后，要最大限度地发挥社会扶贫协作的作用，社会帮扶一直以来就是东西部扶贫协作的重要内容和要求，社会扶贫的空间比政府与企业更为广泛，而且更能贴近西部地区的社会基层，通过加强东西部地区社会组织和民众之间的交流和互动，能够增进东西部民众扶贫协作方面的互信和共识。

其三，加强资源跨区域协调分配，提升东西部协作能力。首先，政府要明确跨区域援助关系，在东西部协作扶贫工作中承担主要责任，发挥主导作用。① 各地区要按照国家的要求，与结对帮扶地积极开展对接工作，认真履行扶贫职责。东西部协作扶贫是一项系统性、长期性的工作，实施过程中肯定会无法避免地遭遇诸多问题和挑战，基层政府要善于应对挑战，要在协作中解决工作中的问题，同时也要做好监督管理工作，对每一项政府或企业投资的使用情况要能进行实时跟踪，确保资金在扶贫工作中的充分使用，为扶贫协作工作取得实效提供保障。其次，引导企业形成合力推动产业转移，东西部扶贫协作和对口支援的方式不同于传统以资金扶持为主的扶贫方式，其目标和任务不在于短期内为西部地区注入大量资金，而在于能够为西部地区提供长期可持续发展的动力，彻底改变西部地区落后的状况和面貌。这也体现在企业在东西部扶贫协作和对口支援工作中发挥了主体作用，政府也注重将企业引导至西部地区进行投资和兴建合作项目等方面。所以，在扶贫协作工作中，要能够使东部地区与西部地区的国有企业与国有企业、民营企业与民营企业在某些经营相似的领域内达成合作共识，并且能进行以产业链为基础的产业转移与功能定位、资源优势互补，加强产业链关联性，形成东西部产

---

① 王士心、刘梦月：《东西部协作扶贫须做好资源跨区域分配》，《人民论坛》2019 年第 3 期，第 62—63 页。

业联动效应。 最后，人才是支持和促进发展的重要力量。 要促进和推动东西部人才交流，将"走出去"与"引进来"相结合，发挥东部发达地区人才在职业素养与技术能力方面的优势，一方面，鼓励优秀的人才深入西部贫困地区贡献力量，促进当地贫困人员能力水平；另一方面，也要完善西部地区选派党政干部和技术人才在东部地区挂职锻炼的机制，要让西部地区人才能够在东部地区接触实际工作，增长知识才干，而不能仅仅局限于观摩学习，要在工作中获得管理经验和技术能力，由此方能夯实西部地区的人才基础。

其四，注重人才的职业素养、道德素养，实现跨区域人才交流，鼓励优秀人才投身于东西部协作扶贫建设，为全面建成小康社会做出贡献。 首先，专注跨区域人才培养工作。 地区要发展，人才是关键。 在东西部协作扶贫的背景下，人才是能否扶贫成功的关键。 一直以来，西部地区主要关注人才引入，希望通过人才引入充实人才储备。 但是，随着时代的发展，人才逐渐成为稀缺资源。 因此，西部地区应从人才引入向人才培养过渡，夯实人才基础，提高优秀人才基数，确保在东西部协作扶贫过程中拥有充足的人力资源。比如，青海省采取产学研相结合的方式，关注企业管理人才培养、专业技术人才培养，不断提高区域人才的专业能力和综合素养，为东西部协作扶贫夯实基础。 其次，促进贫困人口转移就业。 我国西部地区劳动力资源丰富，劳动人口向外转移，能够实现劳动人口转移就业，有利于脱贫致富。 事实上，东西部协作扶贫不仅要将资源、企业引入西部地区，也要鼓励西部地区的劳动人口进行转移就业，通过就业实现脱贫。 最后，搭建人才供需平台。 互联网技术的不断发展，为东西部协作扶贫工作提供了技术支持，尤其为区域人才交流提供了诸多便捷。 借助网络渠道，东部地区企业可以发布相关人才需求信息，吸引西部地区劳动力资源。 同时，西部地区企业也可以在互联网上录入求职需求，使劳动力可以通过互联网选择适合的就业区域。 目前我国大部分就业招聘网站积极响应东西部协作扶贫号召，设立东西部协作扶贫招聘专区，为贫困地区人口就业提供帮助，实现贫困地区人口就业的网络化发展。

其五，加强文化扶贫工作力度，增强东西部扶贫协作的凝聚力。 我国长期以来的扶贫工作重点都放在物质扶贫上，不断增加对西部贫困地区的政府支出、企业投资，对促进和提升西部地区经济发展发挥了重要作用；但是，东部与西部的区位和发展都存有差异，公众在思想观念方面也存在很多的不同之处。 为了解决这一问题，以及从精神层面为西部地区注入动力，应当加强新时代的文化扶贫工作。 首先，要明确文化扶贫的内涵和目标。 文化扶贫是有利于推动西部地区社会进步和文明发展的举措[①]，但是，文化也是一个相对宽泛的概念，在实际的扶贫工作中必须找到文化扶贫的抓手，才能在文化扶贫上发力；同时，不能将文化扶贫简单地等同于文化活动，而是应当与西部地区长期的教育、科普、健康等内容相联系，使文化与经济协调发展。 其次，要发展文化产业。 文化产业不同于文化事业，文化产业也是产业扶贫的一项内容，但不能完全依照产业扶贫的思路来进行，而应当考虑文化的特殊性，文化产业需要满足公众多样化的精神需求，而贫困地区应当根据当地社会经济发展水平和人民的思想观念，发展大众喜闻乐见的文化产业；同时，文化产业的发展可以与第三产业的发展相联系，比如推出特色旅游、特色农副产品、体验式劳动等。 最后，要促进扶贫文化内涵式发展。 文化扶贫的目标是使贫困地区的居民树立新的价值观和人生观，消除落后文化对扶贫工作的阻碍；[②]同时，发展扶贫文化也需要以增强东西部凝聚力为目标，东部地区形成了强有力的共识，自愿承担帮扶西部地区的责任，西部地区公众在接受这种帮扶时，也要能够理解、感恩和信任东部地区，进而增进东西部的凝聚力，更好地推动扶贫协作工作的开展。

5.2 对口支援的纵向延伸

对口支援纵向延伸的主要表现是省内对口支援、省内帮扶协作。 本质上属于中央特定治理经验的地方化，是地方政府主动学习中央国家治理经验的表现。

---

① 陆汉文：《东西部扶贫协作与中国道路》，《人民论坛·学术前沿》2019 年第 21 期，第 62—68 页。

② 天津社会科学院城市经济研究所课题组：《有效发挥东西部扶贫协作的攻坚作用》，《求知》2020 年第 6 期，第 41—43 页。

5.2.1　省内对口支援

省内对口支援的实践，目前主要有内蒙古的省内对口支援、四川的省内对口支援藏区、湖北省的"616"对口支援工程等。本部分以湖北省的"616"对口支援工程为例来描述我国的省内对口支援工作。

2006 年，湖北省委、省政府出台了《关于进一步加强民族工作加快少数民族和民族地区经济社会发展的若干意见》，决定在湖北省民族地区实施"616"工程，以进一步加大对民族地区的扶贫开发力度。2007 年 8 月，湖北省委、省政府制定下发了《省委办公厅、省政府办公厅关于在民族县（市）实施"616"工程的通知》（鄂办文〔2007〕43 号）。"616"对口支援工程的主要内容为：对民族地区 10 个县（市）实施对口支援，每个县（市）由 1 名省委、省政府领导同志负责，省直 6 个单位（4 个省直部门、1 个大中型企业、1 所大专院校或科研单位）开展对口支援，每年至少为对口支援县（市）办 6 件实事。

2009 年，根据"616"对口支援工程的深入实施情况以及湖北省民族地区经济社会发展的客观需要，湖北省民宗委积极建议增加 1 家三甲医院和 1 所重点高中分别对口支援民族地区 10 县（市）的县人民（中心）医院和县一中，以解决民族地区就医难和上学难等问题。对这一建议，湖北省委、省政府高度重视并予以采纳。2009 年 9 月，湖北省委办公厅、省政府办公厅正式下发了《关于调整"616"工程领导成员及增加对口支援单位的通知》（鄂办文〔2009〕74 号），增加 13 所三甲医院和 10 所省示范高中对口支援民族县（市），使"616"工程的内涵得到进一步的深化和扩大。

与此同时，湖北省内有关市（州）也积极比照省里的做法认真开展对口支援工作，如宜昌市确定有关县（市）、市直单位及大型企业分别对口帮扶五峰土家族自治县的 8 个乡镇，从而使"616"工程的外延得到进一步延伸，放大和辐射作用得到进一步强化。

"616"工程实施之后，对口支援每个县（市）的单位已由原定 6 个部门逐步扩展到十几个部门甚至几十个部门。各对口支援单位竭心尽力，带着对民族地区的深厚感情，真扶贫、扶真贫，每年至少为每个县（市）办成了几件甚至十几件较大的实事、好事，使"616"工程变成了名副其实的"N1N"工程。①

5.2.2 省内帮扶协作

省内帮扶协作的实践，主要有江苏省推行的苏南苏北帮扶合作战略、杭州市实施的"区县（市）协作"等。在此我们重点介绍"区县（市）协作"。

2010年8月，杭州召开由区（县、市）委书记、区（县、市）长参加的市委工作会议，做出"加强城乡区域统筹、加快形成城乡区域发展一体化新格局"的战略决策。全市8城区和杭州经济开发区、西湖风景名胜区、市钱江新城管委会11家单位，以"两区（管委会）对一县（市）"的方式，按照地域相邻或产业相近的原则，围绕产业共兴、资源共享、乡镇结对、干部挂职、环境共保等方面内容，与5县（市）建立5个对口联系、抱团发展的协作组，对推进"三化同步"、统筹城乡区域协调发展做出全面部署，通过财政支持和实打实的对口支援、产业转移，逐步解决农业现代化滞后的种种问题，使城乡居民共享改革开放成果，走共同富裕道路。每个协作组的相关城区每年安排5000万元资金（含镇街资金）支持协作县（市）项目建设。同时，每个协作组要共建2个产业集聚平台，5年内对口转移产业投资项目20亿元以上。②

通过区县（市）协作，杭州5县（市）经济增速不断提升，经济总量占全市比重有所提高。通过区县（市）协作这个平台，农产品进城和工业品下乡实现互动，城乡旅游资源得到互补，城区优质教育资源加快向农村延伸，农民就业空间得到有效拓展，基层医疗卫生水平不断提高，城乡交通一体化建设加快推进，城乡社会保障进一步趋向均等，农村文化事业发展步伐加快，农村社会管理得到进一步加强，"三江两岸"生态景观保护与建设成效显现，城乡区域资源配置更加合理，从而促进了全市城乡区域全面、协调、可持续发展。

---

① 湖北省民宗委：《湖北省"616"对口支援工程的主要内涵》，中国民族新闻网，http://minzu. people. com. cn/GB/166030/194967/196108/12029470. html。

② 薛驹、许行贯：《关于杭州市城乡区域统筹协调发展的基本经验》，中国共产党新闻网，http://dangjian. people. com. cn/n/2012/1016/c117092-19282978. html。

2012 年，福建省福州市也开始实施区县协作。其主要做法是：按照"优势互补、合作共赢"原则，将 12 个县（市）、区分成 4 个对口协作组，有效利用协作结对县在自然资源、劳动力、生态等方面优势，通过区域资源的优化配置，实现融合发展；以产业联动、资源共享、乡镇结对、干部挂职、扶贫开发、环境共保为重点，坚持重点突出、注重实效，创新机制，增强活力；给予财税政策扶持。市本级每年安排对口协作资金 2000 万元，用于扶持结对县产业协作项目。承担对口协作任务的县（市）、区每年安排一定的协作资金，由市里统筹分配使用，重点用于帮助结对县搭建产业集聚平台，扶持产业转移和园区建设。税收政策方面明确企业转移税收分成，即协作县（市）、区之间转移搬迁的企业，其增量收入部分当年即归迁入地，基数部分按照企业前 3 年的税收收入平均水平核定，3 年内由迁入地逐年按基数的 100％、70％、30％归还迁出地，3 年后全部归迁入地。①

5.3 双向延伸的典型样本

在我国数十年的帮扶合作实践中，地方政府探索出不少新模式，对对口支援构成了良好的补充和创新。"山海协作"，就是典型。本节将对"山海协作"进行专题探讨。

5.3.1 "山海协作"工程的时代意义及其历史演变

"山海协作"的做法始于福建。1992 年，福建省提出了"南北拓展、中部开花、连片开发、山海协作、共同发展"的战略。1995 年，又提出了"以厦门经济特区为龙头，加快闽东南开放与开发，内地山区迅速崛起，山海协作联动发展，建设海峡西岸繁荣地带，积极参与全国分工，加速与国际接轨"的

---

① 财政部：《福州市建立县市区对口协作机制推进城乡统筹发展》，财政部网站，http://www.mof.gov.cn/xinwenlianbo/fujiancaizhengxinxilianbo/201203/t20120305_632679.html。

战略。 其主要目的在于发挥闽东南沿海地区的经济优势带动山区发展。
2001 年，福建省委、省政府又发布了《关于进一步加快山区发展推进山海协
作的若干意见》。 作为一项协调福建省内区域协调发展的重要政策，该做法
一直延续至今，并在实践中不断创新。

2002 年 4 月，浙江省正式开始实施"山海协作"工程。 由于浙江的地形
和经济形势与福建有所差别，所以在浙江，"山"主要是指以浙西南山区为主
的欠发达地区和舟山市，"海"则指沿海经济发达地区。 浙江的"山海协
作"工程以项目合作为中心，以产业梯度转移和要素合理配置为主线，推进发
达地区的产业向欠发达地区梯度转移，组织欠发达地区的人力资源向发达地
区合理流动，动员发达地区支持欠发达地区新农村建设和社会事业发展，实
现全省区域协调发展。

"山海协作"工程不是一般意义上的"富帮穷"，而是发挥市场机制的作
用，把"山"这边的资源、劳动力、生态等优势与"海"那边的资金、技术、
人才等优势有机结合起来，充分调动发达地区与欠发达地区"两头"积极性，
在优势互补、合作共赢中实现互动发展。 换句话说，即优化生产力的布局。

（1）"山海协作"工程的演变阶段与典型做法

"山海协作"工程是以项目合作为中心，以产业梯度转移和要素合理配置
为主线，通过发达地区产业向欠发达地区合理转移，欠发达地区剩余劳动力
向发达地区有序流动，从而激发欠发达地区经济的活力，推动经济加快发展，
提高人民生活水平。

① "山海协作"工程的演变阶段

改革开放以来，"山海协作"工程大致经历了三个阶段：第一阶段是发达
地区（包括省级有关部门）对欠发达地区的扶贫式援助；第二阶段是发达地区
与欠发达地区之间的要素流动；第三阶段是发达地区与欠发达地区之间资
源、产业、人才全方位合作。

第一阶段：发达地区对欠发达地区的扶贫式援助。 一些地方政府为了促
进辖区内部协调发展，通过行政手段推动下级政府之间开展合作共建，加速
内部的产业梯度转移。 通常做法是，发达地区在上级政府指导下与欠发达地
区结对子，在欠发达地区划定园区，签订合作开发协议，设立双方主要领导牵

头的协调联席会和双方分管领导牵头的双边工作委员会等机构，负责协商园区开发建设过程中的重大问题。 在"管"的问题上，设立园区管委会，作为被支援方政府的派出机构，行使规划建设、土地管理、经济管理、环境保护、招商、财政等方面的管理职能。 在"办"的问题上，"山海协作"双方依据《公司法》等有关法律组建园区开发公司，受园区管委会委托进行土地综合开发，根据公司股份比例出资并获得相应的开发收益。 从既有实践来看，由支援方主导的合作园区绩效通常更加显著，发达地区的产业发展理念、经验等更容易被带到欠发达地区。 比如，位于江苏省宿迁市的苏州宿迁工业园即属于扶援建型"山海协作"园区，由苏州市和宿迁市合作共建，具体运作以苏州方为主，依托苏州工业园组织实施开发、建设、管理。 该园区的开发主体"江苏苏宿工业园区开发有限公司"由江苏省、苏州市、宿迁市、苏州工业园区按一定的比例共同出资组建，受苏州宿迁工业园管委会委托进行土地综合开发。 苏州宿迁工业园管委会在规划建设、经济管理、土地管理、环境保护、财政、招商等方面，代表宿迁市政府行使管理职能。 目前，苏州宿迁工业园已经形成了以电子信息、精密机械等为主导的产业体系，成为宿迁经济发展的重要增长极。[①] 通常情况下，这种单向流动的支援，准确地说是扶贫而不是协作。 既然如此，发达地区表现的是一种姿态，并无内在动力去进行大规模援助；欠发达地区感觉扶贫资金是杯水车薪，无法满足"造血"的需要。 一头有积极性，一头没积极性，因此其政治意义大于经济意义。

第二阶段：发达地区与欠发达地区之间的要素流动，通常表现为资本、劳动力和土地等资源的互换合作。 最为典型的就是以土地换取资金和产业，短期来看，发达地区得到了最稀缺的建设用地指标，欠发达地区得到了形成内生发展力量的资金和产业，双方积极推动，各得其所，实现了双赢。 此外，发达地区对欠发达地区在生产领域的带动，还体现在就业方面的对接与援助等方面。 由于信息不对称、就业观念不同等，中国就业市场一度出现"东部招工难，中西部就业难"的形势。 面对这种情况，上海市开展"就业扶贫"

---

① 李猛、黄振宇:《促进区域协调发展的"飞地经济":发展模式和未来走向》,《天津社会科学》2020 年第 4 期,第 97—102 页。

项目，通过与西部地区政府之间的配合与协作，上海市中小企业技术人才引进服务中心（简称"上海企服中心"）负责联系上海企业，并与西部省份尤其是云南省的部分高职学校建立合作机制，将中西部的高职毕业生引入上海企业就业。除了"对口引进"的就业方式，上海还采取增加投资的方式改善中西部就业情况。在沪企业积极参与对中西部就业扶贫项目，如上海电气集团、上海大众、上海联华制药等企业在云南实施了战略性投资，白猫、汇丽等上海大型企业集团则分别投资大量资金在三峡库区建厂。发达地区通过引入劳动力、投资建厂等方式，缓解了地区就业市场不均衡的现象，促进了地区间劳动力资源的合理分配，实现了双赢。尤其是对欠发达地区而言，不仅缓解了就业难问题，增加了居民收入，而且提高了人力资本水平，增强了自我发展能力。

第三阶段：发达地区与欠发达地区之间资源、产业、人才全方位合作。经过前两个阶段的"山海协作"，欠发达地区和发达地区已经具备了从"单向支援"到"山海协作"发展的基础和条件。一方面，资源不对称创造了"协作发展"的"启动条件"。我国经济发展与资源分布极不均衡，东南沿海地区具有经济、技术方面的优势。总体来说，西部民族地区自然资源丰富，在自然资源的拥有上具有比较优势，但在资金、人才和技术方面则明显不足。而东部地区则刚好相反，自然资源短缺，人才、资金等相对丰裕。所以，这两类地区在人才、资源、资金、技术和管理等方面具有较强的互补性。这两类地区建立起对口支援与经济技术协作关系，便可以发挥两地的比较优势，有助于各种生产要素的合理布局和优化组合。例如，东南地区经济发展所必需的多种资源要素以及初级产品、半成品等等，不少是来自西部欠发达地区。"西气东输""北煤南运"等工程，就是东部地区经济发展对西部等欠发达地区的资源依赖的例证。再如，浙江对口援建的新疆阿克苏地区就很好地运用资源上的优势互补，实现了互利共赢、共同发展。阿克苏地区油气资源丰富，又是著名的"长绒棉之乡"，而浙江省则面临着能源瓶颈制约、纺织产业加快转型升级的新的形势和任务。针对两地的特色和优势，浙江省积极主动地为赴阿克苏的浙商牵线搭桥，拓展融资渠道，在新疆的阿克苏地区投资兴建了一批产业合作项目，为企业发展开拓空间。同时，按照"政府推动，企业跟进，优势互补，共同发展"的原则，浙江省与阿克苏有关方面达成了浙江产业园区建设的意向，大力推动浙江省一批优势企业入园，重点发展棉纺产业、特色农产品精加工产业、物流产业以及煤炭、石油、天然气等矿产资源开发和深加工等。 真正用科学的精神、创新的理念、务实的态度、惠民的原则、踏实的作风和高效的工作使对口支援工作走向了一个新台阶。 "山海协作"工程既有助于欠发达地区加快发展，也有助于发达地区持续发展。 若没有发达地区的帮扶，欠发达地区单凭自身的努力是很难实现快速发展的；同样，若没有同欠发达地区的合作，发达地区也难以保证发展进程的维续。 另一方面，前期的对口支援"成果"为双方的协作发展创造了可能。 过去的对口支援因为只有临时性，缺乏稳定性，很难将对口支援变成协作发展关系。再加上民族地区、落后地区大都远离腹心城市，交通不便、通信不畅、信息不灵，很难将其丰富的水、土资源优势与支援地区的人、财、技术优势结合起来，使对口支援成为开发利用资源，双方形成互通有无、优势互补、互惠互利、共同发展的协作关系。 但是随着对口支援工作的有序推进，受援地区的交通、通信等基础设施得到了不断完善，居民生活水平日益提高，对口支援"成果"使协作发展日渐成熟。 一是受援地干部自身的素质和管理水平得到了提高。 受援地由于大多地处偏远，很难吸引高质量的人才在此安家落户。对口支援中可通过采取干部支援、双向挂职、两地培训和支教、支医、支农措施，培养一批留得住、用得上、干得好的各级干部和专业技术人才，增强"造血"功能，提升软实力。 二是受援地干部和群众的思想观念得以更新和转换。 观念的更新是创新和发展的前提和条件。 对口支援的"农家书屋"、文化活动中心和公共文化设施的建立，使广大群众真正拥有一个能学习、休息、娱乐的文化场所，实现了让精神文明之光在群众中普遍照耀。 通过让受援地干部到支援方参观、交流、挂职锻炼，边学习边实践，既加强了理论方面知识的宣传，又注重对干部实践工作能力的提升，从而使干部队伍真正实现创新思维模式，改进工作方式，提高工作效率，为实现受援地经济、社会的跨越式发展提供了可能。 三是受援地投资环境的改善，提升了吸纳投资项目的能力。 改善受援地区投资环境的最终目的是发展的需要，即创造更多的机会，让受援地群众摆脱贫困,提高生活水平。①

②"山海协作"工程的典型做法

对于发达地区和欠发达地区的合作而言,农业协作是"山海协作"中最基础、最持久的交流与协作。根据各地"山海协作"实践,我们归纳了农业"山海协作"的典型做法。

电商平台的"山海协作"模式。 2015 年 11 月,国务院办公厅印发的《关于促进农村电子商务加快发展的指导意见》中明确指出,农村电子商务是转变农业发展方式的重要手段,是精准扶贫的重要载体。 发达地区和欠发达地区电子商务"山海协作"的重点是引进发达地区农村电商专业运营企业,到欠发达地区共同推进电商创业园建设工作,建设两地特产交易平台,协助建设进村入户物流配送体系和金融服务体系等,吸引和帮助贫困户直接或间接参与电商生态产业链,帮助相对贫困人口稳定脱贫。

乡村旅游的"山海协作"模式。 旅游精准扶贫是国家扶贫战略的重要组成部分,乡村和农业旅游开发成为欠发达地区脱贫致富的重要途径。 欠发达地区往往与丰富独特的旅游资源的空间分布是高度重叠的,在西部现有的1300 余个 5A 和 4A 级旅游风景名胜区中,70%以上的景区周边集中分布着大量的贫困村,80%具备发展乡村旅游的基本条件。 发达地区和欠发达地区乡村旅游"山海协作"带动欠发达地区精准脱贫应通过遴选乡村旅游项目,由政府主导、部门协同、省市县镇村五级联动,在发展共识、政策配套、市场需求、产业规模、带动效应和推进机制等方面推动乡村旅游提质增效,全方位加快贫困村经济社会发展,重点培养一批旅游扶贫带头人,搭建一个旅游扶贫宣传推广与管理的网络平台,培育一批旅游扶贫示范点,形成一批乡村旅游精品线路,打造一批旅游扶贫开发产业带。

高新技术产业园区的"山海协作"模式。 现代农业高新技术园区作为农业科技成果转化的孵化器、博览园,是推进农业现代化、适应新常态发展的新载体,是现代农业创新高地、人才高地、产业高地。 重点推进现有农业合作

---

① 周晓丽、马晓东:《协作治理模式:从"对口支援"到"协作发展"》,《南京社会科学》2012 年第 9 期,第 67—73 页。

园区提质升级为农业高新技术产业示范区，探索区域特色产业、主导产业的创新驱动发展路径，提高示范区土地产出率、劳动生产率和绿色发展水平。吸纳贫困农民到园区从事生产服务，实现就地培训，就近就业致富。坚持一区一主题，依靠科技创新，着力解决制约当地现代农业绿色发展的突出问题，形成可复制、可推广的技术模式，提升农业可持续发展水平。

技术联合攻关的"山海协作"模式。聚焦欠发达地区农业基础性、长期性科技工作，农业生产关键核心技术，农业科技战略前沿，以及区域农业可持续发展等四大方向，重点凝练现代农业发展的重大科技需求和重点研发任务，共同立项和组织实施科技计划重点项目，打破部门、学科和区域界限，探索建立发达地区和欠发达地区农业协作扶贫需求导向、项目任务带动、平台资源共享、机制创新推动的高效协同创新机制。围绕实现欠发达地区农业技术人才本土化目标，依托发达地区农业高等院校、科研院所联合开展课题研究，借助发达地区农业技术和人才的支持，成立产业技术研究中心，建成技术创新平台，开展技术引进、试验示范、集成创新和人才培养工作，构建产学研合作创新体系。

产业协会带动的"山海协作"模式。在发达地区和欠发达地区"山海协作"中，注重调动各方力量参与帮扶，鼓励社会团体、协会组织参与科技帮扶，为"山海协作"注入新的活力。农业产业联合会是为农业专业技术协会提供合作交流的平台，有助于促进市场、信息、人才、政策、科技成果等各种资源的共建共享，为农业产业化发展提供新动力。譬如，近年来，闽宁"山海协作"引进了一批种植、生产技术具有先进性的农业特色产业，这些都需要由联合会带动发挥其产业、特色品牌优势。通过组建农业特色联合会，在推动农业向现代农业转型的同时，在精准扶贫方面发挥积极作用，真正让群众受益。[①]

（2）"山海协作"工程的时代意义

"山海协作"工程突破了长期以来以"输血"帮扶为主的传统扶贫模式，

---

① 郑百龙、林戎斌：《我国东西部农业协作扶贫的模式与对策》，《台湾农业探索》2019年第 6 期，第 28—33 页。

探索建立了市场经济条件下的以对口"造血"帮扶为主的扶贫开发新模式。实践证明，"山海协作"工程是把欠发达地区培育成为新的经济增长点的有效抓手，是科学发展观在区域发展战略中的具体体现，是推进社会主义和谐社会建设的有效途径，是一项民心工程、德政工程、双赢工程。"山海协作"工程的有效实施，事关人民福祉，事关党的执政基础巩固，事关国家长治久安，事关我国国际形象，具有十分重要的现实意义和长远的历史意义。

①打造"山海协作"工程是全面建成小康社会的重要载体

习近平总书记曾指出："全面实现小康，少数民族一个都不能少，一个都不能掉队。"其中，"山海协作"工程是促进共同富裕，实现高水平全面建成小康社会总目标的重要举措和有效载体。没有欠发达地区的小康，就没有全国的小康。区域协调发展是中国特色社会主义发展的内在要求，很多欠发达地区地处贫瘠山区，长期受到资本、土地等资源要素制约，难以实现经济社会的快速发展。自"山海协作"工程实施以来，很多欠发达地区与发达地区进行持续的互动协作，有效促进了各项事业发展和群众增收致富。特别是进入新时代，欠发达地区深入践行新发展理念，依托"山海协作"工程，补足技术、人才、信息等资源要素短板，紧跟时代步伐，与全国同步推进小康社会的建设。比如，浙江省作为全国第一个消除"贫困县"的省份，并不意味着区域发展差距的完全消失。"到 2005 年，全省还有 25 个欠发达县市、221 个欠发达乡镇、190.5 万贫困人口。"①欠发达地区的落后，不仅体现在经济发展方面，而且体现在教育、卫生等社会方面。打造"山海协作"工程升级版，就是通过发达地区和欠发达地区之间经济、社会、劳务等领域的全方位协作，使欠发达地区经济加快发展，人民群众的就业机会不断增加、收入水平不断提高、生活条件明显改善，让人民群众真正得到实惠，真正享受到改革发展的成果。截至 2017 年，浙江省人均 GDP 最高的杭州市与人均 GDP 最低的丽水市，人均 GDP 之比由 2007 年的 2.76∶1 缩小到 2017 年的 1.7∶1，从欠发达地区和农村居民享受的医疗保障、基础教育、社会养老等基本公共服务来看，

---

① 郭占恒:《发挥山海优势统筹区域发展》,《浙江日报》2017 年 10 月 9 日。

浙江省各项指标均处于全国领先水平。① 需要强调的是，区域协调发展对城乡各地居民能否共享改革发展成果，能否共同实现全面小康以及国家的长治久安具有重要意义。 即使在发达地区内部，城市与农村以及沿海与山区海岛地区之间的发展也存在较大差距。 基于此，"山海协作"工程能够成为推动发达地区加快发展和欠发达地区跨越式发展有机统一的重要抓手。

②打造"山海协作"工程是培育内生发展能力的重大契机

党的十九大报告强调，我国经济已由高速增长阶段转向高质量发展阶段，正处在转变发展方式、优化经济结构、转换增长动力的攻关期。 打造"山海协作"工程，为欠发达地区顺应发展大势，推进产业转型升级、增强内生发展动力创造了良好机遇。 "产业支撑不强、内生动力不足"是欠发达地区目前最大的发展短板，通过打造"山海协作"工程，可以更充分地利用"海"的优势，推动体制、技术、管理等创新，培育特色生态工业；共建产业园区、扩展展销平台，优化生态农业；促进农旅、文旅、城旅融合，助推全域旅游发展，全面盘活发展的优势资源，激发发展潜能。 长期以来，缺人、缺技术、缺知识，严重制约着欠发达地区经济社会事业的发展，发达地区为欠发达地区提供各类高水平人才，持续实施从硬件到软件的协作体系建设，全面加强各类人才的支援和培训，不断为欠发达地区的长远发展注入内生动力。同时，发达地区助力提升欠发达地区脱贫致富和自我发展能力。 譬如，发达地区和欠发达地区共同推进"一人一户一技能"富余劳动力转移就业培训，组织实施职业技能和农村实用技术等培训项目，把技术和管理经验带到欠发达地区，同时也留下一支带不走的人才、知识和技术队伍，助力欠发达地区提升内生发展能力。

③打造"山海协作"工程是加快绿色发展的动力来源

长期以来，传统发达地区走的是一条资本驱动型、资源消耗型的传统工业化道路，带来的最大弊端是对自然资源的过度消耗和生态环境的破坏。 随着资源要素的制约和环境压力的日益增大，这种粗放型的发展模式已经难以

① 何显明：《"八八战略"与习近平新时代中国特色社会主义思想在浙江的萌发》，《浙江学刊》2018 年第 5 期，第 15—28 页。

为继。这种背景下，习近平同志经过充分调查研究，转变发展观念，调整战略布局，明确提出要念好"山海经"，把欠发达地区和海洋经济的发展作为新的经济增长点。在发展模式上，"山海协作"工程抛弃传统的发展路径，把合作重点放在优化产业结构和促进经济增长方式转变上，放在推动体制机制创新、技术创新和管理创新上，放在提高劳动力素质上，放在资源集约利用和改善生态环境质量上。这意味着打造"山海协作"工程，就是要走出一条科技先导型、资源节约型、生态保护型的经济高质量发展之路。譬如，发源于浙江的"绿水青山就是金山银山"理念带来了发展观的深刻变革，丰富了发展价值论，是当代绿色发展的主题词。"山海协作"工程就是欠发达地区打好绿色发展牌的新途径之一，可以在"山海协作"中完善生态价值实现机制，将生态资本转化为发展资本、富民资本，打开"绿水青山就是金山银山"转换通道，为绿色高质量发展培育新"引擎"。

5.3.2 "山海协作"工程的发展目标与行动逻辑

全面实施"山海协作"工程以来，各个地区高度重视，广大企事业单位积极参与，社会各界大力支持，发达地区与欠发达地区的合作互动呈现出内涵不断丰富、外延不断拓展、机制不断完善、成效不断显现的良好态势。目前，全国宽领域、多层次、全方位合作交流格局已经形成，统筹东西部地区区域协调发展取得明显成效，实现了发达地区与欠发达地区的合作共赢。

（1）"山海协作"工程的协调发展目标

"山海协作"工程核心在于聚焦高质量发展，关键在创新，目的在共赢，落脚点在群众的获得感上。

高质量与可持续的统一。习近平同志曾指出，搞"山海协作"工程，不能简单地推动欠发达地区去复制发达地区走过的传统工业化道路，必须把合作重点放在优化产业结构和促进经济增长方式转变上，放在推动体制创新、技术创新和管理创新上，放在提高劳动力素质上，放在资源集约利用和改善生态环境质量上。打造"山海协作"工程，要让欠发达地区更快地集聚人才、技术、信息等高端要素，提升内生发展动力，让发达地区更好地拓展发展空间，获取资源、劳动力、生态优势，夯实"山"与"海"可持续发展的基础。

软实力与硬实力的匹配。 除了技术、人才等高端要素存在明显短板，基础设施也是欠发达地区相对滞后的板块，尽管近年来我国欠发达地区加快基础设施"补课"步伐，但与多数发达地区相比仍存在差距。 在打造"山海协作"工程中，欠发达地区不仅要"借智"，提升发展软实力，更要紧抓国家全面建成小康社会的时代机遇，加强交通、通信、水利、环保等基础设施建设的协作，增强发展硬实力，搭建发展新格局。

先发地区与后发地区的双赢。 "山海协作"不是简单的"富帮穷"，更不是传统的"一次性输血"，而是从"输血增力"到"造血强本"的转变，是山海融合经济断层、实现优势互补的载体。 新时代"山海协作"需要重新认识"山"，重新看待"海"，把更积极发挥"海"的优势和更充分挖掘"山"的特色有机结合，实现从培育经济增长点到优化区域经济整体发展的共赢。

经济发展与民生改善的共进。 党的十九大报告突出强调坚持以人民为中心的发展思想，凸显了党执政的根本价值取向。 在"山海协作"工程中，只有坚持共享导向，聚焦群众增收致富的"钱袋子"，聚焦教育、卫生、社保、养老等各项社会事业，聚焦和谐社会建设的各个方面，才能让协作成果惠及全体人民，不断提升群众的获得感和幸福感。

（2）"山海协作"工程的行动逻辑

在以往对口支援的合作基础上，"山海协作"立足于发达地区与欠发达地区的需求和实际，不断创新协作模式，做到靶向明确，对症下药，在协作思路、协作动力、协作机制和协作措施方面精准发力，表现出新的形态特征。

①"山海协作"思路：注重由"输血式"转向"造血式"

习近平在贵州调研时指出："各级党委和政府必须增强紧迫感和主动性，在扶贫攻坚上进一步理清思路、强化责任。"思路清晰明确是做好"山海协作"的前提和基础。 在协作思路方面，传统的异地帮扶通常侧重于对帮扶对象的扶贫项目如通村道路硬化、文化设施建设和桥梁修复等给予资金扶持，突出特点是以民生项目为主，以产业项目为辅。 这种"输血式"支援不仅方式单一，而且成效缺乏可持续性。 "山海协作"模式的显著特点是注重造血功能的培育，结合发达地区与欠发达地区双方优势，依托发达地区工业经济的发展优势建立包括科创中心、科技孵化器、众创空间等平台在内的科技产业园，获取的经济效益用于欠发达地区薄弱村集体经济的发展壮大；在欠发达地区依托优越的自然生态资源优势建设生态旅游文化产业园，发展生态旅游文化产业，推进生态扶贫。"山海协作"模式的做法表明，它已经从单独的资金保障转向"资金保障、产业扶持"并重，实现了从"输血"到"造血"的转变。

②"山海协作"动力：注重由"政府单轮推动"转向"政府市场协同驱动"

习近平在2015年减贫与发展高层论坛上指出："我们坚持动员全社会参与，发挥中国制度优势，构建了政府、社会、市场协同推进的大扶贫格局，形成了跨地区、跨部门、跨单位、全社会共同参与的多元主体的社会扶贫体系。"这表明，"山海协作"不能完全依靠政府推动，而要形成政府、社会和市场多方参与的格局，其中尤其要注重通过发挥市场的"无形之手"来实现两地资源、技术、人才等要素的流动、整合，达到优势互补，合作共赢。"山海协作"模式改变了以往项目"谁出资谁管理"这样完全由政府推动协作扶贫的模式，形成了"政府引导、市场运作"协同驱动的协作模式。一方面，两地政府加强统筹协调，签订"山海协作"合作协议，在发达地区与欠发达地区分别成立项目推进领导小组和产业园管委会。项目推进中做好干部互派挂职交流的政策衔接，落实有关部门配合抓好项目建设工作，这些举措较好地发挥了政府的引领作用。另一方面，产业园项目的建设管理遵循市场经济运行规律。由欠发达地区受援县市经济薄弱村联合成立农村集体经济联合发展公司，负责运行包括科创中心、科技孵化器、众创空间等平台项目的立项、设计、报批、建设等工作，各村作为股东不负责管理，按时收取分红。这种方式充分发挥了市场配置资源的决定性作用。

③"山海协作"机制：注重由"单向被动式"转向"双向共赢式"

习近平指出："加快发达地区发展是支持区域协调发展的重要基础，促进欠发达地区跨越式发展是实现区域协调发展的重要环节，两者是相互促进的。"这意味着跨区域"山海协作"应充分发挥各地比较优势，促进土地、技术、管理等资源优势互补和优化配置，强化资源集约节约利用，实现合作共赢发展。"山海协作"模式改变了以往经济发达地区作为帮扶者向帮扶对象经济欠发达地区通过资金输入进行帮扶的传统模式；通过创建互助产业园，两地共同参与园区的建设和运营管理，建立合理的成本分担和利益共享机制，实现了发达地区工业经济发达的产业优势和区位优势与欠发达地区生态文化丰富的资源优势和土地指标盈余的要素优势有机结合；既壮大了经济薄弱地区的集体经济，又破解了发达地区因土地指标短缺而带来的发展制约问题，推动两地经济社会共赢发展，形成"携手发展，合作共赢"的协作新模式。

④ "山海协作"措施：注重由"普惠式"转向"因地制宜式"

习近平总书记多次强调，推进"山海协作"工程"要充分考虑欠发达地区内部区位条件和资源禀赋条件，因地制宜，分类指导"。这表明，协作工作要取得实效，需要实事求是，因地制宜。因地制宜需要改变长期以来以区域为扶贫重点的传统做法，做到扶贫落实到村到户。"山海协作"模式一改以往"大水漫灌"式扶贫，有针对性地通过对欠发达地区集体经济薄弱地区进行产业、生态式扶贫，突出内生动力扶贫，做到精准识别到村户。此外，考虑到欠发达地区各村的资源禀赋、地理区位、经济基础、综合发展条件等方面的差异，发达地区结合自身的发展经验，指导欠发达地区打破普惠政策，在帮扶政策制定上重点倾斜集体经济薄弱地区，如对于县级强村抱团项目，优先安排薄弱村参加，在土地复垦补助、财政补助和贷款贴息等政策上加大对薄弱村的扶持力度，使之明显高于一般村，以此来增强经济薄弱村的脱贫能力和脱贫实效。

5.3.3 省际互动的"山海协作"典型："闽宁模式"

地区间经济生产领域的横向带动，主要是通过资金、技术及人力资本等生产要素的跨区域流动和配置，实现发达地区对欠发达地区的产业扶持，进而促进欠发达地区的经济和就业增长，直接提高当地居民的收入和生活水平。这方面的政策和实践很多，其中"闽宁模式"便是中国地区间横向带动、实现区域均衡发展的成功典范。

（1）"闽宁模式"的发展历程

"闽宁模式"是福建省对口支援宁夏回族自治区的简称。1996年5月，国务院召开扶贫协作会议，确定福建省帮扶宁夏回族自治区，加强东西扶贫协作，为"闽宁模式"的发展拉开了序幕。 随即，福建成立了对口帮扶宁夏回族自治区领导小组，时任福建省委副书记习近平担任组长，直接组织实施闽宁对口扶贫协作。 他提出的"优势互补、互惠互利、长期协作、共同发展"的指导原则，成为"闽宁模式"的灵魂。 关于对口扶贫协作，当年的国务院文件是"优势互补、互惠互利、共同发展"的 12 字原则，福建确定闽宁协作的原则时增加了"长期协作"，发展为 16 字原则。 "长期协作"不仅体现了闽宁两省区长期协作的决心，也在漫长的岁月中造就了闽宁协作的纵深度。

1997 年 4 月，时任福建省委副书记、福建对口帮扶宁夏领导小组组长习近平同志带队赴宁夏西海固考察，当地的贫困状况让全体赴宁考察的福建干部深感责任重大。 当时，习近平同志指出："这是中央的重要战略决定，先富帮后富，闽宁合作有利于国家稳定与民族团结。"并推动建立了两省区党政联席会议制度，每年由党委、政府主要负责同志出席商定协作帮扶方向和重点，根据福建所能、宁夏所需进行紧密对接，落实协作责任。 这样的党政联席会议，一开就是 20 多年，从未间断。

1998 年，福建省利用改革开放的新鲜经验以及资金、人才、技术等要素，开始在宁夏发展资源开发型、劳动密集型农产品加工项目，如菌草产业等。 2001 年，宁夏回族自治区闽宁镇成立。 从 1996 年至今，两省区对口扶贫协作联席会议已成功举办了 20 多次。 习近平同志在福建工作期间，曾先后 5 次出席闽宁对口扶贫协作联席会议，3 次发表重要讲话。 到中央工作后，习近平同志分别于 2008 年 4 月、2016 年 7 月 2 次到宁夏考察和指导扶贫工作，始终重视和关心闽宁互助。 在这些年里，两省区实施市县结对帮扶、部门协作、互派挂职干部、项目带动、产业扶贫协作。 本着"宁夏所需，福建所能"，既雪中送炭又互惠双赢的原则，福建的人才、资金、科技、经验、市场要素等不断植入宁夏，不断充实与再塑宁夏的经济、行政、教育、文化、医疗等方方面面。①

20多年来，"闽宁模式"一直在不断创新，从一开始基础的财政援助到人才、资金、技术帮扶，再到进一步的产业合作，实现从"输血式扶贫"到"造血式扶贫"的伟大跨越，有效地推进了地区经济协作向更深层次发展，创造了发达地区与欠发达地区互动发展、互惠双赢的全新模式，不但促进了欠发达地区的经济增长，还有效提升了其发展能力。"闽宁模式"不仅减少了中央人民政府的财政压力，解决了欠发达地区因贫困而引发的一系列问题，而且充分利用并结合了两地的优势资源，充分显现了"先富带后富"的成效。

（2）"闽宁模式"的协作绩效

作为一段跨越2000多公里的"守望相助"，坚守8000多个日夜的"千里结亲"。20多年来，福建与宁夏，用智慧、心血和决心向贫穷发起挑战，创造了"山海协作"的奇迹。

水滴石穿，"干沙滩"变"金沙滩"。固原和周边的海原县等地一起，被称为"西海固"。这里干旱少雨、山大沟深、土地贫瘠，曾经被联合国粮食开发署确定为"最不适宜人类生存的地区之一"，被视作中国贫困的代名词。闽宁协作的深情厚谊，就根植于1997年春天这片塞北腹地。当年，时任福建省委副书记习近平率福建党政代表团奔赴塞上，深入宁夏南部山区进行考察，参加闽宁对口扶贫协作第二次联席会议。习近平被西海固的贫困所震撼，提议将西海固不宜生存的地方的贫困群众"吊庄"搬迁到银川河套平原待开发荒漠地，建立一个以福建、宁夏两省区简称命名的移民村——银川市永宁县闽宁村。在宁夏，贫困地区群众整体跨区域搬迁被称为"吊庄移民"，有将村庄直接"吊"过来的意味。很快，在福建援助资金的支持下，闽宁村在银川城外永宁县的一片戈壁滩上破土动工了，第一批移民从西海固地区搬出，走向新家园。如今，干涸的土地变成了希望的田野，菌菇在六盘山旺盛生长，被当地农民亲切地称为"闽宁草""幸福草"。经过20多年的接续奋斗，如今的闽宁村早已旧貌换新颜。当年不到8000人的闽宁村已变为下辖6

---

① 贾海薇：《中国的贫困治理：运行机理与内核动力——基于"闽宁模式"的思考》，《治理研究》2018年第6期，第42—49页。

个行政村、常住居民超过 6 万人的闽宁镇。 学校、卫生室、文化中心村村覆盖，自来水、天然气、太阳能 100％ 入户，生活污水处理率达到 85％，生活垃圾无害化处理率达到 90％……曾经的戈壁荒滩变成了现代化的生态移民示范镇，昔日的"干沙滩"变成了"金沙滩"，移民人均可支配收入从开发建设初期的 500 元，增长到 2019 年的 13970 元。 20 多年来，福建、宁夏两省区始终坚持把市县结对帮扶作为扶贫协作的重要举措，福建省 30 多个县（市、区）先后轮流结对帮扶宁夏 9 个贫困县（区）。 在宁夏，闽宁镇、福宁村、涵江村、福马村……这些地名都是闽宁协作成果的见证。

深度协作，携手共圆小康梦。 如何构建可持续的脱贫体系，实现从"输血"到"造血"的改变？ 闽宁对口扶贫协作将单向扶贫拓展到两省区经济社会建设全方位多层次、全领域广覆盖的深度协作，探索了一条摆脱贫困的创新路径。 一批批"爱拼才会赢"的闽商发挥福建资金、技术、产业和管理等优势，依托宁夏固有的劳动力、土地、特色农产品等资源优势，从马铃薯、菌草等产业起步，共建扶贫产业园，走出了一条市场导向、企业投资、产业协作、项目带动，变"输血式"帮扶为"造血式"扶贫的成功之路。 从单向扶贫到产业对接，从经济援助到社会事业多领域深度合作，闽宁协作形成独具特色的"闽宁模式"。 截至 2019 年底，已有 5700 家福建籍企业、商户入驻宁夏，8 万多福建人在宁夏从业，近 5 万宁夏人在福建实现稳定就业。 随着对口扶贫协作深度和广度的不断拓展，协作帮扶的触角已从省、市、县（区）下沉至村一级的"神经末梢"。 近年来，闽宁镇与福建省漳州市台商投资区角美镇、闽宁镇 6 个行政村和福建 7 个经济强村建立了"携手奔小康"关系，在他们的示范带动下，两省区 64 个乡镇、34 个村和社会组织也建立了结对帮扶关系。 他们积极争取结对帮扶项目，累计落实帮扶资金 15.76 亿元，援建公路 385 千米，打井窖 1.5 万眼，修建高标准梯田 22.9 万亩，建设了 160 个闽宁示范村，新（扩）建学校 236 所，资助贫困学生 9 万多名，援建妇幼保健院、医护培训中心等卫生项目 323 个。 在市、县、乡、村结对帮扶的同时，两省区各级党政机关、企事业单位、人民团体、科研院所、各级各类学校和医院之间也开展了形式多样的协作共建，一批又一批援宁干部真心奉献，数以万计的闽商创新创业，帮助数万名宁夏贫困群众稳定就业。

二十四载春秋，既是福建的人才、资金、技术、经验、市场要素植入宁夏发展"肌体"的过程，也是对两地特别是宁夏干部群众的思想观念"洗礼"的过程。 多年来，宁夏也先后选派 19 批 335 名干部到福建挂职，通过互派干部挂职，先后促成 20 多个省级部门、80 多个县级部门建立互学互助机制。 在长期的扶贫协作中，两省区干部增强了"为一个事业"的意识，强化了"尽同一种责任"的担当。 经过 20 多年的接续努力，福建宁夏扶贫协作成果显著，加快了宁夏扶贫攻坚和脱贫致富的进程。 党的十八大以来，宁夏减少贫困人口 93.7 万人，贫困发生率从 2012 年的 22.9％下降到 2019 年的 0.47％；贫困地区人均可支配收入从 2012 年的 4856 元增长到 2019 年的 10415 元，宁夏各族人民群众的获得感、幸福感越来越强。①

总的来看，闽宁协作，锲而不舍、真抓实干、艰苦奋斗，开创了东西部扶贫协作的"闽宁模式"，探索出一条具有示范意义的东西部扶贫协作新路子。

但长期来看，存在两个问题：一是延缓了发达地区的产业升级和梯度转移；二是弱化了欠发达地区的发展后劲。 按照发展经济学的理论，发达地区产业不断升级和梯度转移，是受土地价格、劳动力价格、资源供求和运输成本等因素的影响，在我国实行最严格的土地制度和劳动力相对过剩的情况下，影响产业升级和梯度转移的核心因素是土地。 由于土地是不可移动的资源，随着产业的发展，需要用地的企业越来越多；围绕产业的发展，劳动力集中，居民也越来越多，居住需要的土地也越来越多，于是不断增长的土地需求与固定的土地供给导致土地价格不断上涨。 结果，效益低的产业无法生存，被效益高的产业取代，从而推动产业升级和梯度转移。 而在土地指标可以买卖的特殊制度安排下，因不可移动性而固定的土地供给变成了能够不断增长的建设用地供给，因此建设用地的价格上涨速度减缓，产业升级和梯度转移的进程被延缓。 对于欠发达地区而言，由于本该转移出来的产业被延缓，能够转移出来的产业不会有强的带动效应，因此对欠发达地区经济发展的推动作用被打了折扣。 同时，在现有土地政策下，欠发达地区由于让渡了建设用地指标，为发达地区代保代造，更多的土地用途被固定在农业上，将会导致整个土地使用结构中，用于工业化和城市化的比重更加落后于发达地

① 夏秋月、周善杰：《闽宁模式：山海携手缚苍龙》，《党建》2020 年第 8 期，第 40—44 页。

区，限制了未来的发展空间。

总的来说，任何一个区域在经济元素上都有短板，凭借对口支援和互惠合作打造统一的市场，弥补自身不足，有助于增强各自经济发展潜力。因此，创设东南沿海地区与西部欠发达地区的对口支援新模式——"山海协作"工程，可以满足发达地区和欠发达地区相互依赖、相互补充的要求，扬长避短与相互促进，实现共同发展和区域经济的平衡。

5.3.4 省内统筹的"山海协作"典型："平湖—青田"产业园合作模式

与"闽宁模式"省际"山海协作"不同，浙江省"山海协作"工程是为了解决省内区域经济发展不平衡问题。在 2001 年浙江省扶贫暨欠发达地区工作会议上，浙江省委、省政府首次提出"山海协作"工程，其于 2002 年 4 月正式实施。对于浙江而言，"山海协作"工程是对省内发达地区与欠发达地区之间区域经济协作的形象化概括，"山"主要指以浙西南山区和舟山海岛为主的欠发达地区，"海"主要指沿海发达地区和经济发达的县（市、区），基本包括了浙江省 26 个欠发达县（市、区）。

2003 年，浙江省政府专门成立了"山海协作"工程领导小组，明确杭州、宁波、温州等发达地区与衢州、丽水、舟山等欠发达地区的 65 个县（市、区）结成对口协作关系。随后，先后出台了全面实施"山海协作"工程的若干意见、财政贴息管理办法、"山海协作"工程"十一五"规划等一系列政策文件，各有关部门也按照职能分工制定相应配套政策，组成了"山海协作"的政策指导体系。①

"山海协作"工程实施以来，浙江省委、省政府在全省欠发达地区各市轮流举办了多届"山海协作"工程系列活动，历届省委书记、省长均共同参加有关活动并召开专题会议做重要讲话。此外，还把"山海协作"工程融入浙江省内的义博会、西博会、工科会以及长三角地区的一些大型展会，也取得了明显成效。

2015 年 12 月 31 日，浙江省发布了《关于进一步深化山海协作工程的实施意见》，提出了在"十三五"时期"山海协作"工程要实现以下目标：推动以生态经济为主的现代产业体系建设，实施产业项目 1200 个以上，到位资金 2300 亿元以

---

① 于莉娟：《山海协作的浙江经验》，《小康》2009 年第 7 期，第 38—40 页。

上，其中信息经济、环保、健康、旅游、时尚、金融、高端装备制造等七大产业的
项目数和到位资金均占 65％以上；推动社会公共服务能力建设，实施教育、医
疗、文化等社会事业和群众增收项目 300 个以上；推动劳动力素质提升和人才结构
优化，完成劳务培训和转移就业人数 26 万人次以上；推动产业承接等平台建设，
建成 9 个省级"山海协作"产业园，建设 3—5 个省级"山海协作"生态旅游文化
产业示范区和 11 个市内结对共建园区、"飞地"园区，建成一批省级、市级和县
级"山海协作"职业技能实训基地，创建若干个特色小镇和一批现代生态循环农业
示范区，探索建设市级产业合作平台。同时，又对结对关系进行了调整。目前的
"山海协作"结对安排如下：

    衢州市——杭州市、绍兴市

    丽水市——宁波市、湖州市、嘉兴市

    衢州市柯城区——杭州市余杭区

    衢州市衢江区——宁波市鄞州区

    龙游县——宁波市镇海区

    江山市——绍兴市柯桥区

    山县——慈溪市

    开化县——桐乡市

    丽水市莲都区——义乌市

    龙泉市——杭州市萧山区

    青田县——平湖市、嵊州市

    云和县——宁波市北仑区、海宁市

    庆元县——长兴县、嘉善县

    缙云县——杭州市富阳区、德清县

    遂昌县——诸暨市

    松阳县——余姚市

    景宁县——海盐县、绍兴市上虞区

    淳安县——杭州市西湖区

    永嘉县——温州市瓯海区

    平阳县——乐清市

苍南县——温州市龙湾区

文成县——瑞安市

泰顺县——温州市鹿城区

武义县——永康市

磐安县——东阳市

天台县——台州市路桥区

仙居县——玉环市

三门县——温岭市

随着新时代带来的新变化和新要求，浙江省第十四次党代会报告明确提出要"充分发挥山海并利优势，着力打造山海协作工程升级版"。所谓升级版，是指为了更好地实现区域协调发展目标，在原有举措基础上进一步拓展合作内容、完善协作平台、创新政策机制，做到更加注重协作方式的创新、造血功能的培育和创新成果的转化，从而形成协作领域双向全面对接、协作方式多种形式转变、协作平台不断扩大的新局面。

在打造"山海协作"工程升级版的探索中，平湖市结合本地工业经济发达、土地指标严重紧缺和青田县生态资源丰富、村集体经济薄弱的现实，通过签订《实施山海协作工程协议》《平湖—青田山海协作"飞地"产业园合作模式》等协议，将青田县集体经济薄弱村的土地指标"飞"到平湖市建设产业园以促进强村消薄，创设了"山海协作"新模式。

（1）"平湖—青田山海协作"的主要做法

平湖市探索的"山海协作"新模式，以破解青田经济薄弱村脱贫和平湖缺少建设用地指标两大难题为突破口，突出协作的精准化和实效性。平湖市的创新之处，在于它将"山海协作"与集体经济薄弱村的发展壮大直接关联，突出以"山海协作"推进集体经济薄弱村脱贫致富，实现以局部重点扶持脱贫带动全域协调发展。其主要做法如下：

转变思维，创新协作发展机制。平湖市本着"优势互补、互赢协作"的原则，拓宽"山海协作"领域，深化"山海协作"机制，创新建立"三供三保"合作机制，即青田县"供土地指标、供钱投资、供人管理"，平湖市"保障落地、保障招商、保障收益"。由青田县156个经济薄弱村联合成立农村集体经济联合发展公司，出资在平湖经济技术开发区建工业厂房，并落实耕地占补平衡指标；由平湖市负责招商，重点引进符合平湖产业发展规划的高科技型企业和省八大万亿产业，提高产业层次和经济效益，同步保障青田方每年收益，专门用于扶持青田县集体经济薄弱村。

联动共管，提高项目协作效率。 按照一次设计、分步建设的要求，抓好项目的立项、设计、报批、建设等工作，确保项目早出产、早收益。 平湖、青田两地互派干部共同参与推进园区建设，在青田县共建生态旅游文化产业园，专门成立管委会，主任由平湖市选派，并报经上级组织部门同意后，兼任青田县委常委；在平湖市共建"飞地"产业园，由青田县选派干部到平湖经济技术开发区挂职，负责产业园建设。 上述举措既锻炼培养了干部，又促进了两地的交流学习。 项目推进中，平湖市有关部门全力配合抓好项目建设，充分运用"红色代办"、联审联办等服务方式保障项目高效流转、快速审批，做到"最多跑一次"，保证项目推进速度。 同时，对产业园的招商实行以项目所在地为主、双方共同参与的模式，重点引进符合平湖产业发展规划的农业高科技型企业和省八大万亿产业，切实提升产业层次，提高经济效益。

利益共享，实现互利共赢发展。 项目建成后，采取包租固定回报和基金扶持的方式，为青田经济薄弱村持续不断输送"新鲜血液"，壮大村级集体经济，促进村资产的保值增值。 按照合作协议规定，前5年，青田农村集体经济联合发展公司每年收到实际投资总额10％的投资固定收益；后5年，在投资固定收益基础上，建立"山海协作"扶持基金，每年按照项目地方财政分成部分的50％，以财政补助的形式予以返还。 平湖和青田还建立了耕地占补平衡指标调剂合作机制，每年优先调剂给平湖市使用；建立旅游疗休养和招商引资合作机制，实现自然资源和华侨回归、浙商回归资源的共享，促进双方经济社会的共赢发展。

（2）"平湖—青田山海协作"的显著成效

经过多年的完善发展，"平湖—青田山海协作"已经走出一条具有自身特色的区域协调发展之路，在消除集体经济薄弱村、推进平湖区域协调发展方面取得良好成效。 当前，依靠平湖市成熟的"飞地"经验优势，借助两地互补的资源优势，平湖和青田共同创建"山海协作""飞地"产业园和"山海协作"生态旅游文化产业园，打造跨区域联建的"山海协作"升级版，这必将对促进区域协调发展发挥积极作用。

资源配置更加高效。 实践证明，平湖、青田两地合力，采取跨区域"飞地"模式发展壮大青田村级集体经济，让青田县 156 个经济薄弱村的资产、资本变成股本，在提高经济收益的同时，促进了资产的保值增值，确保了产出的最大化。 同时，青田的耕地占补平衡指标，解决了平湖因土地指标问题带来的发展制约，从而使得两地的资源能够得到更充分的互补和更高效的配置。

产业发展更加生态。 跨区域"飞地"模式，一方面通过将青田 156 个经济薄弱村闲置低效的土地指标和资金整合起来，"飞"到平湖建设产业园区，引进符合平湖产业发展导向的高科技型企业和省八大万亿产业，推进了平湖产业绿色、高质发展；另一方面，立足青田县良好的生态优势，平湖市通过资金扶持，在青田县建立生态旅游文化产业园，大力发展旅游文化产业，盘活青田县的丰富旅游文化资源，让青田的绿水青山变成金山银山。

农民生活更加幸福。 根据协议，"飞地"模式能让青田县 156 个经济薄弱村每年获得投资额 10％的收益，这些收益一方面能够让村里有钱办事，更好地保障村级组织的正常运转，村内基础设施、社会事业、农民福利等各方面的建设也可以得到有效推进，从而让农民获得更好的服务；另一方面，农民以入股的形式成为股东，把原来的承包田变成"股票田"，享受股份分红，获得普遍高于单户经营的土地租金。 此外，土地流转后农民能够全身心地投入其他领域的就业或创业，实现土地租金、务工劳资双收益，这必将使农民收入增加，幸福感和获得感增强。

经过多年的不断推进，浙江省"山海协作"工程在经济增长、城市建设、产业结构优化方面进步明显，省内区域发展进一步协调。 立足新时代新起点，浙江省各个地区着力打造"山海协作"工程升级版，进一步拓展协作内容，完善协作平台，深化协作机制，这既是坚定不移走"八八战略"指引路子的生动表现，更是发挥"山海协作"工程在缩小地区差距、促进区域平衡发展中的独特作用，进而切实提高发展的协同性和整体性。

结语：把对口支援的制度优势转化为治理效能

2019 年 10 月 31 日，中国共产党第十九届中央委员会第四次全体会议通过的《中共中央关于坚持和完善中国特色社会主义制度 推进国家治理体系和治理能力现代化若干重大问题的决定》指出了我国国家制度和国家治理体系具有多方面的显著优势，主要是：

坚持党的集中统一领导，坚持党的科学理论，保持政治稳定，确保国家始终沿着社会主义方向前进的显著优势；

坚持人民当家作主，发展人民民主，密切联系群众，紧紧依靠人民推动国家发展的显著优势；

坚持全面依法治国，建设社会主义法治国家，切实保障社会公平正义和人民权利的显著优势；

坚持全国一盘棋，调动各方面积极性，集中力量办大事的显著优势；

坚持各民族一律平等，铸牢中华民族共同体意识，实现共同团结奋斗、共同繁荣发展的显著优势；

坚持公有制为主体、多种所有制经济共同发展和按劳分配为主体、多种分配方式并存，把社会主义制度和市场经济有机结合起来，不断解放和发展社会生产力的显著优势；

坚持共同的理想信念、价值理念、道德观念，弘扬中华优秀传统文化、革命文化、社会主义先进文化，促进全体人民在思想上精神上紧紧团结在一起的显著优势；

　　坚持以人民为中心的发展思想，不断保障和改善民生、增进人民福祉，走共同富裕道路的显著优势；

　　坚持改革创新、与时俱进，善于自我完善、自我发展，使社会始终充满生机活力的显著优势；

　　坚持德才兼备、选贤任能，聚天下英才而用之，培养造就更多更优秀人才的显著优势；

　　坚持党指挥枪，确保人民军队绝对忠诚于党和人民，有力保障国家主权、安全、发展利益的显著优势；

　　坚持"一国两制"，保持香港、澳门长期繁荣稳定，促进祖国和平统一的显著优势；

　　坚持独立自主和对外开放相统一，积极参与全球治理，为构建人类命运共同体不断做出贡献的显著优势。

　　这些显著优势，是我们坚定中国特色社会主义道路自信、理论自信、制度自信、文化自信的基本依据。

　　对口支援，是上述制度优势的综合展示和生动体现。具体而言，对口支援彰显了四个方面的意义：一是充分体现了我国"集中力量办大事"的制度优势；二是展现了中共中央强大的资源调度和资源汲取能力；三是揭示了中央对地方的强力约束能力；四是反映了地方对中央决策的强大执行能力。

　　党的十九届四中全会指出，要着力固根基、扬优势、补短板、强弱项，构建系统完备、科学规范、运行有效的制度体系，把我国制度优势更好地转化为国家治理效能。习近平总书记在湖北省考察新冠肺炎疫情防控工作时的重要讲话中再次强调指出："这次新冠肺炎疫情防控，是对治理体系和治理能力的一次大考，既有经验，也有教训。要放眼长远，总结经验教训，加快补齐治理体系的短板和弱项，为保障人民生命安全和身体健康筑牢制度防线。"这要求我们在对我国的国家制度和治理体系保持足够自信的同时，要本着解放思想、实事求是的原则，坚持改革创新，努力把"中国之治"制度优势不断转化为现实的治理效能。① 深入学习贯彻四中全会精神，推动各方面制度更加成熟更加定型，把我国制度优势更好转化为国家治理效能，需要把握"五个关键"，这也是今后进一步完善对口支援模式需要特别注意的五个方面。

第一，把对口支援的制度优势转化为治理效能要坚持党的领导。 党的领导是中国特色社会主义最本质的特征，是中国特色社会主义制度的最大优势。 党的领导制度是我国的根本领导制度，在中国特色社会主义制度体系中具有统领地位。党的领导制度对于发挥对口支援制度的优势是毋庸置疑的，为对口支援的进行提供了坚实的保障。 全会总结了我国国家制度和国家治理体系的 13 个显著优势，其中第一个优势是"坚持党的集中统一领导"；全会部署了制度体系建设的 13 个方面重点任务，其中摆在第一位的是"坚持和完善党的领导制度体系"。 我们之所以能够在革命、建设、改革的奋斗历程中取得胜利、取得令人骄傲的成就，是因为我们党能够将开辟正确道路、发展科学理论、建设有效制度这三者有机结合起来，中国的蓬勃发展离不开这三者。 党引领中国人民和中华民族找到实现民族独立、人民解放、国家富强、人民幸福的正确道路，建立和巩固社会主义国家制度，开创和发展中国特色社会主义，正确的道路、科学的理论、有效的制度对于中国的强大有着不可或缺的重大意义，党带领中国广大劳动人民创造了世所罕见的经济快速发展、社会长期稳定"两大奇迹"。 在世界正经历百年未有之大变局的时代背景下，只有坚持和完善党的领导，切实把党的领导落实到国家治理各领域各方面各环节、贯彻到党和国家机构履行职责全过程，充分发挥党总揽全局、协调各方的领导核心作用，才能相时而动，顺应世界发展的大潮流，利用机会有力地将制度优势转化为治理效能。 最重要的是完善坚定维护党中央权威和集中统一领导的各项制度，保证党对于全局的把握和了解，更好地实现各方的协调，结合各方优、劣势，有效地将各方力量、资源结合发挥最大合力，实现对口支援的最佳效果。

第二，把对口支援的制度优势转化为治理效能要坚定制度自信。 制度优势是一个国家的最大优势，制度竞争是国家间最根本的竞争。 中国特色社会主义制度

---

① 燕继荣:《抗疫彰显制度优势有效转化为治理效能》,求是网,http://www.qstheory.cn/wp/2020-04/28/c_1125916444.htm。

和国家治理体系是马克思主义基本原理同中国具体实际相结合的产物，是党和国家领导人不断探索的结果，能够完美地与中国国情相结合，有着十分深刻的理论意义和实践内涵，同时还焕发着强大生命力。坚定制度自信，我们就能从容不迫地面对发展进程中的艰难险阻、洪水猛兽，增强越挫越勇的斗争精神，保持稳步向前的步伐。坚定制度自信，就要保持深化改革的正确方向和力度，保持并不断增强制度活力，更好地实现有效治理。坚定制度自信，就要加强制度理论研究和宣传教育，通过古今中外的制度对比，分析理解实现"中国之治"的秘诀并将其运用于制度的实施之中。只有把制度自信教育贯穿国民教育全过程，特别是加强对青少年的制度教育，才能够有效构建中国特色社会主义制度的整体体系，让人们意识到这一制度的优越性，更加坚定制度自信，坚持走中国特色社会主义道路。

第三，把对口支援的制度优势转化为治理效能要提高执行能力。制度的生命力在于执行。通过制度执行才能切实将制度优势转化为治理效能，制度执行越有力，国家治理就越有效。制度的执行过程必须有全体成员的共同参与，才能真正地将理论优势转化为实际结果。而领导干部作为国家治理具体实施者，更要发挥领头作用，要主动带头增强制度意识，深化人民对于制度的理解认同，使社会自觉尊重、维护、执行制度。对于干部队伍的建设，要严格按照"政治过硬、本领高强"要求，避免出现一知半解、急功近利带来的不良结果，发挥好制度指引方向、规范行为、提高效率、维护稳定、防范化解风险的重要作用。为保证制度的有效执行，要建立全面的监督机制，实现执行和监督的完美配合，把执行和监督融入各层次、各部门治理的全过程，严重惩罚扭曲制度内容、敷衍制度执行等不良行为。

第四，把对口支援的制度优势转化为治理效能要用好科技支撑。信息化为人民的生活带来了巨大变化。习近平总书记强调，信息化为中华民族带来了千载难逢的机遇。党的四中全会首次将"科技支撑"与"民主协商"一道纳入社会治理体系之中，社会治理体制由"五位一体"拓展为"七位一体"。这些都标志着将现代科技融入治理的可能，5G、大数据、物联网、区块链等发展普及，"新基建"正在如火如荼地进行，人们快速跨越时间和空间，这些提供了治理现代化的技术支持，新的治理方式正在出现。科技就像杠杆能够发挥四两拨千斤的功效。这提醒我们抢抓信息化的历史机遇，利用互联网思维提高治理效能，实现治理网络化和网格化的有机结合。加强对信息技术的认识和掌握，使互联网为治理服务，用最少的资源获得最大的效益。 学会运用互联网促进"善治",加速完善数字政府建设,利用大数据进行科学决策,加强决策理想化程度,加快智慧城市建设以及社区建设。 简化服务人民和治理社会流程,为人民办事提供更多便利。 同时,密切政府与人民之间的联系,更好地发挥社区治理优势,有效打造线上线下相结合模式,促使经济、法律、技术手段相融合,构建网络社会和现实社会相贯通的治理体系。

第五,把对口支援的制度优势转化为治理效能要加强实践探索。 "实践是检验真理的唯一标准",通过实践能够发现制度执行和治理现代化过程中的问题,并找到解决方法。 按照"固根基、扬优势、补短板、强弱项"要求,构建系统完备、科学规范、运行有效的制度体系,补齐治理短板。 给予群众更多的参与治理的机会,发挥群众智慧,鼓励群众提出新的建议和想法等,创造新理念、新想法发芽成长的土壤。 要坚持问题导向,及时总结、传播和学习破解体制性障碍等问题的成功经验,同时制度、法律的完善也不容忽视,理论、想法等"软件"的更新必须有制度、法律等"硬件"的支持。 这要求我们将成熟的经验和做法推动上升为制度,转化为法律,进一步推动系统治理、依法治理、综合治理、源头治理。 当然为形成系统完备、科学规范、运行有效的制度体系,实践探索也不是盲目进行的,必须讲究规范,按照规则,在法律允许的范围内有力度、讲方法地进行,探索最适合、最符合实际情况的制度体系。

参考文献

［1］ 岑章志. 高校对口支援与协调发展［M］. 北京:高等教育出版社，2010.

［2］ 侯波，林建新. 精准扶贫背景下的科技对口支援研究［M］. 北京:经济科学出版社，2016.

［3］ 胡茂成. 中国特色对口支援体制实践与探索［M］. 北京:人民出版社，2014.

［4］ 教育部对口支援工作研究指导中心. 教育部对口支援西部高校工作优秀研究项目汇编［M］. 北京:清华大学出版社，2015.

［5］ 教育部高等教育司. 对口支援西部高校工作10周年典型经验集体和突出贡献个人案例汇编［M］. 北京:高等教育出版社，2011.

［6］ 金炳镐. 马克思主义民族理论发展史［M］. 北京:中央民族大学出版社，2007.

［7］ 靳薇. 西藏援助与发展［M］. 拉萨:西藏人民出版社，2011.

［8］ 林尚立. 国内政府间关系［M］. 杭州:浙江人民出版社，1998.

［9］ 刘铁. 对口支援的运行机制及其法制化［M］. 北京:法律出版社，2010.

［10］ 马大正. 清代的边疆政策［M］. 北京:中国社会科学出版社，1994.

［11］ 宋彪. 分权与政府合作——基于决策制度的研究［M］. 北京:中国人民大学出版社，2009.

［12］ 唐德海，梁文明，阖金童. 东部—西部边境地区教育对口支援发展研究［M］. 桂林:广西师范大学出版社，2006.

［13］ 王辅仁，陈庆英. 蒙藏民族关系史略［M］. 北京:中国社会科学出版

社，1985.

[14] 西藏自治区人民政府办公厅，西藏自治区党委党史研究室.全国支援西藏
[M].拉萨:西藏人民出版社，2002.

[15] 余翔.发展型社会政策视野下的省际对口支援研究:基于汶川地震灾后重建
案例[M].杭州:浙江大学出版社，2014.

[16] 张康之.公共行政中的哲学与伦理[M].北京:中国人民大学出版
社，2004.

[17] 张廷玉.明史[M].北京:中华书局，1974.

[18] 赵尔巽.清史稿[M].北京:中华书局，1976.

[19] 中共中央文献研究室，中共西藏自治区委员会.西藏工作文献选编[M].北
京:中央文献出版社，2005.

[20] 布迪厄.实践感[M].蒋梓骅，译.南京:译林出版社，2003.

[21] 莫里斯·古德利尔.礼物之谜[M].王毅，译.上海:上海人民出版
社，2007.

[22] 李嘉图.政治经济学及税赋原理[M].郭大力，王亚南，译.南京:译林出版
社，2011.

[23] 马林诺夫斯基.西太平洋的航海者[M].梁永佳，李绍明，译.北京:华夏出
版社，2002.

[24] 马塞尔·莫斯.礼物:古式社会中交换的形式与理由[M].汲喆，译.上海:
上海世纪出版集团，2005.

[25] 弗朗索瓦·佩鲁.新发展观[M].张宁，丰子义，译.北京:华夏出版
社，1987.

[26] 宝乐日.对口支援西部地区民族教育回顾与展望[J].内蒙古师范大学
学报(哲学社会科学版)，2010(01):126—130.

[27] 蔡玲.德国区域援助政策对我国实施西部大开发战略的启示[J].财政
研究，2000(08):20-22.

[28] 蔡文伯，吴英策.基于社会资本视角的"对口支援"西部高校理论解读
[J].兵团教育学院学报，2008(04):1—4.

[29] 陈健，郭冠清.马克思主义区域协调发展思想:从经典理论到中国发展

[J].经济纵横,2020（06）:1—10.

[30] 陈瑞莲,刘亚平.泛珠三角区域政府的合作与创新[J].学术研究,2007（01）:42—50.

[31] 陈志刚.对口支援与散杂居民族地区小康建设——来自江西省少数民族地区对口支援的调研报告[J].中南民族大学学报（人文社会科学版）,2005（03）:124—128.

[32] 承伟.习近平扶贫思想论纲[J].福建论坛（人文社会科学版）,2018（01）:54—64.

[33] 丛松日.市场对资源配置的决定性作用:解构政府与市场[J].重庆社会科学,2014（02）:5—13.

[34] 丛威青.务实推进新时期对口支援工作[J].中国党政干部论坛,2017（11）:65—67.

[35] 邓宏兵,杨喻兵.灾后对口支援框架下产业转移与承接的模式与途径——以汶川地震灾区为例[J].华中师范大学学报（自然科学版）,2012,46（02）:218—223.

[36] 丁忠毅.对口支援边疆民族地区中的府际利益冲突与协调[J].民族研究,2015（06）:15—25,122.

[37] 董珍,白仲林.对口支援、区域经济增长与产业结构升级——以对口援藏为例[J].西南民族大学学报（人文社会科学版）,2019（03）:130—138.

[38] 方珂,蒋卓余.东西协作扶贫的制度特点与关键问题[J].学习与实践,2018（10）:105—113.

[39] 付娟.我国高校"对口支援"政策:成效、问题与优化策略[J].浙江师范大学学报（社会科学版）,2018（02）:101—106.

[40] 高大海,王成端,朱强.高等教育对口支援绩效评价的指标设计研究[J].世界教育信息,2010（12）:33—35.

[41] 谷成,蒋守建.我国横向转移支付依据、目标与路径选择[J].地方财政研究,2017（08）:4—8,26.

[42] 顾华详.国家对口援疆制度与机制设计研究[J].湖南财政经济学院学

报，2015（02）：18—33.

[43] 何家伟.习近平东西部扶贫协作重要论述研究［J］.武汉科技大学学报
（社会科学版），2020，22（02）：164—171.

[44] 何显明."八八战略"与习近平新时代中国特色社会主义思想在浙江的
萌发［J］.浙江学刊，2018（05）：15—28.

[45] 胡志平.供给侧结构性改革的中国特征及创新路径［J］.社会科学，
2017（01）：40—52.

[46] 花中东.对口支援促进基本公共服务均等化效应分析——以四川地震灾
区为例［J］.西安财经学院学报，2010，23（05）：75—81.

[47] 黄承伟.东西部扶贫协作的实践与成效［J］.改革，2017（08）：
54—57.

[48] 黄凯南，程臻宇.制度经济学的理论发展与前沿理论展望［J］.南方经
济，2018（11）：15—26.

[49] 黄伟.历代中央政府治藏方略的演变传承［J］.国家行政学院学报，
2012（04）：29—33.

[50] 贾海薇.中国的贫困治理:运行机理与内核动力——基于"闽宁模式"
的思考［J］.治理研究，2018，34（06）：42—49.

[51] 江新昶.转移支付、地区发展差距与经济增长——基于面板数据的实证
检验［J］.财贸经济，2007（06）：50—56.

[52] 蒋小捷，张瑞才.西南边疆多民族地区的利益协调机制建构［J］.学术
探索，2008（02）：35—42.

[53] 解群，房剑森，石芳华.走向"合作":东西部高校对口"支援"政策透
视［J］.教育发展研究，2012（01）：13—17.

[54] 解群.我国高校对口支援政策失真现象、成因及其纠正［J］.教育发展研
究，2012（21）：16—21.

[55] 靳薇.干部援藏的成就与局限［J］.科学社会主义，2010（06）：
66—68.

[56] 靳薇.和平解放后援藏项目社会经济效益研究［J］.西南民族大学学报
（人文社会科学版），2005（02）：5—14.

[57] 敬乂嘉.合作治理:历史与现实的路径 [J].南京社会科学,2015（05）:1—9.

[58] 赖虹宇,杨森.论我国灾害对口支援制度的法律治理优化 [J].中国行政管理,2020（06）:130—136.

[59] 李猛,黄振宇.促进区域协调发展的"飞地经济":发展模式和未来走向 [J].天津社会科学,2020（04）:97—102.

[60] 李庆滑.我国省际对口支援的实践、理论与制度完善 [J].中共浙江省委党校学报,2010,26（05）:55—58.

[61] 李瑞昌.地方政府间"对口关系"的保障机制 [J].学海,2017（04）:54—59.

[62] 李瑞昌.界定"中国特点的对口支援":一种政治性馈赠解释 [J].经济社会体制比较,2015（04）:194—204.

[63] 李万慧,于印辉.横向财政转移支付:理论、国际实践以及在中国的可行性 [J].地方财政研究,2017（08）:27—33,39.

[64] 李曦辉.对口支援的分类治理与核心目标 [J].区域经济评论,2019（02）:45—54.

[65] 李祥.民族地区教育对口支援政策七十年回顾与展望——基于政策要素与政策工具的二维分析 [J].西南民族大学学报（人文社会科学版）,2020,41（02）:72—80.

[66] 李小云.东西部扶贫协作和对口支援的四维考量 [J].改革,2017（08）:61—64.

[67] 李延成.对口支援:对帮助不发达地区发展教育的政策与制度安排 [J].教育发展研究,2002（10）:16—20.

[68] 李志国,杨灿,李慧杰.对口支援、招商引资与区域创新能力提升——基于对口支援三峡库区的案例研究 [J].科研管理,2020,41（3）:72—82.

[69] 林尚立.重构府际关系与国家治理 [J].探索与争鸣,2011（01）:34—37.

[70] 刘金山,徐明.对口支援政策有效吗？——来自19省市对口援疆自然

实验的证据［J］.世界经济文汇，2017（04）:43—61.

[71] 刘铁.从对口支援到对口合作的演变论地方政府的行为逻辑——基于汶川地震灾后恢复重建对口支援的考察［J］.农村经济，2010（04）:42—44.

[72] 刘永富.认真贯彻习近平扶贫思想　坚决打赢脱贫攻坚战［J］.行政管理改革，2018（07）:11—17.

[73] 陆汉文.东西部扶贫协作与中国道路［J］.人民论坛（学术前沿），2019（21）:62—68.

[74] 路春城.我国横向财政转移支付法律制度的构建——基于汶川震后重建的一点思考［J］.地方财政研究，2009（03）:39—43.

[75] 栾德成.为地震灾区对口支援提供组织保障［J］.党建研究，2009（05）:49—50.

[76] 吕朝辉.边疆治理视野下的精准对口支援研究［J］.云南民族大学学报（哲学社会科学版），2016，33（03）:31—37.

[77] 马栓友，于红霞.转移支付与地区经济收敛［J］.经济研究，2003（03）:26—58.

[78] 蒲实，廖祖君.灾后重建四大难题亟待破解［J］.农村经济，2010（07）:49—51.

[79] 濮蕾.试论元朝治藏方略［J］.世界宗教文化，2012（02）:102—107.

[80] 乔宝云，范剑勇，彭骥鸣.政府间转移支付与地方财政努力［J］.管理世界，2006（03）:50—56.

[81] 任维德."一带一路"战略下的对口支援政策创新［J］.内蒙古大学学报（哲学社会科学版），2016，48（01）:5—10.

[82] 任维德.检视与展望:对口支援西部民族地区40年［J］.内蒙古大学学报（哲学社会科学版），2019，51（03）:19—25.

[83] 石绍宾，樊丽明.对口支援：一种中国式横向转移支付［J］.财政研究，2020（01）:3—12,44.

[84] 天津社会科学院城市经济研究所课题组.有效发挥东西部扶贫协作的攻坚作用［J］.求知，2020（06）:41—43.

［85］ 天津市发展和改革委员会东西部扶贫协作和对口支援产业合作课题组，郭造林，董建欣.全面开展东西部扶贫协作和对口支援产业合作工作的研究报告［J］.天津经济，2020（05）:3—8.

［86］ 万健琳，杜其君.生态扶贫的实践逻辑——经济、生态和民生的三维耦合［J］.理论视野，2020（05）:62—67.

［87］ 汪光焘.确保灾区重建长治久安——关于四川汶川地震灾后重建情况的调研报告［J］.中国人大，2010（03）:36—38.

［88］ 王唤明，江若尘.利益相关者理论综述研究［J］.经济问题探索，2007（04）:11—14.

［89］ 王磊，黄云生.对口支援资源配置的效率评价及其影响因素分析——以对口支援西藏为例［J］.四川大学学报（哲学社会科学版），2018（02）:161—176.

［90］ 王士心，刘梦月.东西部协作扶贫须做好资源跨区域分配［J］.人民论坛，2019（03）:62—63.

［91］ 王玮."对口支援"不宜制度化为横向财政转移支付［J］.地方财政研究，2017（08）:20—26.

［92］ 王永才.对口支援民族地区的法理基础与法治化探索［J］.中央民族大学学报（哲学社会科学版），2014，41（05）:25—30.

［93］ 吴国宝.东西部扶贫协作困境及其破解［J］.改革，2017（08）:57—61.

［94］ 伍文中，张杨，刘晓萍.从对口支援到横向财政转移支付:基于国家财政均衡体系的思考［J］.财经论丛，2014（01）:36—41.

［95］ 伍文中.从对口支援到横向财政转移支付:文献综述及未来研究趋势［J］.财经论丛，2012（01）:34—39.

［96］ 夏少琼.对口支援:政治、道德与市场的互动——以汶川地震灾后重建为中心［J］.西南民族大学学报（人文社会科学版），2013，34（05）:8—13.

［97］ 向德平，华汛子.改革开放四十年中国贫困治理的历程、经验与前瞻［J］.新疆师范大学学报（哲学社会科学版），2019，40（02）:

59—69.

[98] 向国春,顾雪非.对口支援对提升深度贫困地区医疗服务能力的效果探析与思考 [J].中国农村卫生事业管理,2020,40(01):19—23.

[99] 谢庆奎.中国政府的府际关系研究 [J].北京大学学报(哲学社会科学版),2000(01):26—34.

[100] 谢伟民,贺东航,曹尤.援藏制度:起源、演进和体系研究 [J].民族研究,2014(02):14—25.

[101] 徐明,刘金山.省际对口支援如何影响受援地区经济绩效——兼论经济增长与城乡收入趋同的多重中介效应 [J].经济科学,2018(04):75—88.

[102] 徐阳光.横向财政转移支付立法与政府间财政关系的构建 [J].安徽大学学报(哲学社会科学版),2011,35(05):84—91.

[103] 许旭红.我国从产业扶贫到精准产业扶贫的变迁与创新实践 [J].福建论坛(人文社会科学版),2019(07):58—65.

[104] 杨道波.地区间对口支援和协作的法律制度问题与完善 [J].理论探索,2005(06):157—159.

[105] 杨道波.对口支援和经济技术协作法律对策研究 [J].中央民族大学学报,2006(01):64—69.

[106] 杨富强."对口援疆"政策回顾及反思——以1997年至2010年间政策实践为例 [J].西北民族大学学报(哲学社会科学版),2011(05):109—115.

[107] 杨龙,李培.府际关系视角下的对口支援系列政策 [J].理论探讨,2018(01):148—156.

[108] 杨龙.区域政策:跨域治理的重要工具 [J].国家治理,2015(42):20—24.

[109] 杨龙.地方政府合作的动力、过程与机制 [J].中国行政管理,2008(07):96—99.

[110] 杨明洪,刘建霞.横向转移支付视角下省市对口援藏制度探析 [J].财经科学,2018(02):113—124.

[111] 杨明洪,孙继琼.中央财政补助对西藏经济发展和收入分配的影响分析 [J].西南民族大学学报(人文社会科学版),2009(07):1—5.

[112] 杨善华,苏红.从"代理型政权经营者"到"谋利型政权经营者"——向市场经济转型背景下的乡镇政权 [J].社会学研究,2002(01):17—24.

[113] 叶初升.中国实践的发展经济学意义 [J].金融博览,2020(09):34—35.

[114] 永红.清代治藏政策的特点及其演变 [J].中国藏学,2005(02):32—39.

[115] 于永利.灾后对口支援的模式与合作化转向 [J].今日中国论坛,2013(17):310—312.

[116] 曾水英,范京京.对口支援与当代中国的平衡发展 [J].当代中国史研究,2019,26(04):150—151.

[117] 张斌,赵国春.对口支援政策的生态环境效应评价 [J].地方财政研究,2019(06):98—105,112.

[118] 张晨."职业教育东西部扶贫协作"中的问题与实践研究——以上海对口支援喀什地区为例 [J].教育发展研究,2018(07):46—51.

[119] 张启春,陈秀山.缩小中西部差距:德国财政平衡制度及借鉴 [J].国家行政学院学报,2004(01):84—87.

[120] 张学良,林永然,孟美侠.长三角区域一体化发展机制演进:经验总结与发展趋向 [J].安徽大学学报(哲学社会科学版),2019,43(01):138—147.

[121] 张永和.元朝治藏政策得失考 [J].西南民族大学学报(人文社会科学版),2004(07):153—157.

[122] 张羽新.民国治藏要略 [J].中国藏学,2000(04):96—105.

[123] 赵刚.科学发展观与我国少数民族政策的创新取向 [J].延边大学学报(社会科学版),2014,47(02):99—104.

[124] 赵晖,谭书先.对口支援与区域均衡:政策、效果及解释——基于8对支援关系1996—2017年数据的考察 [J].治理研究,2020,36

（01）：69—81.

[125] 赵伦，蒋勇杰.地方政府对口支援模式分析——兼论中央政府统筹下的制度特征与制度优势［J］.成都大学学报（社会科学版），2009（02）：4—7,25.

[126] 赵明刚.中国特色对口支援模式研究［J］.社会主义研究，2011（02）：56—61.

[127] 郑春勇.从对口合作到区域合作：后援建时代地方合作的应然转变［J］.理论与改革，2011（05）：144—146.

[128] 郑春勇.对口支援中的"礼尚往来"现象及其风险研究［J］.人文杂志，2018（01）：122—128.

[129] 郑春勇.论对口支援任务型府际关系网络及其治理［J］.经济社会体制比较，2014（02）：230—239.

[130] 郑刚，汤晨.信息化环境中创新教育对口支援模式探析［J］.西北民族大学学报（哲学社会科学版），2013（06）：180—184.

[131] 郑刚，吴小伟.教育对口支援法治化现状与路径选择［J］.当代教育论坛，2013（04）：14—18.

[132] 郑丽丽.对口支援政策实施绩效及对策分析——以江西省为例［J］.黑龙江民族丛刊，2012（05）：73—79.

[133] 中国农村财经研究会课题组，李军国.支持现代农业建设，推动农业发展方式转变的财政研究［J］.当代农村财经，2017（01）：2—20.

[134] 钟开斌.对口支援：起源、形成及其演化［J］.甘肃行政学院学报，2013（04）：14—24,125—126.

[135] 周黎安.行政发包制［J］.社会，2014,34（06）：1—38.

[136] 周晓丽，马晓东.协作治理模式：从"对口支援"到"协作发展"［J］.南京社会科学，2012（09）：67—73,79.

[137] 朱方明，刘丸源.坚持和完善社会主义基本经济制度，保障脱贫攻坚任务全面完成［J］.政治经济学评论，2020,11（02）：43—51.

[138] 朱光磊，张传彬.系统性完善与培育府际伙伴关系——关于"对口支援"制度的初步研究［J］.江苏行政学院学报，2011（02）：85—90.

［139］ 朱天舒，秦晓微.国家支持与对口支援合作:我国区域平衡发展模式分析［J］.中国行政管理，2012（06）:92—95.

［140］ OSTROM E. Governing the commons: the evolution of institutions for collective action ［M］. Cambridge: Cambridge University Press, 1990.

［141］ SELZNICK P. Leadership in administration ［M］. California: University of California Press, 1984.

［142］ AVRAM A, NICOLESCU A C, AVRAM C D, et al. Financial communication in the context of corporate social responsibility growth ［J］. Amfiteatru economic, 2019, 21（52）:623.

［143］ CHEN TIANXIANG, WANG YING, HUA LEI. "Pairing assistance": the effective way to solve the breakdown of health services system caused by COVID-19 pandemic ［J］. International journal for equity in health, 2020, 19（1）:1061—1062.

［144］ ELLENMAN D. Autonomy-respecting assistance: toward an alternative theory of development Assistance ［J］. Review of social economy, 2004, 62（2）:149—168.

［145］ EMERSON K, NABATCHI T, BALOGH S. An integrative framework for collaborative governance ［J］. Journal of public administration research and theory, 2012, 11（1）:1—29.

［146］ GREENSTONE M, HORNBECK R, MORETTI E. Identifying agglomeration spillovers: evidence from winners and losers of large plant openings ［J］. Journal of political economy, 2010, 118（3）: 536—598.

［147］ LUO X R, ZHANG J J, MARQUIS C. Mobilization in the internet age: internet activism and corporate response ［J］. Academy of management journal, 2016, 59（6）:2045—2068.

［148］ MURPHY K M, SHLEIFER A, VISHNY R. Industrialization and the big push ［J］. Journal of political economy, 1989, 97（5）:

1003—1026.

[149] SYRQUIN M, CHENERY H B. Patterns of development, 1950 to 1983 [J]. The world bank review, 1989 (3):150—153.

[150] TANG GUIJUAN. Research on transformation from "paired assistance" to "collaborative networks" in post-disaster recovery of 2008 Wenchuan earthquake, China [J]. Natural hazards, 2019, 32 (8):1—23.

[151] XU JIUPING, LU YI. A comparative study on the national counterpart aid model for post-disaster recovery and reconstruction [J]. Disaster prevention and management, 2013, 22 (1):75—93.

[152] ZHONG KAIBIN, LU XIAOLI. Exploring the administrative mechanism of China's paired assistance to disaster affected areas programme [J]. Disasters, 2018, 42 (3):590—612.

后 记

我关注对口支援问题，始于关心边疆民族问题。 2006 年秋，我在河南大学获得保研资格后，曾去参加过中央民族大学的推免生面试，然而因为民族学知识积累不足，未能如愿。 随后，便安心去中国传媒大学读研。 2009年，我又先后考上了南开大学和中央民族大学，经过权衡，最终选择了去南开大学攻读政治学博士学位。 在南开大学期间，选修了高永久教授的民族政治学课程，对民族问题有了进一步的认识。 不久，我的导师杨龙教授拿到了一个关于西藏的国家社科委托课题，我有幸作为课题组主要成员赴西藏多地开展短期调研，并参与完成了该课题。 可以说，在这十几年的时间里，我对边疆民族问题和对口支援问题是持续关注的。 其间，发表过几篇关于对口支援的论文，也参与撰写了两部书稿。 在此过程中，杨龙教授给予了我耐心的指导，团队成员柳建文、任维德、王达梅、孙兵等人也帮助我提高了对对口支援的认知。

本书对于我的意义，算是对过去 10 多年相关研究和思考的一个总结。同时，它也是团队集体智慧的成果。 具体写作分工如下：

第一章　郑春勇　张娉婷

第二章　郑春勇　杨　龙　李　培

第三章　郑春勇　李　甜　杨发明

第四章　郑春勇　楼鑫鑫　朱永莉　邱炜鹏

第五章　郑春勇　黄　凡　卢志朋

本书得以出版，要特别感谢浙江工商大学人文社科处和浙江工商大学出版社，感谢高燕处长、郑建副总编辑的策划统筹，感谢责任编辑的辛苦劳动。当然，由于成书仓促，其中可能会存在一些不尽如人意的地方，文责自负。

郑春勇

2020 年 10 月 9 日